18種微型死亡

建立美國現代法醫制度的
幕後推手與鮮為人知的故事

布魯斯．戈德法布 Bruce Goldfarb 著
黃意然 譯

18 Tiny Deaths

調查員必須牢記在心的是，他負有雙重責任：
洗刷無辜者的嫌疑，以及揭露犯罪者的罪行。
他尋找的只有事實，簡而言之就是真相。

——法蘭西絲·格雷斯納·李

目錄

【推薦序】

歡迎參觀紙上犯罪微型展，一窺現代法醫病理學發展的精采歷程

冬陽（推理評論人）

首先聲明，我是以一介推理小說迷的身分，閱讀完《18種微型死亡：建立美國現代法醫制度的幕後推手與鮮為人知的故事》一書後，將感受到的衝擊刺激以及令我眼睛一亮的新鮮學習，化作推薦口吻邀請正在閱讀本文的您一同進入法蘭西絲・格雷斯納・李建構的宏大世界。

一開始接觸推理小說，強烈吸引我的有兩個元素：詭計和名偵探。這種類型作品多半會出現犯罪行為，暴力死亡是家常便飯，恐怖復仇、連續殺人更是見怪不怪，但這並不傷風敗俗也不至於引發大眾恐慌，因為每個人都曉得，犯人凶手不過是這場鬥智遊戲中的狡猾出題者，乍看不可能實行的謀殺巧藝、氣氛緊繃的推理時刻是最棒的考驗關卡，就算在怎麼摸不著頭緒，大可放心倚賴聰明的名偵探戳穿平庸如我沒發現的盲點，叫人意外的結局真相總能帶來大大的滿足。

時間久了、閱讀量多了，我開始對故事裡埋藏的大小資訊產生好奇，關於時代的、文化的、社會的、專業技術的，尤其在犯罪偵查領域上，那可就不是小說家說了算，而是得將實際的研究方

法、辦案程序、調查分工、法律制度等密密結合起來，《CSI犯罪現場》、《達文西密碼》、《大笑的警察》、《警官之血》這些作品之所以熱銷成功甚至名列經典，正具備了如是特質。身為小說讀者，雖然不必經過專業嚴謹的訓練就能愉快閱讀，但偶爾想進一步探尋，用Google或Wiki檢索難免零星片段，若想要稍有系統地認識某一專業領域，書籍就是個好形式——《18種微型死亡》正是這樣的一本書，從傳奇人物法蘭西絲．格雷斯納．李的生平經歷出發，擴及到法醫、鑑識、犯罪的近代發展概述。

這本書不純為美國現代法醫病理學實務之母的傳記，更不是專業教科書等級的法醫學圖書，目前擔任馬里蘭州主任法醫師行政助理的布魯斯．戈德法布，用他最特別的身分——「死亡之謎微型研究」模型保管者——也最平易近人的觀點，來談談李帶來的劃時代成就。

這裡的「微型研究」不是指研究範圍的大小或深淺，而是指如娃娃屋般的「微縮模型」。過去台灣曾引進田中達也、山田卓司的微型展（台灣微縮模型藝術家鄭鴻展的作品也很出色），本書不斷提及的「死亡之謎微型研究」，就是這種具體而微、小巧精緻的物件，只不過集中在命案現場的建構，主要作為研究訓練之用。

推理小說本質上是「倒果為因」的書寫，隱身其後的作家十分清楚真凶是誰、哪些無辜者扮演嫌疑犯（還常常是接下來的受害者）、誰的證詞其實是謊言煙霧彈、偵探會在哪個時刻靈機一動宣告破案云云，更遑論詭計的安排、線索的鋪陳、乃至命案現場的各種細節，都是為了服務讀者從起點愉快地走向終點、經歷一場美好暢快的旅程，萬萬不能出現看錯了寫漏了矛盾了的低級錯誤。真實刑案的調查可就不是如此了，很多時候可能僅有一次採證機會，有經驗的調查者會避免種種誤判、注意容易出錯的環節，但訓練單位怎有辦法保存一個個實際的犯罪現場供未來的犯罪偵查人員學習？

可是法蘭西絲．格雷斯納．李做到了。

她以手工製作的十八座微型犯罪現場做為教具，噴濺的血跡、奪命的傷痕、打鬥造成的凌亂無一不缺，精細程度已臻藝術境界，那可不是依樣畫葫蘆地複製就好，而是在深知與犯罪相關的各個知識體系、熟悉檢警調查和法庭審判所需的技術制度之後，最精簡有效的呈現。正好反映出李如何從老舊跟不上時代的既有環境中，幾乎憑一己之力，從醫學、警政、法律三方面為美國建立堅實的法醫學研究與實務基礎——請注意她身處的年代（1878～1962）與其性別，這是多麼不易！她的努力直接形塑了現今的犯罪調查以及推理故事書寫，影響力十分巨大。

或許這些深具故事性的小說影視創作也反過來影響了本書的撰寫，作者講述李的成就之餘緩緩道出有趣且重要的知識發展——這方面的專業我不敢越界掛保證，可是從小說讀者的角度來說，肯定夠你興致勃勃地翻讀下去，一窺犯罪研究發展背後的精采歷程。

導言

茱蒂・梅林涅克[1]

我初次見到法蘭西絲・格雷斯納・李的「死亡之謎微型研究」立體透視模型是在二〇〇三年，當時我還是個年輕的醫生，到巴爾的摩去面試馬里蘭州法醫中心的職位。長官大衛・佛勒醫生問我是否看過微型研究。我坦白告訴他我不知道他在說什麼。佛勒便陪我走進一間暗室，打開電燈。室內一角擺放了一堆小盒子，有些藏在床單下以防塵，我在這些盒子裡，發現了一個封閉在樹脂玻璃中，複雜精細而珍貴的，暴力與死亡的世界。

「死亡之謎微型研究」是迷你的死亡現場。我仔細審視這些模型。在其中一個小房間，我注意到瓷磚地板上的圓點圖案和細緻得難以置信的花卉壁紙。另一間展示的是有廚房和雙層床的小木屋。閣樓裡有雪鞋，流理臺上有鍋子。我小時候玩過娃娃屋，經常懇求父親載我們去離家數小時車

1 醫學博士茱蒂・梅林涅克（Judy Melinek, MD），法醫病理學家，與提傑・米契爾（T. J. Mitchell）共同執筆了《告訴我，你是怎麼死的》（*Working Stiff*）回憶錄，以及黑色法醫偵探小說《驗屍官系列》（*A Dr. Jessie Teska Mystery*）。

程的迷你模型店，為我自己的小小世界添購用品，但是我從未見過如此精緻的娃娃屋。為了幫娃娃製造盤子，我會拿出瓶蓋裡的塑膠襯墊。但是，在微型研究中的盤子是瓷製的。瓷！堆在廚房架子上的罐頭標籤以及報紙上的標題都清晰可辨。我忍不住盯著這些細節看。

當然，在這些細節當中還有飛濺到壁紙上的血跡，燒毀的床鋪上奇形怪狀焦黑的遺體，掛在繩套上頭部發紫的男人。這些不是普通的娃娃屋，不是孩童的遊戲。我看到的是什麼？這些是誰做的？此外最令人注目的問題是：每個凍結在模型裡的故事中究竟發生了什麼？

我來巴爾的摩參加面試之前，先在紐約市法醫中心受過兩年法醫病理學家的培訓。我在那裡所受的部分訓練包括跟辦公室的法醫調查員一起去死亡現場，學習在現場要尋找什麼，在現場可能發現的東西，有助於告訴我最終確定的死亡原因及死亡方式，這是在突發、意外、暴力的事件中法律委派我們調查的任務。你在任何地方學習死亡調查的方法都是透過在職訓練。

儘管如此，未打聲招呼就進入某人家中，翻遍他們的醫藥櫃、垃圾桶、冰箱，雖說這是試圖查出他們為何躺在地板上死掉的過程之一環，但總是令人不自在，有種窺探他人隱私的感覺。紐約市法醫中心的調查員是合格的專業人士，他們告訴我應該將注意力集中在何處，該注意看——以及嗅聞、傾聽、觸摸——哪些東西。醫藥櫃握有死者罹患哪些小病痛的證據。一大瓶制酸劑可能表示他們患有腸胃疾病，也可能指向未診斷出心臟病的線索。處方藥瓶可以顯示這些藥物是否按照指示服用，或是未充分服用，或者濫用。字紙簍內可能有未付的帳單、驅逐通知，或是丟棄的自殺遺書草稿。冰箱可能裝滿食物，也可能除了一瓶伏特加外別無他物。假如食物很新鮮，那麼屍體極有可能才剛過世不久。倘若食物腐爛……就可以在我們試圖確定死亡時間時，協助確認在死者身上觀察到的腐化程度。死亡現場裡的一切都是故事的一部分，在那裡發現的細節是最重要的。由於無法詢問病人，因此現場的周圍環境將是我得仰賴的病史，隔天我會在停屍間進行法醫解剖，最後再將解剖的結果加入現場調查的發現當中。已故的查爾斯．赫希（Charles Hirsch）醫生是我的導師，長期擔任紐約市的主任法醫師，他告訴我們所有有幸為他工作的人，屍體解剖僅是死亡調查的一部分。

在紐約接受屍體解剖訓練時，我也學到現場調查的發現不一定會揭露真相，有可能毫不相干，或是誤導。在現場，死者手中握著槍加上目擊者說他意志消沉，暗示這是自殺；然而在停屍間，他裸露的皮膚上沒有火藥灼傷或火藥刺青，告訴我槍至少是在三十英寸外射擊的。他是遭到謀殺，現場被布置成自殺的樣子。在公寓裡死掉的女人看起來似乎是在睡夢中平靜地死去。隔天在停屍間裡，她赤裸的屍體在解剖後顯示頸部無瑕的皮膚下有深色瘀傷，眼白處有點狀皮下出血，這些都是遭人勒斃的證據。我學到了在現場所見可以反映你在停屍間所看到的，但是無法取而代之。

凝視著封在微型研究裡獨特、無可比擬的現場，讓我回到歷史上死亡調查開始成為一門科學學科的時期，醫生才剛開始挑戰驗屍官與警探在區分犯罪行為和其他類型死亡方面的主導地位。這些作品的作者既是天才手工藝師又是醫學專家，她將自己的技藝結合在一起，創造出的東西不僅是科學，而且比藝術更深奧。這些展品的設計既實用又具有教育意義，並可以充分理解——但是對於每個現場的闡釋，可能會根據驗屍結果所提供的醫學資訊而有所不同。從上方端詳房間內的娃娃而非會動的活人（或是不再活動、失去生命的軀體），讓你有時間和空間訓練眼力、注意細節。我領悟到這些微型研究正是我跟著紐約法醫中心的死亡調查員所做的在職訓練，只不過是以微型的方式進行。我從那些調查員在實物大小的公寓和房屋，以及公司與建築工地所學到的技巧，也可以在這裡同時從許多類型的現場和極微小的細節中磨練。創造出如此精巧、複雜、令人費解的場景必定得花費的時間與工夫，以及透過近距離觀察所能夠收集到的訊息量，皆令我驚嘆不已。

我初次看到這些藏在巴爾的摩法醫中心辦公室後面房間裡的立體透視模型時，這些模型已經存放多年，狀態並非很好。唯一的學生似乎是法醫室的員工，他們偶爾會帶訪客來參觀，將這些模型當成歷史珍品。一般民眾無從看到。據我所知，儘管年代久遠、狀態不佳，這些模型仍用來訓練死亡調查員。儘管如此，我仍然覺得如此非凡的作品落得這種命運令人難過。

隨後幾年中，在巴爾的摩法醫中心的行政人員，亦是本書作者的布魯斯．戈德法布致力關心下，法蘭西絲．李關於「死亡之謎微型研究」經過修復、翻新，獲得妥善的維護。這些模型於二〇一七、二〇一八年在史密斯森研究學會展示，並且公開在書本、雜誌、網際網路上。這本書是多年來利用原始資料所做的歷史研究的成果，其中包括法蘭西絲．格雷斯納．李的論文。這個故事講述了一位固執、聰穎、富有創造力的自學女性如何沉浸在一股熱情當中，這股熱情為醫學界及法律界帶來了無比深遠的影響。戈德法布說明了法蘭西絲．格雷斯納．李與她的智慧、影響力、財富、堅強個性和法醫、死亡調查世界之間關係的來龍去脈。如同這本引人入勝、引起共鳴的書將會向你證明的，法蘭西絲・格雷斯納・李應該被公認為現代法醫病理學行業的大家長。

她的十八種微型死亡改變了整個世界。

主要人物列表

格雷斯納家

約翰・雅各・格雷斯納：報紙發行人之子，國際收割機公司重要幹部。

莎拉・法蘭西絲・馬克白・格雷斯納：約翰・雅各・格雷斯納之妻，又名法蘭西絲・馬克白

約翰・喬治・馬克白・格雷斯納：約翰・雅各與法蘭西絲・馬克白之子，又稱喬治

法蘭西絲・格雷斯納・李：約翰・雅各與法蘭西絲・馬克白之女，小名為芬妮

格雷斯納家的友人

喬治・柏吉斯・馬格拉斯：醫學博士，喬治・格雷斯納的哈佛同學，薩弗克郡北區的法醫師

艾薩克・史考特：為格雷斯納家製作家具及裝飾物品的設計師、工藝師、藝術家

哈佛醫學院

詹姆斯・布萊恩・柯南特：哈佛大學校長，一九三三年到一九五三年
C・席德尼・波維爾：醫學博士，哈佛醫學院院長，一九三五年到一九四九年
艾倫・理查・莫里茲：醫學博士，法醫學系主任，一九三七年到一九四九年
理察・福特：醫學博士，法醫學系主任，一九四九年到一九六五年

其他

羅傑・李：醫學博士，著名的波士頓內科醫師，也是喬治・馬格拉斯及法蘭西絲・格雷斯納・李的私人醫生，他與後者並無親戚關係
艾倫・桂格：醫學博士，洛克斐勒基金會醫學科學部主任，負責資助改進醫學的計畫
厄爾・賈德納：撰寫佩瑞・梅森系列暢銷小說的作家

法蘭西絲・格雷斯納・李為喬治・馬格拉斯法醫學圖書館設計的標籤。圖片來源：哈佛醫學院康特威醫學圖書館醫學史中心

病理學家艾倫・莫里茲，一九三九年至一九四九年擔任哈佛法醫學系主任。照片來源：哈佛醫學院康特威醫學圖書館醫學史中心

哈佛醫學院命案調查研討會的團體照，攝於一九五二年十一月。法蘭西絲・格雷斯納・李坐在最右邊。照片來源：哈佛醫學院康特威醫學圖書館醫學史中心

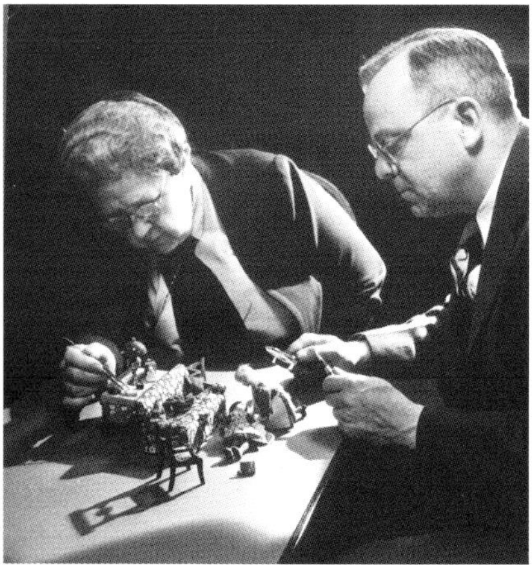

法蘭西絲·格雷斯納·李與艾倫·莫里茲和「死亡之謎微型研究」裡的物品，攝於一九四〇年代後期。照片來源：哈佛醫學院康特威醫學圖書館醫學史中心

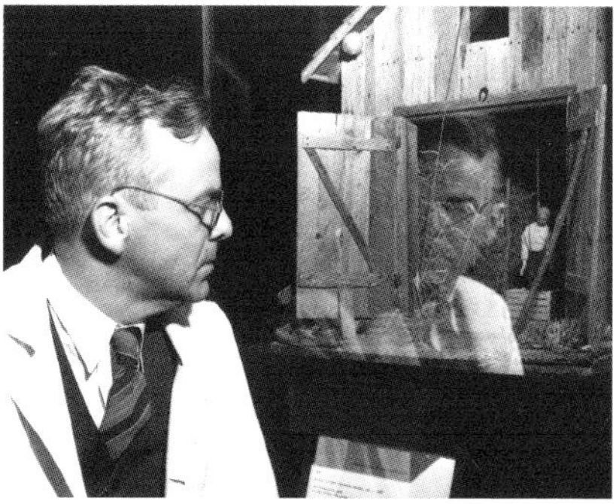

艾倫·莫里茲正在察看「穀倉」，「死亡之謎微型研究」之一。照片來源：哈佛醫學院康特威醫學圖書館醫學史中心

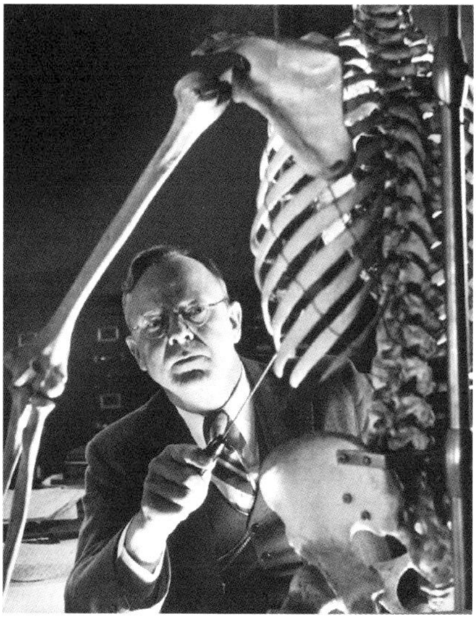

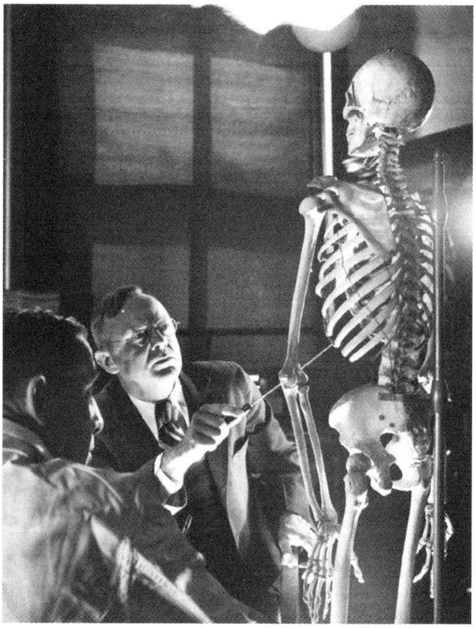

艾倫·莫里茲。照片來源：哈佛醫學院康特威醫學圖書館醫學史中心

幼年時期的法蘭西絲・格雷斯納・李，在岩石山莊由艾薩克・史考特所設計建造的遊戲室，與她的狗「英雄」合影。照片來源：格雷斯納故居博物館

岩石山莊的兩房遊戲室，附有一個可用的燒柴火爐，由艾薩克・史考特所設計建造。照片來源：格雷斯納故居博物館

法蘭西絲，年約十五歲。照片來源：格雷斯納故居博物館

座落於草原大道一八〇〇號的宅第，由亨利・霍布森・理查森所設計。照片來源：格雷斯納故居博物館

喬治與法蘭西絲・格雷斯納在草原大道一八〇〇號的教室。照片來源：格雷斯納故居博物館

法蘭西絲・馬克白與約翰・雅各・格雷斯納在草原大道一八〇〇號的書房。照片來源：格雷斯納故居博物館

法蘭西絲坐在她母親法蘭西絲・馬克白的大腿上。照片來源：格雷斯納故居博物館

十多歲的法蘭西絲正在拉小提琴。照片來源：格雷斯納故居博物館

青少年時期的法蘭西絲。照片來源：格雷斯納故居博物館

法蘭西絲在岩石山莊，大約攝於一九〇五年。照片來源：格雷斯納故居博物館

法蘭西絲．格雷斯納．李與她的孩子，攝於一九〇六年：左邊是約翰，右邊是法蘭西絲，瑪莎在她腿上。照片來源：格雷斯納故居博物館

格雷斯納一家在岩石山莊大屋的門廊上。由左至右是：約翰．雅各、喬治、法蘭西絲、法蘭西絲．馬克白。照片來源：格雷斯納故居博物館

法蘭西絲．格雷斯納．李正在製作弗朗傑利四重奏模型，大約攝於一九一三至一九一四年間。照片來源：格雷斯納故居博物館

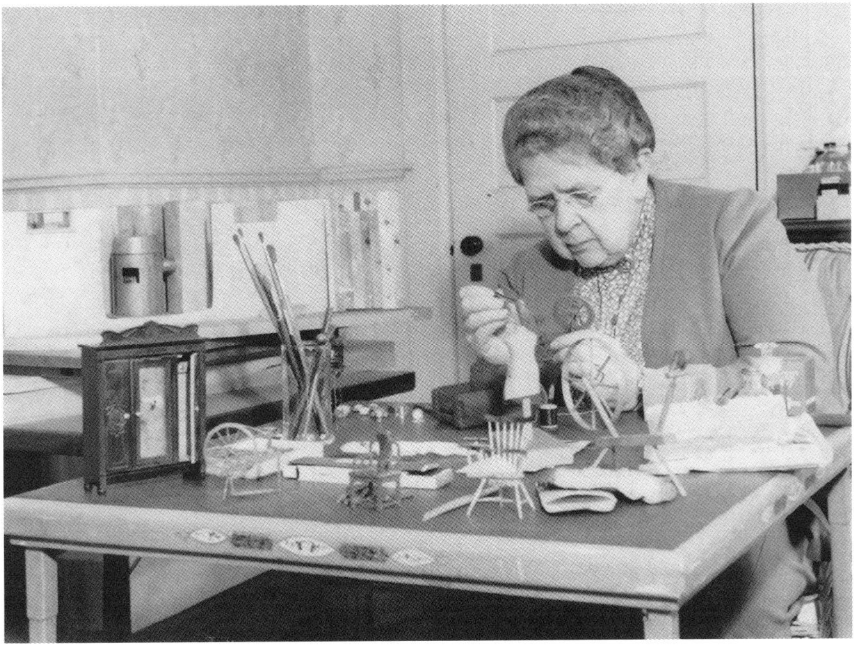

法蘭西絲．格雷斯納．李在岩石山莊的工作坊裡工作。照片來源：格雷斯納故居博物館

法蘭西絲・格雷斯納・李參加哈佛警察科學協會的會議。艾倫・莫里茲坐在她左邊。照片來源：格雷斯納故居博物館

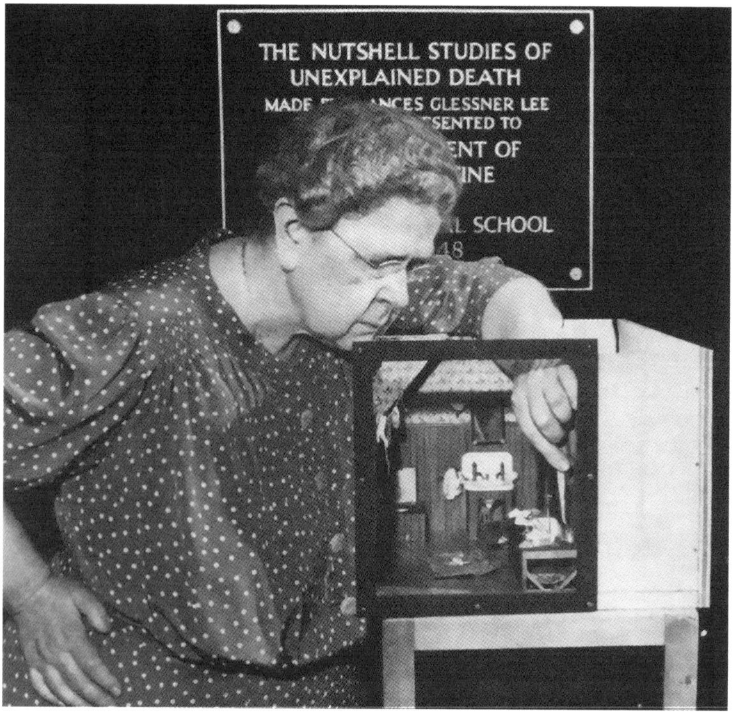

法蘭西絲・格雷斯納・李與其中一座「死亡之謎微型研究」立體透視模型，攝於一九四九年。照片來源：格雷斯納故居博物館

1 法醫學

一九四四年十月二日

在哈佛醫學院E1大樓三樓鑲木板的會議室裡，十七位病理學家與法醫師全都穿著深色西裝和領帶，圍著一張長桌而坐。時值一九四四年秋天，數千里外，戰爭蹂躪了歐洲和太平洋島嶼。這群男士聚集在哈佛參加法醫學研討會，這個領域日後稱為鑑識科學，是一門將醫學應用在法律與司法問題上的學問。

法醫系主任艾倫・理查・莫里茲醫師向與會人員宣布了壞消息。他告訴大家，很遺憾地，法蘭西絲・格雷斯納・李警監——自從去年新罕布夏州警察局任命她為警官後，她就偏好用這個頭銜——無法依計畫出席研討會。她在摔倒時右脛骨骨折，之後又心臟病發作兩次。

這些在美國夙負盛名的醫療機構工作、訓練有素的專業人士，非常了解一位將近六十七歲又有不少健康問題的女士預後可能會有多嚴重的影響。心臟病是李年老漸衰的身體最近新增的問題，日益限制她的行動能力。如今她必須在醫生悉心照料下長時間靜養，不能下床半步。

對莫里茲這位全美頂尖的病理學家來說，李的缺席同時是個人與專業方面的損失。參與研討會的人將錯失機會，無法受惠於李淵博的法醫學知識，以及她的出席將帶來的啟發。

李的研討會課程目的是為了提供與會者調查意外及不明原因死亡的專門知識，包括如何估計死亡時間、腐化情況，及其他人體在死後會產生的變化、是鈍力或銳力造成的傷害，以及與死亡調查相關的領域。美國沒有其他醫學院提供類似的課程。

在新興的法醫學領域，李不大可能是承擔權威職責的人物。李是位端莊的老奶奶，喜歡戴瑪麗王后式的無沿帽，穿自己親手縫製的黑色禮服，她是生於鍍金時代芝加哥上流社會獨立富有的千金小姐。李有著異常嚴格的完美標準和近乎狂熱的使命感，時常令人難以應付，她不僅對哈佛大學法醫學課程有影響力，而且憑藉名流的力量及花費大量的私人財富，她幾乎一手建立起美國的法醫學。

作為一名改革家、教育家、倡導人，她對法醫學界的影響不可估量。這位溫文爾雅、已漸衰老的婦人被尊為法醫學的重要權威。然而對李來說，達到這地步並非易事。她曾經說過：「男人對抱著理想的年邁婦人心存疑慮，我的問題是要讓他們相信我不是想要插手或管理任何事。另外，我得說服他們我知道自己在說什麼。」

自從她同意聘請艾倫・莫里茲擔任美國首屈一指的法醫學術課程的系主任後，七年來李和莫里茲已成為朋友及合作夥伴。他們一直在推動一項創新的計畫：為警察舉辦為期一週、密集的法醫學研討會，這計畫可能澈底改革關於意外與可疑死亡的調查方式。李和莫里茲籌畫的這項雄心勃勃的課程極具開創性，旨在用現代科學的鑑識方法訓練警察。

在過去兩年的大半時間裡，李一直著魔似地製作一系列複雜精細的等比例立體透視模型，用來教導觀察犯罪現場及辨識線索，這些線索對於判定意外、突發，或者傷害造成死亡的原因及方式可能非常重要。她稱這套教學模型為「死亡之謎微型研究」，如今由於她生病，他們的計畫似乎註定失敗。

「這些模型沒有一個完成，也沒有一個能夠完成。我希望你會贊同我的意見，不該在這種情況下舉行警察研討會。」李在岩石山莊休養時寫信給莫里茲，那是她一座占地一千五百英畝的莊園，靠近新罕布夏州的利特頓市。

在E1大樓會議室裡，這群男士暫停嚴肅的法醫學研究課程，草擬了一份決議，由莫里茲寄送給李：

經與會人士決議，所有參加一九四四年哈佛醫學院法醫學研討會的人將永遠感激法蘭西絲·格雷斯納·李夫人，所有出席者都對她的仁慈表示深深的感謝與讚賞，由於她的仁慈這些研討會才得以舉辦，為推動全美法醫學的理想貢獻良多；在場所有人都誠摯希望李夫人很快就能完全康復，恢復平常的活動。

* * *

為了理解李警監在法醫學方面的開拓性成就，我們有必要回到過去，了解幾世紀以來社會如何處理死亡，尤其是意外或不明原因的死亡。

根據美國疾病管制與預防中心的人口統計資料，一九四四年有一百四十多萬美國人死亡。這些人多半死在家中或醫院，他們的死亡有醫師、護士、家人照料，是因為生病，病情逐漸惡化而死亡。根據歷史資料，大約有五分之一的死亡是突發和意外。這些人並非生病，而是死於暴力、受傷，或是不明原因的情況。一九四四年，在這些約二十八萬三千起的可疑死亡案例當中，只有不到百分之一或二，最多幾千件曾經過合格的法醫師（亦即受過專業訓練來診斷死亡原因、死亡方式的醫師）調查。當時，僅有少數東岸城市，如波士頓、紐約、巴爾的摩、紐華克，才有受過法醫學訓練的合格法醫師，並且擁有配置適當設備的辦公室。美國大部分地區仍舊採用驗屍官制度，這是可回溯到中世紀英國的古老制度。

儘管死亡的普遍性是不可避免的事實，但死亡的時刻在人類經驗中總是占有特殊的地位。理智上，我們知道死亡會發生在我們所有人及我們認識的每個人身上，但是每當有人去世仍然會感到震驚和難過。我們對答案的需求根深蒂固：發生了什麼事？為什麼這個人會死？

最早採用技術、方法來調查死因主要與自殺有關。在人類歷史中，自殺被視為是一種對神或權威的反抗行為，或是一種罪行。羅馬帝國視自殺的士兵為逃兵。有些墓地禁止埋葬自殺身亡的人。

死亡調查的驗屍官制度可追溯到中世紀英國。這個官職是「王室訴訟管理人」，擔任王室的司法代表，原先稱為加冕者（crowner），後來才淪落成驗屍官（coroner）。驗屍官有各式各樣的職責，其主要責任之一是收取積欠王室的錢，大多是稅金和罰款。驗屍官還負責傳送法庭發出的令狀給治安官，包括指令和傳票，或者在必要時逮捕治安官。另外他也獲准捕捉王室的魚，如鱘魚、鼠海豚，及其他只適合國王口味的海洋生物，並且調查沉船和無主寶藏。他的職責是確保王室拿到其份額。

驗屍官也調查突發或顯然不自然的死亡，主要是為了判定死者是他殺或自殺。殺人犯遭處決或監禁後會喪失全部的財產，包括房屋、土地、所有的財物。由於自殺是反王室的罪行，驗屍官也會沒收他的財產。

驗屍官要負責回答兩個問題：死因是什麼，誰應對這起死亡負責。一個是醫學問題，另一個則是刑事司法的問題。驗屍官不需要具備任何醫學或法律的知識。他會展開死因審理，這過程一部分是調查、一部分是判決。驗屍官召集十或十二人的死因調查陪審團，其中大多數是不識字的農夫，很多人可能認識死者或是目擊死亡過程。只有成年男性才能參與死因審理。

驗屍官與死因調查陪審團必須觀察屍體，通常是在死亡發生的地點或是發現屍體的地方。死因審理必須進行屍體勘驗（也就是觀察屍體）。沒有看到屍體則審理無效，倘若沒有屍體可看則根本無法進行死因審理。陪審團必須仔細端詳屍體，不能只是迅速偷瞄一眼。他們必須檢查屍體，看是否有遭受暴力的跡象，並注意是否有傷口。

當然，沒有基本醫學知識的基礎，很難從觀察屍體中得知什麼。儘管如此，在查看屍體、聽取目擊者證詞後，陪審團還是透過投票來做出判決。這種做法不是非常科學。

假如判定死者是遭人殺害，死因審理就必須說出凶手的名字。驗屍官有權指控並拘捕被控告的殺人犯，而治安官有責任將被告關押在監獄裡直到審判。驗屍官在凶手招供時聽取供詞，在他們遭定罪處死後沒收他們的財產。

北歐人在拓殖美國時將英國的普通法一併帶過來。今日的治安官、保安官、驗屍官都是中世紀殘留下來的痕跡。

美國有正式記載的最早驗屍官審訊是發生在一六三五年冬天的新普利茅斯，當時年約二十多歲的約翰．迪肯被人發現死亡，他是一名皮草商人的僕人。陪審團的報告說：「在搜查屍體後，我們沒發現任何遭毆打的痕跡或傷口，或者其他的身體傷害，我們發現他的死因是長期禁食與疲勞，以及在極度寒冷的季節來回走動所導致的身體衰弱。」

馬里蘭州在殖民地建立三年後有了第一位驗屍官。一六三七年，菸農湯瑪斯．鮑德瑞奇被任命為聖瑪麗斯郡的治安官兼驗屍官。鮑德瑞奇接到的指示相當含糊，要他做「英國任何一郡的治安官或驗屍官所做的一切職務。」一直到一六四〇年，才發布了比較詳細的驗屍官職責描述：

在你活動的百里範圍內，當注意到或懷疑有任何人已經或即將死亡，就該親自或派人去查看屍體。並指示調查的人發誓會澈底查究，且根據證據如實裁決出所查看之人的死亡原因。

一六三七年一月三十一日，在接受任命為驗屍官兩天後，鮑德瑞奇展開了他的第一次死因審理。死因調查陪審團由十二名自由人組成，全是菸農，鮑德瑞奇傳喚他們來查看約翰．布萊恩特的屍體，他在砍樹的時候喪命。也是菸農的約瑟夫．艾德洛在事發時和布萊恩特在一起。

宣誓作證後，艾德洛告訴死因調查陪審團他警告過布萊恩特要趕快閃開。「約翰，當心點，樹要倒了。」他回憶自己如此告訴過朋友。艾德洛說布萊恩特往後退了五、六步。樹倒下時，擦撞到另一棵樹反彈到布萊恩特身上，將他重壓於其下。「上述的約翰．布萊恩特在那之後就沒再吭聲了。」死因調查的紀錄中寫著。

鮑德瑞奇與死因調查陪審團檢查了布萊恩特的屍體，記下「他的左下巴下面有兩道擦痕」。他們的表現正如一群未經過訓練的菸農，得出布萊恩特「死於大量出血」的結論。

身為驗屍官，鮑德瑞奇的責任是埋葬屍體，並且賣掉布萊恩特的財產以清償他的債務。布萊恩特的死因審理紀錄中包括一份令人沮喪的清單，列出他在人間的所有財物：兩套衣服和一件舊的緊身短上衣、長襪和抽屜、碗跟湯匙、幾件廢棄的家具、一艘獨木舟、一隻公雞和一隻母雞，以及僕人伊萊亞斯・畢奇。

美國已知最早的法醫解剖是在一六四二年二月二十五日於馬里蘭州聖瑪麗斯郡執行，執行者是喬治・賓克斯，一位「持有開業執照的醫師」，他擔任死因調查陪審團的團長，調查一樁印第安青年遭到名為約翰・丹迪的鐵匠槍殺的案件。

驗屍報告說：「我們發現這個印第安小夥子（名叫愛德華）是被約翰・丹迪發射的子彈殺死的，子彈進入上腹部靠近肚臍右側，再往斜下方鑽，刺穿內臟，擦過背部最後一塊脊椎骨，嵌進肛門旁邊。」

至於丹迪，他被罰了三千磅的菸草並判處死刑。驗屍官沒收了丹迪所有的「商品與私人財產，同時將他的槍和彈藥搬到更安全的地方，以免遭印第安人突襲」。丹迪的死刑後來減刑為擔任七年的劊子手。

＊＊＊

人類歷史的發展過程整體說來是不斷地進步。我們的生活因農業、公共衛生、運輸、醫藥的驚人進步而有不可估量的改善。我們駕馭了電、修建了鐵路、發明了電話。然而在長達三個世紀的大半時間裡，美國調查非自然死亡的方式卻幾乎沒有改變。在全國大多數地區，死亡調查仍然奇怪得不合時宜，是十三世紀遺留下來的產物，更接近鍊金術，而不是以現代科學為基礎的醫學。

驗屍官是地方官員，擁有一個郡或一座城市內的司法權。他可能是治安官、地方法官，或保安官。他也可能是木工、麵包師傅，或屠夫。很多地方是由當地的殯葬業者充當驗屍官。驗屍官這份工作是透過選舉或由民選官員任命而來，因此，這職位本身就牽涉到政治。獲得這份工作的人並非基於勤奮和專業，而是因為政治背景和忠誠度。能否保有這份工作取決於是否持續受到選民或政治領袖的青睞。由於驗屍官不一定了解醫學，因此在判定死因時有醫師協助——此人有各種不同的名稱，如驗屍醫生、醫學鑑定人，或法醫師。

有些人可能會爭辯，在過去美國以農村和農業為主的時代，有驗屍官審理死因已經夠好了。大多數的突發死亡可能只是出於意外或自然原因，例如心臟病發作或中風。在罕見的可疑死亡事件中，罪犯很少有機會遠離現場，而且經常有目擊者。辨認屍體身分不是問題，因為多半有家人或鄰居在附近。大多數人都未曾遠離出生地，因此每個人都互相認識也知道彼此的事。或許死因陪審團那十二個運用常識的無知腦袋比什麼都沒有要來得好些。

然而，隨著城市地區人口膨脹，驗屍官制度的缺陷就變得更加明顯。由於大家湧進城市，犯罪的機會增加。在大城市的幾個街區內，數以萬計的人住在破爛不堪的廉價公寓裡。城市中擠滿了弱勢群體：流動人口、移民、離開農場來城市找工作的人。犯罪者可以利用市區電車或火車迅速離開行凶現場。在紐約、費城、芝加哥、波士頓之類的城市很容易隱匿行蹤，讓可疑死亡的調查更為困難。

此外，在全國大多數地區，驗屍官制度是出了名的腐敗無能。驗屍官這職位具備收賄、收回扣、敲詐的條件。他可以將屍體送到可以讓他中飽私囊的殯葬業者那裡。在某些管轄區域，遇到謀殺或有罪過失，例如在工作場所死亡，可以用錢和權勢解決的問題，驗屍官有權提出指控並設定保釋金額。

授權驗屍官自行決定是否要召開審訊，而驗屍官與死因調查陪審團依案件獲得酬勞，基本上就給了驗屍官自由支配公庫的權力。死因調查陪審團裡盡是些驗屍官的親信朋友，確信他們會不假思索地蓋章批准警察或檢察官偏好的結論。驗屍官往往不是對刑事司法有益，反而有害。在遇到凶殺案件時，他們不必要地拖延控告，並且因無能而常在執行職務時犯基本的錯誤。驗屍官在法庭上經常是糟糕的證人，提供的證詞對檢察官而言既不可靠亦毫無用處。

那些擔任驗屍醫生的人通常也好不到哪裡去，大多不稱職且漠不關心。一九二〇年代，哥倫比亞大學刑事司法教授雷蒙・莫利對俄亥俄州卡雅荷加郡（包括克里夫蘭市）的驗屍官情況進行了研究。他發現很多荒謬的死亡原因，比方「可能是自殺或者謀殺」、「阿姨說她抱怨得了肺炎，看起來像是麻醉劑中毒」、「看起來疑似是番木鱉鹼中毒」、「被人發現死亡」、「屍首分離」、「可能是遭到攻擊或得了糖尿病」、「糖尿病、結核病，或神經性消化不良」、「被人發現壓扁了」。

一九一四年，紐約市一位名叫雷納德・沃爾斯坦的帳務檢查長對市內驗屍官制度進行了調查。帳務檢查長類似稽核長，有權發出傳票索取文件、強制證人作證。

調查的消息迫使驗屍官加緊撰寫拖延已久的報告。在沃爾斯坦宣布要調查的一個月內，驗屍官提交了四百三十一件可能涉及犯罪的死亡案件報告，其中將近兩百件逾時一年以上，六十三件逾時超過三年。

在聽取包括該市所有驗屍官及驗屍醫生在內眾多證人的證詞後，沃爾斯坦於一九一五年一月發表了一篇嚴厲批評的報告。根據沃爾斯坦的報告，在所有擔任驗屍官一職的人員中，「沒有一個人經過培訓或者擁有經驗而具備足以勝任職務的資格。」

自一八九八年紐約市合併以來，共有六十五人擔任過驗屍官，其中僅有十九位是醫生。報告指出其中八個是殯葬業者，七個是「政治人物和長期任官職的公務員」，六個不動產業者，兩個酒館老闆，兩個水管工人，其餘的先前從事過各式各樣的職業，包括印刷工、拍賣商、屠夫、音樂家、送奶工、木雕工。

喬治．勒布倫擔任驗屍官的祕書四十年，在證詞中說紐約市的驗屍官都是為錢伸張「正義」的無恥騙子。他們對每件新案子唯一感興趣的是找出如何敲詐金錢的方法，利用自己的職權來訛詐。

沃爾斯坦的報告中還說，驗屍醫生都「來自平庸之輩」。生意興隆的優秀醫師不願意在三更半夜費心檢查死屍，或是捲入訴訟造成不便。願意擔任驗屍醫生的醫師都是受到有輕鬆賺錢的穩定來源驅使。他們經常粗略、草率地檢查屍體，或是根本沒有檢查。該報告記載了醫生在停屍間幾乎沒瞧屍體一眼就簽下許多死亡證明的實例。

由驗屍官證實的死因經常可疑到荒謬的地步。在一個例子中，有個男人的死因列為胸動脈瘤破裂，此項診斷是在未經解剖屍體的情況下莫名其妙做出來的。驗屍官的報告沒有提到該男子被發現時右手握著一把點三八口徑的左輪手槍，其中一發子彈已經射出，男子嘴裡還有一處致命的槍傷。

沃爾斯坦的調查員審核了八百份死亡證明，發現百分之四十的文件「完全缺乏證據去佐證被驗屍官鑑定的死因」。當問及驗屍醫生為何在有類似的徵兆和症狀時選擇這種診斷而非另一種，他們通常承認無法解釋自己的結論。他們似乎是憑空捏造診斷結果。

沃爾斯坦的報告說：「一般說來，驗屍醫生都有偏好的死因，其中包括慢性腎炎、慢性心內膜炎，嬰兒的話則是嬰兒痙攣……例如，慢性腎炎及心內膜炎這兩種死因的拉鋸，常常『戰況驚險而刺激』。」

由驗屍官證實的死亡原因如此不可信賴，使得衛生部門官員作證表示，倘若完全排除驗屍官簽署的死亡證明，該市的人口統計將會更準確。

相較之下，在法醫師制度中，診斷死亡原因及死亡方式的責任掌握在受過這些專門診斷訓練的合格醫師手中。在刑事司法方面的工作則交由警察、檢察官、法院來執行，驗屍官的死因審理職務澈底取消。

這並不是說所有的驗屍官都腐敗或無能。當然還是有些正直正派的人誠心誠意地善盡職責。同理，有些法醫師並不稱職。站在他們的立場來看，醫生在醫學院並沒有學到太多與死亡相關的學問，因為他們治療的病人應該是活人。診斷死亡原因及死亡方式並不在當時醫學院課程的範圍內。

一直到二十世紀中期，警察也完全沒有能力用科學方法偵辦命案。很少有警察局要求聘用擁有大學學歷的人，很多警員甚至連高中都沒有畢業。和驗屍官一樣，許多警員沒有讀寫能力，尤其是那些在小城鎮和鄉村地區的警察。在工作方面的訓練也是微乎其微。克里夫蘭警察局為新進員警開辦的八週課程，創立於一九一〇年代後期，是公認全國數一數二嚴格的課程。聘用警察不是因為他們的智慧，而是他們的力量和膽識，有能力制止鬥毆，或是用強制手段扣押嫌疑犯。倘若可以用恐嚇、威脅、肢體暴力行為等嚴厲盤問的手段強迫嫌犯招供，就不需要慎思明辨的本領了。

在死亡現場，警察經常造成妨礙。由於不得當的努力，例如在血泊中走來走去、移動屍體、觸摸凶器、將手指伸進死者衣服上的彈孔等，他們很可能毀滅證據。警察在第一時間的所作所為會影響到隨後在調查中發生的一切。假如警方沒有妥善處理現場，要是他們忽略了謀殺的跡象，或是未保存判定死亡原因及死亡方式的關鍵證據，那麼調查從一開始就搞砸了。

在雷蒙．莫利有關克里夫蘭刑事司法的報告中，他特別嚴厲地批判警探，大概都是些高階和資深的警官，他形容他們毫無紀律、缺乏訓練，沒有能力偵辦命案和其他重大刑案。莫利說：「這些警探應當是制服員警中的菁英，但其中大約百分之二十五的警探智力低下，這表示他們的心智和九到十三歲的男孩差不多。這點可由許多拙劣的偵查成果為例來證明。」

在十九世紀中、後期，波士頓驗屍官的名聲和其他地方一樣糟。州長能夠任命的驗屍官人數沒有限制。驗屍官一職是當成政治恩惠施捨出去的寶貴好差事，實際上是盜竊的許可證。在一八七七年法醫室成立之前，波士頓有四十三名驗屍官。紐約市的人口是波士頓的三倍，但整個管轄地區只有四名驗屍官。薩弗克郡的驗屍官人數比紐約市、費城、紐奧良、芝加哥、舊金山、巴爾的摩、華盛頓特區的總和都要來得多。

著名的波士頓律師狄奧多．丁道爾說：「你讓一名驗屍官實際上擁有無上的法律權力。」

他首先自行決定是否有必要展開死因審理；很顯然這方面出現的弊端可能性非常大：一個貪婪、罪責、畏懼大過其榮譽和操守的人，能夠以權謀宣布沒必要審理死因，甚至批准迅速下葬以協助排除疑點、隱匿證據與痕跡，輕易地阻撓司法，將犯罪的所有司法調查拒於門外。他如果這樣一方面袒護罪犯、危及公共安全，另一方面給予出於惡意、報復或貪圖損人利己惡名的人機會，真的足以令我們顫慄。

促使波士頓驗屍官制度終結的醜聞始於垃圾桶裡發現的一具新生兒屍體。一名波士頓的地區驗屍官召開了審訊，宣告嬰兒「死於不明人士之手」的判決。死因調查陪審團的每個成員都賺了兩美元，驗屍官則賺進十美元。然而驗屍官並未展現絲毫正義，反而看到了機會。嬰兒的屍體被丟棄到另一個地區，好讓另一名驗屍官再舉行一次審訊，然後再度棄屍。這具腐爛的嬰兒屍體遭利用了四次，直到此駭人聽聞做法的消息走漏。

這是波士頓驗屍官的末路。一八七七年，立法者廢止了驗屍官和死因審理，指派合格的醫生來負責死亡調查。

法蘭西絲．格雷斯納．李警監就是以改變這樣的世界為己任。在她之前，死亡調查領域的進展十分緩慢，唯有發生令大眾感到震驚的醜聞時才會踉踉蹌蹌地向前邁進。她的目標是帶領美國脫離中世紀，用法醫師取代驗屍官，讓突發和不明原因死亡的調查變得現代化。

＊＊＊

芝加哥警察局的歷史比芝加哥市本身還要悠久。一八三五年一月三十一日，在芝加哥市合併的兩年前，伊利諾州議會批准芝加哥鎮建立自己的警力。七個月後，奧賽馬斯．莫里森當選該鎮的首任保安官。

身為保安官，莫里森手持「職位的權杖」，那是一根塗白的木質指揮棒，比較像是裝飾品而非武器，以顯示他所當選職位的權威。他的職責包括收取罰款和稅金，並擔任庫克郡的驗屍官，在遇到可疑死亡的案件時領導死因調查陪審團。

莫里森調查的第一樁死亡案件是在一八三五年秋天，一名法國訪客被發現死亡。他是在清晨被人發現半埋在「樹林」中的泥坑裡，那一區枝繁葉茂，與拉薩爾街、華盛頓街、蘭道夫街接壤，就是現今市政廳的位置。莫里森召集了死因調查陪審團。他們聽說死者住在一間旅館裡，晚上外出散步。他喝了酒，顯然迷路陷進泥坑，成了惡劣天氣的犧牲品。陪審團得出結論此人是意外凍死。沒有證據顯示有別種可能。

在莫里森擔任保安官的任期內，芝加哥是個居民不到四千五百人的村莊。由於地理位置優越，靠近五大湖區、鐵路、密西西比河，芝加哥急速擴展成重要的製造與集散中心。透過芝加哥銷售的農業設備，將美國遼闊的大草原轉變成富饒的農田。整個中西部飼養的牛和豬送回芝加哥屠宰，再從那裡連同玉米穀物運送到全美各地。這座城市成為美國一些大型製造商及富有家庭的家鄉。

在十九世紀，芝加哥的人口以驚人的速度增長。到了一八六〇年，芝加哥成為超過十萬人的家。在接下來的十年內，芝加哥人口增加了近乎三倍，接近三十萬人。在這段成長期中，大批的年輕人移居芝加哥，其中包括李的父母親，約翰・雅各・格雷斯納和法蘭西絲・馬克白。

格雷斯納是一位報紙發行人的兒子，生於一八四二年，在俄亥俄州的曾斯維爾市度過了性格形成期。二十歲時，他開始獨立謀生，在春田市的華德與查德公司（Warder, Child &Co.）擔任簿記員的職務，春田市是位在該州西南部的工業城鎮。華德與查德公司製造收割機、割草機、播種機，是美國規模非常大的農業設備公司。格雷斯納在春田向馬克白家租了一間房間，在那兒遇見了年輕、當老師的法蘭西絲，並愛上了她。他在華德與查德公司的地位快速晉升，善於經商的格雷斯納似乎註定會成功。

一八六九年，公司的負責人決定在芝加哥開設辦事處，以增加他們在中西部農業市場的占有率。格雷斯納自請統籌芝加哥的新業務，只要他獲得授權依他認為合適的方式來經營事業，於是他被任命為該公司的副總裁。他和法蘭西絲在春田市她父母家裡成婚，接著拜訪了他在曾斯維爾的雙親後，他們搭火車到芝加哥展開新生活。

一八七一年十月二日，在芝加哥大火的一星期前，格雷斯納夫婦慶祝他們第一個孩子喬治．馬克白誕生。一八七八年三月二十五日，女兒法蘭西絲出世，一個胖嘟嘟的健康嬰兒，大家叫她芬妮。

隨著格雷斯納的事業發展，他的個人財富也隨之增加。身為初級合夥人，格雷斯納在一八七七年從公司利潤中分得三萬九千六百美元，幣值將近現在的八十七萬兩千美元。到四十歲時，格雷斯納已是百萬富翁，資產淨值以今日的貨幣計算約為兩千七百萬美元，是芝加哥數一數二的有錢人。

最後，五大農業機械公司——麥考密克收割機公司、迪林公司、普雷諾製造公司、威斯康辛收割機公司，以及華德、布什內爾與格雷斯納公司（承接華德與查德公司）——合併成國際收割機公司（International Harvester Company）。該公司在成立之初的價值估計為一億五千萬美元。那時約翰．雅各．格雷斯納身為華德、布什內爾與格雷斯納公司僅存的現役負責人，獲選為國際收割機公司執行委員會的主席。他突然間擁有世界上最大製造公司的一部分，他的家族世世代代都有了保障。

在私人生活中，格雷斯納夫婦的財富讓他們可以盡情享受兩人共同對音樂及藝術的強烈愛好。他們喜歡現場表演，出席芝加哥各個場地的歌劇與音樂活動，培養他們的孩子喬治與芬妮懂得欣賞父母贊助的精緻藝術。最重要的是，格雷斯納夫婦喜愛古典交響樂。格雷斯納是一八九一年出資贊助芝加哥交響樂團成立的那群重要芝加哥人物之一。他終其一生都是該交響樂團忠實的支持者與贊助人。

當選管弦樂協會理事後，格雷斯納為興建丹尼爾．柏南設計的管弦樂廳捐獻了超過一萬兩千美元。一九〇四年管弦樂廳完工，專門為格雷斯納家保留了指揮臺正後方的M號包廂。格雷斯納夫婦也是芝加哥交響樂團指揮狄奧多．湯瑪斯、繼任他的菲得利克．史塔克，以及幾位交響樂團成員的好朋友。曾擔任過波蘭總理、著名的鋼琴演奏家伊格納奇．帕德雷夫斯基也是其家族友人。他們家裡經常有音樂演出。

格雷斯納夫婦非常熱中於文化藝術與知識的自修。約翰．雅各活躍於文學社團，法蘭西絲則上些文學、法文、義大利文、德文等課程。他們喜歡為家裡添購精美的家具、藝術品、裝飾品。

一八七五年，在參觀州際工業博覽會期間，格雷斯納夫婦大為讚賞艾薩克．史考特雕刻的黑胡桃木家具。史考特是位藝術家、木工、設計師，尤其以製作藝術家具著稱。格雷斯納夫婦委託史考特為他們家做書櫃。這是格雷斯納夫婦與史考特在他有生之年親密友誼的開端。在短短幾年內，史考特為格雷斯納家設計了家具、陶瓷器皿、畫框、刺繡作品、白鑞製品，及其他的裝飾品。

財富似乎保證了格雷斯納的孩子可以過著舒適與安全的生活。

2 菁英的陽光街道

特權並不能免除不幸。喬治・格雷斯納在四歲左右罹患了嚴重的花粉熱。芬妮出生後，醫師建議格雷斯納一家遠離芝加哥充滿花粉的骯髒空氣去避暑，帶喬治到鄉下以緩解他的症狀。

格雷斯納夫婦聽說新罕布夏州的白山山脈有塊地區據稱幾乎沒有花粉，於是他們在一八七八年的夏天前往。法蘭西絲從芬妮出生後就生病，因此她和寶寶留在芝加哥，由法蘭西絲的姊妹海倫與莉茲帶著喬治到新罕布夏。

搭火車旅行兩天後，他們一行人到達新罕布夏州的利特頓。利特頓位在華盛頓山西側大約二十五哩處，是個人口不到兩千的小鎮。利特頓的餐旅服務業非常發達，經常接待來自中西部與東岸的客人。當時，白山地區有許多大型飯店和度假村——其中最著名的有溪谷屋、楓林、快樂山、菲比安斯、克勞福莊。喬治和他的阿姨入住橡樹山莊，可是男孩的症狀絲毫沒有減輕。海倫・馬克白請教了當地一位採用順勢療法的醫生，他推斷喬治是「不夠深入山區」。醫生推薦了一間大約十四哩外的飯店——雙子山莊。

事實證明這位順勢療法醫生也許看法正確。根據李的回憶：「海倫阿姨採取了行動，喬治幾乎一夜之間就好多了。」終於，喬治令人欣慰地擺脫了花粉熱之苦。

後來法蘭西絲・格雷斯納・李將雙子山莊形容成「如大穀倉般的地方」。那是棟宏偉得令人印象深刻的三層樓木構造建築，最上層是陡斜的馬薩式屋頂。「當然沒有管線系統。」她說。

許多客人，包括格雷斯納家族，每年夏天都會回到雙子山莊。有位雙子山常客叫亨利・畢奇爾，他是位有名的牧師，直言不諱地支持廢奴和女性參政。畢奇爾最近捲入醜聞當中，因為和助手的妻子有姦情，受委屈的丈夫隨後提起引人注目的訴訟使其名譽掃地。

五歲的芬妮在雙子山莊與畢奇爾成為朋友。她回憶道：「他喜歡我，我也喜歡他。每天上午他會去酒吧喝檸檬水，經常帶我一起去。我會拿著一小杯冰涼的檸檬水坐在他膝上。」

有次約翰・雅各和家人一起到雙子山莊，某天早上走下樓看見芬妮和畢奇爾坐在一起喝檸檬水。他突然停下腳步，不贊成年幼的女兒與聲名狼藉的人物為伍，於是他和妻子商量：「親愛的，避暑旅館不是養育孩子的好地方。我想假如我們每年都要為了喬治的花粉熱上來這裡，那我們必須有屬於自己的家。」

格雷斯納夫婦搭乘輕便馬車遊覽該地，發現了一座突出的小山，山上林木已砍伐殆盡，留下一片布滿巨石、崎嶇難行的牧場。那裡的景色非常壯觀，東邊是華盛頓山，伯利恆、利特頓、賽斯伐克多利維爾等城鎮在底下擴展開來。格雷斯納夫婦花了兩萬三千美元向奧倫・史崔特買下一百英畝的農田，包含在那處地產上的一間農舍和幾間混雜其中、搖搖欲墜的建築。他們稱新的避暑別墅為岩石山莊。在未來幾十年，這棟避暑別墅將會成為他們生活中非常重要的地方。

艾薩克・史考特設計了一幢擁有十九個房間的豪宅，蓋在高聳突出的山頭，眺望白山。這間別墅在一八八三年的夏天完工，耗資一萬到一萬五千美元。格雷斯納家稱他們的避暑住所為大屋。

根據《利特頓報》的報導，格雷斯納家的大屋是「該山區最棒的避暑別墅」。那間屋子擁有「山區所有房子中最漂亮、最開闊的景致」。

史考特設計了一座有花崗岩地基和木瓦牆板的馬車庫，於隔年完成。他為岩石山莊設計了許多建築物和結構體，包括供法蘭西絲・馬克白養蜂的蜂房與幾座觀景亭般的涼棚，分布在莊園內，以步道相連。史考特還為小芬妮設計了非常特別的東西：一間專屬於她的兩房遊戲小木屋，附有廚房和一個可以燒柴的火爐。

在鄰近的利特頓和伯利恆村裡，世代居住於該地區的鎮民與較富有的新居民之間有明顯階級差異，新居民如格雷斯納家多半在地勢較高、風景較美的高處買下避暑別墅。季節性居民在「山上」，常年居住此地的人在「山下」。當地人無法理解為何有人會喜歡在偏僻的山區蓋豪宅，遠離城鎮的便利設施。察覺到他們的好奇，法蘭西絲・格雷斯納邀請當地居民來參觀岩石山莊，認識他們一家人。她為客人精心準備，請紐約市戴爾摩尼科餐廳製作了巨大的黑色水果蛋糕，將地窖塞滿了上好的法國葡萄酒。

某日，一輛四匹馬拉著的登山馬車從雙子山莊載了大約十六位客人，前來格雷斯納家拜訪。法蘭西絲將葡萄酒與水果蛋糕端出來招待。芬妮後來回憶說：「每位女士都看著蛋糕，翹起鼻子說『不用了，謝謝』，直到有個比其他人勇敢的女士吃了蛋糕也喝了葡萄酒，然後說：『德沃太太，最好嘗點，這很好吃呢。』」

訪客接二連三地向格雷斯納家發問。你們住這上頭不會寂寞嗎？你們這上頭有東西可以吃嗎？芬妮說：「我們每次看見他們離開都很高興，他們來訪時我們都很心煩。」

有一段時間，拜訪岩石山莊、去看看格雷斯納家在做什麼蔚為風潮。一車車當地居民和季節性訪客不時隨意來訪，令這家人非常煩惱。有一天問題到了非解決不可的地步，因為一整車的遊客把車停在廚房窗前，點了一壺檸檬水。廚師斷然拒絕。芬妮非常興奮地把這故事告訴父母親，他們便在從來不關的大門上安裝一對正式的石頭門柱，並立了一塊告示牌寫著「一般民眾請勿入內」。芬妮說：「我們討論了很多次『一般民眾』應該是單數還是複數。」

大約在這時候，格雷斯納夫婦開始考慮在芝加哥建造自己的家。他們想要一間專為他們設計與建、能夠反映他們品味與風格的家，以他們的方式促進一八七一年「芝加哥大火」後的建築復興。

在看過好幾個住宅區後，格雷斯納夫婦決定在草原大道與十八街的西南角購置一塊地，靠近芝加哥市南區。

芝加哥一些最好的住宅都在草原大道上。那條街兩旁盡是富麗堂皇的豪宅，房屋四周是悉心打理的草坪和擺放雕塑的花園，還有雄偉的大樓梯通向門廊或入口大廳。

約翰．雅各．格雷斯納想找位著名的建築師來設計這間屋子。他對亨利．理查森的評價很高，但是朋友告訴他理查森只設計紀念性建築物，其中包括波士頓的三一教堂、水牛城州立精神病院、奧本尼的市政廳。他決定無論如何還是聯繫一下理查森。

理查森與路易斯．蘇利文、法蘭克．萊特是那時代頂尖的建築師。他從哈佛畢業後，在一八六〇年前往巴黎就讀馳名的法國美術學院，是第二個就讀法國美術學院建築系的美國人。

如同艾薩克．史考特的設計隱含中世紀的元素，理查森發展出的設計風格非常獨特，被稱為理查森羅馬式建築。理查森建築物的共同特色包括厚實的牆壁、半圓形的石拱門、低矮的圓柱群。

格雷斯納告訴理查森，他聽說他只建造大型機構的建築，不設計私人住宅。

理查森說：「我設計人想要的任何東西，從大教堂到雞舍都有，那是我謀生的方式。」

格雷斯納與理查森乘坐馬車去參觀他們位在華盛頓街的住處，以便理查森了解格雷斯納家目前的情況。他們坐在圖書室討論格雷斯納對他屋子的需求和期盼。壁爐架上有一小張英國牛津郡亞平敦修道院建築的照片。

「你喜歡那個嗎？」理查森指著照片問。

「是的。」格雷斯納回答。

「嗯，把照片給我吧，我會用來作為你屋子的設計主題。」理查森說。

稍後，他們駕車去看那塊地，理查森沉默不語地坐在馬車裡。幾分鐘後，他衝口而出：「你有勇氣蓋一間在臨街側沒有窗戶的房子嗎？」

「有。」格雷斯納毫不遲疑地說，心知倘若他不滿意大可撕毀那些設計圖。

兩人同意隔天晚上在格雷斯納家用餐時討論房子的設計圖。

法蘭西絲在她日記中生動地描繪了理查森，形容他是「我所見過塊頭最大的男人」。理查森對他粗壯的腰圍靠在格雷斯納家精緻的家具上有所顧慮，在拜訪期間堅持坐在鋼琴凳上。

她在日記中寫著：「他的頭髮中分，說話結巴口水飛濺，呼吸非常粗重，除了專業外，我不會說他是個有趣的人。」

用完晚餐後，理查森拿了一張小紙片，開始用鉛筆畫素描。他畫了一個很大的L形，標示出入口的位置，然後在裡面畫滿方框代表房間。幾分鐘內，他就設計好屋子的一樓，幾乎和最終建出來的一模一樣。

「他是最多才多藝、有趣、機敏、能幹、最有自信的藝術家，也是最和藹可親、討人喜歡的同伴。他樂於解決難題。」約翰．雅各對理查森如此評價。

理查森設計的格雷斯納宅第明顯背離當時典型的住宅建築，無疑和草原大道上享有盛譽的其他住宅截然不同。格雷斯納宅第外圍沒有熱情好客的前院，北面和東面的外牆幾乎就在人行道的地界線上。一排排顏色對比的粗面威爾斯利花崗石塊凸顯了屋子的水平線。在臨街那一層僅有方型小窗，呈現在大眾眼前的是寬闊、平坦、相對樸素的牆壁。

屋子的長邊在十八街上，一樓有幾扇窄窗，還有一個由半圓形拱門遮蔽的傭人出入口。正門位在草原大道上，非常低調、近乎樸素。沒有樓梯，沒有露臺，只有臨街一扇普通、厚重的橡木門。傳統式樣的圓柱支撐著另一道半圓形拱門，比傭人出入口還要小。

從外觀來看，格雷斯納家的屋子非常像公共機構，有如監獄或醫院。大眾看不見的是，屋子環繞著一個私人的大庭院。這棟屋子所有的造景空間都在庭院內，遠離大眾的視線，給格雷斯納家一座城市裡的私人綠洲。

穿過前門，一座十二英尺寬的樓梯通往如同飯店大廳般寬大的門廳。在這間一萬八千平方英尺的宅第裡有足可容納一百多位賓客坐下來用餐的空間，後來格雷斯納家辦過多次這樣的晚宴。

理查森將主要的起居室安排在屋子內部面向庭院。南側的窗戶讓家庭生活空間沐浴在溫暖的光線下。大多數房間都有兩個以上的入口通道，讓家僕可以小心翼翼地在屋子裡走動。屋子北邊有條走廊，主要供僕役使用，讓格雷斯納一家與街道的噪音和芝加哥冬天刺骨的寒風隔絕。

人們對格雷斯納家的新房至少可說是反應不一。法蘭西絲・馬克白忠實地記下她所聽到有關他們新家的評語：

「你們要如何進去？」

「這間屋子絲毫沒有漂亮之處。」

「看起來像舊監獄。」

「我喜歡。這大概是我所見過最古怪的屋子了。」

「這屋子表達了一種概念，但是我不喜歡那個概念。」

「看起來像座軍事要塞。」

「你們那奇怪的屋子讓所有人都大吃一驚。」

「這屋子就像他們本身，外表樸實堅固，裡頭氣氛愜意舒適。」

鐵路車廂製造商、超級富有的實業家喬治．普爾曼住在草原大道與十八街的東北角，就在格雷斯納家斜對面，是那一帶數一數二富麗堂皇的大豪宅，他說：「我真不知道我到底做了什麼，才會每次走出門就迎面看見那個東西盯著我。」

一八八六年七月十日的一份剪報紀錄了草原大道上這棟不尋常的新增建築：

> 草原大道是條勤於社交也愛說長道短的街道，這戶新居民排除了所有窺視他家窗戶發現門內發生什麼事的可能性，讓左鄰右舍非常不適應……這間屋子不顧反對繼續興建，令街坊鄰居一片驚愕。

這棟草原大道的宅第是理查森完成的最後一件設計。在畫完設計圖三星期後，理查森死於腎臟病，享年四十八歲。理查森的助手完成了所有他過世時正在進行的工程，包括格雷斯納家的寓所，並將八萬五千美元的傭金全額交給他的遺孀。

格雷斯納在他描寫草原大道一八〇〇號的書中寫道：「這屋子回應了我提出的所有要求，差不多所有的社交功能似乎都適用。我們在這裡輕鬆自在地款待大批賓客……成千上百的人曾經在此聆聽音樂和激昂的朗讀，同時接待四百多人也不會感覺擁擠、混亂，或悶熱。精心準備的全套晚餐同時供應給各個房間內一百多位賓客，全是在我們自己的廚房、由我們自己的廚師烹調的。芝加哥交響樂團整團來此用餐過兩次，商業俱樂部來過一次。」這棟寬廣的豪宅是格雷斯納迅速登上芝加哥上流社會顛峰最明顯的表徵。

在法蘭西絲．馬克白．格雷斯納的生日或其他特殊場合，交響樂團指揮狄奧多．湯瑪斯會偷偷帶二、三十位或更多的音樂家進入屋裡，瞞著她，直到晚餐時音樂柔和的旋律從前廳飄來。為了慶祝格雷斯納夫婦結婚二十五週年，整個交響樂團由十八街的傭人出入口悄悄溜進屋內，從後面樓梯上去，即興演奏給格雷斯納全家一個驚喜。

儘管法蘭西絲因為慢性健康問題經常疲憊不適，為此醫生給她開了「印度大麻」——一種藥用大麻——不過她的社交排程仍然非常忙碌。她是裝飾藝術協會和學術性雙週俱樂部的董事會成員。除了語言及文學的課程外，法蘭西絲還利用銀器製作課程來提升她製作珠寶的技巧。

法蘭西絲是個如飢似渴的讀者，一星期讀完兩、三本內容可觀的書。一八九四年，她創立了後來成為社交圈中非常令人嚮往的聚會——週一晨間閱讀班。

週一晨間閱讀班的全體成員都是由法蘭西絲邀請參加。每一季，法蘭西絲會建立一份成員名冊，最多到九十名。除了法蘭西絲的姊姊海倫・馬克白，以及該班付費聘請的職業朗讀者安妮・崔明罕外，成員全是已婚女性，之中有許多人是新成立的芝加哥大學教員的妻子。幾乎所有的成員都居住在芝加哥市南區。

閱讀班在早上十點半開始，第一小時是由崔明罕朗讀嚴肅的作品，或是邀請來賓演講，接著一小時是較為輕鬆有趣的作品，或是由芝加哥交響樂團的一名或多名成員表演音樂。在每月的第一個星期一，閱讀班結束後會接著吃午餐。

週一晨間閱讀班有許多成員在朗讀時縫紉或編織。在第一次世界大戰期間，這群婦人為在海外打仗的男人編織手套和毛衣。戰後，她們為庫克郡醫院的嬰兒製作毯子和衣服。約翰・雅各・格雷斯納回憶道：「女士的手指忙著縫紉和其他的女紅，當朗讀停止時，她們的舌頭毫無疑問地就開始忙於女人的談話。」

週一晨間閱讀班的邀請函備受歡迎。報紙的社交版報導：「所有草原大道的住戶都在場，打扮時髦的婦女穿著順滑的皮草、相配的帽子，手臂上掛著最新進口的工具袋。」從十一月到五月，閱讀班每星期在格雷斯納家的圖書室聚會一次，持續了三十多年，一直到一九三〇年代法蘭西絲身體欠佳才迫使這個社團結束。

格雷斯納夫婦的財富確保了芬妮與喬治一無所缺，賦予兩個孩子各種優勢：上馬術、舞蹈、藝術等課程，還有私人家教。由於喬治患有嚴重的花粉熱，醫師建議不要讓他承受「學校的緊張壓力，因為在那裡他得和其他人競爭」。喬治與芬妮在家接受教育，由芝加哥最好的家庭教師指導。理查森為格雷斯納家在草原大道上的住所設計了一間教室，就在前門一進門處，讓孩子進出教室不需要走過屋子的其他區域。

「有一整列的老師經常跨過這間屋子的門檻，教授你們文學、語言、古典和現代、數學、化學、藝術，以及整個人文學科和實作，遠遠超出高中的課程。」約翰·雅各·格雷斯納在《草原大道一八〇〇號之家》中寫道，這本書裡收藏了大量的照片和回憶。

格雷斯納說：「這樣的教育安排是否明智或許有待商榷，但是我確信，這樣的教育賦予你們每個人豐富的常識、觀察及推理的本領、求知的能力和欲望，無論你們從事什麼都能熟練自如。如果成功有捷徑，那麼你們已經得到了，無論這種方式在其他方面有哪些缺陷。」

芬妮完全如她所受的栽培般，成為一個出眾的人。和哥哥一樣，她在家庭教師的指導下學習了文學、藝術、音樂、自然科學。兩個孩子都學習拉小提琴、上舞蹈課。從芬妮還在蹣跚學步、小手指能夠拿針線的時候，她就開始練習縫紉、編織、鉤織，和其他形式的針線活。她的德文、法文、拉丁文都說得很流利。她父親注意到，由於習慣了大多數時間都和大人在一起，因此即使年紀還小，芬妮就是個談話高手了。

喬治擁有一間令他老師羨慕的化學實驗室。他在家中安裝了火警信號中繼器，以便收到火警警報的通知，另外還裝了一套電報系統，線路通到他七個朋友的家裡。警報響起時，喬治與他的「消防隊」朋友就會追著消防車趕到現場。在多起案例中，喬治拍攝了火災現場及災後的照片。他逐漸成為技術熟練的業餘攝影師。

教室是「喬治的朋友還有老師的聚會地點，因為他們全都是戰友」。約翰・雅各・格雷斯納說：「他們在這裡有許多長遠的年輕想法、男孩子氣的活動、消防隊、組織得有條不紊的電報公司……法蘭西絲和她的朋友也從事類似的活動——沒有刺探、沒有懲罰，沒有這個必要；沒有過於嚴厲、牢不可破的規則，沒有太過死板的紀律規定。」

每年夏天，芬妮與喬治逃離芝加哥的炎熱，到岩石山莊享受自由時光。每逢夏季，他們會先派僕人和廚師去開啟大屋，為格雷斯納一家的到來預做準備。法蘭西絲與兩個孩子和一名家庭女教師同行，經常還有她姊姊海倫和其他家人陪同。在為期兩天的火車旅行中，兩個孩子滿心期待地數算著車站直到抵達目的地。一輛由兩匹栗色馬所拉的四輪馬車在車站迎接他們，要再搭三哩的路程才到岩石山莊。

芬妮在多年以後的信中寫道：「我永遠不會忘記在利特頓下車時，吸滿第一口新鮮乾淨的鄉下空氣的效果。喬治和我非常高興到那裡，認為要到家才能盡情享受生活。

「在大屋的第一個晚上總是難以忘懷，非常的涼爽、乾淨、安靜。喬治和我安穩地躺在床上，那床太過愜意舒適，我們幾乎睡不著覺，隔天早晨在明亮的陽光中醒來，立刻起床確定一切仍在那裡。」

芬妮利用艾薩克・史考特為她建造的兩房小木屋裡的燒柴火爐，為全家做果醬和蜜餞。至少有一次，芬妮用她的爐子烹煮了完整的套餐。

陪伴在孩子身邊的是英雄，那是他們養的蘇格蘭種長毛短腿獵犬，牠常勇猛地獵捕土撥鼠，起碼有七隻獵獲物是牠的功勞，芬妮在日記中寫道：「牠不輕易與陌生人和解。」

他們每天游泳，或是探索白山山區、到法蘭科尼亞山峽一帶健行，那裡是新罕布夏州的象徵、著名的「山中老人」花崗岩結構的所在地，還有一條名叫水槽的天然峽谷，長達八百英尺，兩側的花崗岩壁高達十至九十英尺。

無論是在芝加哥或岩石山莊，夜晚消磨時間的方式都是打牌、玩文字遊戲，或者精心準備tableaux vivants（活人畫）——利用臨時拼湊的服裝道具來表現藝術作品，或者戲劇、古典文學中的人物。

在岩石山莊，艾薩克・史考特建了一座三十五英尺的高塔，頂端有個小平臺，格雷斯納一家稱之為瞭望臺。瞭望臺的高度讓他們可以俯瞰整個岩石山莊，以及遠處利特頓和伯利恆的村莊。喬治與史考特每天日落時必定爬上瞭望臺，點亮頂端的蠟燭，燭火成為黑暗中微弱的指路明燈。

史考特跟喬治、芬妮兩人都很親近，教導他們繪畫和木雕，但是他與芬妮更加親密無間。在岩石山莊度過的夏天，史考特是芬妮忠實的夥伴之一。他時常陪伴這家人去散步觀察野生動植物。

法蘭西絲在日記中寫道：「我們最感興趣的是可愛的鳥兒。這裡有成千上百的鳥，而且種類很多，有藍知更鳥、美洲食蜂鶲、知更鳥、歌帶鵐、金翅雀、燕子、褐斑翅雀鵐等等。我們每天都要找到一個鳥巢才覺得完滿。」

芬妮小小年紀就對醫學產生興趣，還是個孩子時便對木乃伊和維薩留斯（Andreas Vesalius）的解剖圖深感著迷。她對醫學的興趣到九歲時變得與私人因素相關，一八八七年五月她在搭火車從芝加哥到岩石山莊的途中罹患了一種嚴重的疾病，有發燒、喉嚨痛、嘔吐等症狀。

在紐約市短暫停留時，法蘭西絲・馬克白帶女兒去看醫生，醫師診斷是扁桃腺炎，建議她去看外科醫生。在那個年代，手術是不可掉以輕心的事。在抗生素、止痛藥、預防感染的手術方法出現之前，即使是小手術都可能輕易演變成威脅到生命的痛苦磨難。

他們找的第一個外科醫生名叫范德福克。法蘭西絲在日記中記載：「他說除了切除扁桃腺外別無辦法，他會在扁桃腺上頭塗上古柯鹼再迅速割掉。」

很幸運的是，芬妮的母親徵求了另一位外科醫生林肯醫師的意見，他在紐約市是備受推崇的頂尖外科醫生。林肯醫師說他會進行手術，並且用乙醚當麻醉劑。法蘭西絲選擇了林肯醫師的方法。

手術是在五月十二日下午於格雷斯納家的飯店房間裡進行，由波特醫師協助施用乙醚，林肯醫師執刀。

她母親記述：「芬妮非常勇敢乖巧，她只猶豫了一次。」

她坐在扶手椅上，脖子上圍了一塊布。波特醫師將乙醚滴在包著布的面罩上，罩住芬妮的口鼻。手術進行得非常順利。乙醚消退後，芬妮醒了一會兒，喉嚨和耳朵疼痛萬分，隨後又睡了好幾個小時。

我們無法知道在那種環境下醫生可能給九歲女孩服用什麼藥物。當時沒有法令管束藥品與成藥，也沒有要求證明藥品是安全或有效的。成藥當中可能含有鴉片、嗎啡、海洛因，或古柯鹼。林肯醫師給格雷斯納夫婦開了一種不明藥品的處方，但是並不一定要配藥。現代醫學尚未能提供助益，芬妮花了好幾星期的時間慢慢復原，兩個月後才恢復健康。

完全康復後，芬妮寫了一首詩感謝她的醫生：

林代表林肯醫師
芬妮時常想到醫師
要是他來岩石山莊
我們將穿上最美的衣裝
白色、藍色、粉紅色——

我親愛的醫師
很難找到和你名字押韻的詞——
但是我必須為你寫首詩
所以我還是盡了最大的努力
這就是我所能做的。

你的小朋友
芬妮

芬妮開始陪同利特頓與伯利恆當地的醫生訪視在家休養的病人。觀看醫生照料病人讓她深感敬佩。他們總是聰明博學、體貼而令人安慰。必要時，醫師會請芬妮積極地協助醫生進行治療或動些小手術。她也開始利用小木屋廚房為醫師的病人製作有療效的食物，例如肉湯和滋養的葡萄酒果凍。芬妮在未出版的回憶錄中說：「但是烹飪和外科手術並非唯一的興趣，因為在家中母親和阿姨都是兼顧家務和藝術，舉凡精緻縫紉、刺繡、編織、鈎織、繪畫，甚至手工自製珠寶首飾之類的活動都宛如呼吸般自然。」

一八九〇年，喬治懷著攻讀法律學位的目標，開始在哈佛大學接受大學本科教育。他和醫科學生喬治・馬格拉斯成為密友，兩人形影不離，芬妮稱他們為兩個喬治。他們甚至連生日都在同一天，十月二日。

喬治・馬格拉斯生於一八七〇年，是約翰・湯瑪斯牧師與莎拉・馬格拉斯的獨生子，他是父親的教堂唱詩班成員，並且在很小的時候就成為教堂的管風琴手。馬格拉斯憑藉當管風琴手掙錢完成醫學院的學業。成年後，他加入韓德爾與海頓協會、波士頓賽西利亞合唱團、哈佛校友合唱團。

有件事似乎沒引起馬格拉斯的注意，那就是和女人談情說愛的樂趣。他在哈佛學院出版的校友名錄中證實了自己的單身身分。他對以前的同學說：「我未婚而且預期會保持下去。」後來在他職業生涯中有一篇報導，以溫和委婉的方式說明眾人對馬格拉斯另類生活方式可能的看法。記者寫道：「沒錯，他是個單身漢，但是還不到可以稱為『抱定獨身主義』的年齡，他似乎是那種『寧可住在波希米亞勝過其他任何地方』的人。」

就讀哈佛時期，兩個喬治成立了自己的消防隊。每當叮叮噹噹的鈴聲和馬蹄的噠噠聲在街上飛馳，他們就會騎著腳踏車去追逐消防馬車與幫浦消防車。如果手邊有相機，喬治・格雷斯納可能會拍攝火災現場的照片。

學校放假時，兩個喬治會到岩石山莊或格雷斯納在芝加哥的家，他們的同學小菲得利克・歐姆斯泰德經常同行，他是著名景觀設計師菲得利克・洛・歐姆斯泰德之子。

在冬季運動成為一種流行的消遣方式之前，兩個喬治和菲得利克就獨自在冬季關閉的岩石山莊消磨時間。儘管冬季天氣時常嚴酷，兩個喬治與菲得利克仍然在雪地裡艱難跋涉到他們的隱居處。岩石莊園內冬天能生火取暖的只有芬妮的小木屋。那座燒柴火爐產生的熱足以讓兩個房間變得舒適溫暖，他們在裡面喝酒，做些單身青年在大學放假時胡鬧鬼混的事。

一八九三年六月二十五日

當時芬妮十五歲，與兩個喬治在哥倫布紀念博覽會上搭乘摩天輪。博覽會在芝加哥南邊的濱水區舉行，占地六百九十英畝，是展示芝加哥從大火後復甦的機會。

格雷斯納一家參觀過哥倫布紀念博覽會好幾次。這場世界博覽會是由傑出商人組成的指導委員會引進這座城市，而約翰・雅各是委員會的成員，因此這家人在施工期間和博覽會舉辦期間擁有進入會場的特權，並且參加了葛洛佛・克利夫蘭總統主持的盛大開幕典禮。

在隆重開幕前，芬妮就先與父母參觀了各個展覽館，由博覽會的工程總監丹尼爾・柏南陪同格雷斯納一家預先遊覽。當晚，柏南用一艘開放式汽艇帶格雷斯納一家遊潟湖。船漂過婦女館，那是靠近大道樂園一棟兩層樓的新古典主義建築，令人印象深刻。

這幢占地八萬平方英尺的義大利文藝復興建築是二十一歲的蘇菲亞・海登所設計，她是麻省理工學院建築課程的第一位女性畢業生。海登是美國第一位設計重要公共建築物的女性。

婦女館內容納了空前絕後規模最大、最雄心勃勃的女性藝術作品展覽。世界博覽會是女性首次創造公共藝術作品。一般認為女人無法使用創造雕塑和大型畫作所必需的梯子和鷹架。評論家和贊助人都很好奇女人能夠創造出什麼面貌的藝術作品。

海登與她的建築受到嚴密地審視。其他建築師說出內心的疑惑，好奇女人是否能夠穿著連身裙和高跟鞋走過泥濘的建築工地。評論家及大眾將自身的偏見投射在海登的設計上，給她的建築賦予女性的特質。他們說和男性設計的建築比起來，這棟建築多少顯得沒那麼武斷，較為含蓄、端莊。海登建築與世界博覽會上其他建築最明顯的差異是建築師獲得的報酬。海登首次受託的工作報酬是一千美元。在世界博覽會上設計類似建築的男人獲得的報酬是一萬美元。

此外在格雷斯納家中也多次討論到世界婦女代表大會，這是與世界博覽會共同在五月舉行、為期一週的會議。該大會聚集了各個領域倡議和行動主義的傑出女性，是迄今規模最盛大的婦女聚會。將近五百位女性，包括來自二十七個國家的代表，在大會期間發表演說、參與座談會。那週出席會議的參與者超過十五萬人。

作家茱德·艾略特在格雷斯納家的草原大道宅第作客兩星期。在婦女大會當週，她的母親茱莉亞·豪也和她一起住在格雷斯納家。

喬治·格雷斯納在世界博覽會上拍了無數的照片。法蘭西絲·馬克白的日記中紀錄了十五歲的芬妮與兩個喬治搭乘摩天輪那晚的事。

在法國館裡，芬妮與喬治很可能見識到了巴黎警察局的展示，還遇見一名奇怪的蓄鬍男子阿爾馮斯．貝迪永。喬治肯定會對貝迪永古怪的攝影器材很感興趣。

確認罪犯身分的可靠方法是存在已久的問題。警方需要知道被拘留人的身分，才不會讓通緝犯逃過他們的罪刑。然而名字可以更改、簽名可以造假，外表也可以改變。

即使警察局開始採用照片，建立罪犯的惡棍肖像冊，這些影像卻經常無法用來確認身分。照片的品質很差，過度曝光或是模糊，或者只是全身的廣角照片，很難識別容貌特徵。

貝迪永是法國著名的統計學家及人類學家的兒子，他相信沒有兩個人長得一模一樣。他設計了一套系統來紀錄五項主要的人體尺寸——頭部的長寬、中指的長度、左腳的長度、從手肘到伸直的中指的前臂長度。

貝迪永建立了一套紀錄，包含以上的人體尺寸及身體特徵的描述，例如頭髮與眼睛的顏色。他的紀錄還包括制式的照片——一張清晰的臉部特寫照片，和其側面的第二影像。貝迪永主張側面照片尤其重要，因為側面較不會隨著年齡、體重增加、臉部毛髮而有明顯的變化。

貝迪永將他的系統命名為人體測量學，即測量人體的尺寸。這套系統後來被稱為貝迪永人體測量法，全歐洲及全美的警察局都採用。

為了世界博覽會預做準備，芝加哥警方匯集了大量全國知名罪犯和近期假釋犯的資料，收集了美國最多的貝迪永人體測量法的紀錄。

然而這惡棍肖像冊卻缺了一個名字：H・賀姆斯，他是一名醫生、企業家、狡詐的騙子、老練的詐欺犯與騙徒、噩夢中常出現的殘忍殺人犯。世界博覽會期間，賀姆斯在芝加哥犯下數十起謀殺案，包括許多年輕女子和小孩。他建造了一間有很多假牆與密室的旅館，後來被稱為「謀殺城堡」。根據某些人的說法，賀姆斯很可能誘殺了兩百名受害者。儘管賀姆斯在全美各城市落入警方手中多次，但是一直到世界博覽會結束、賀姆斯離開芝加哥很久以後，當局才知道他的罪行。

貝迪永人體測量法並不理想，只適用於成年人，因為兒童的人體尺寸會持續改變直到他們停止成長。更麻煩的是，這套系統需要卡尺和其他容易彎曲失準的測量設備。由於難以施行且不可靠，貝迪永人體測量法在二十世紀初期指紋辨識出現後就不再使用了。如今貝迪永人體測量法唯一留存的只有照片——經典的嫌犯臉部照片。

一八九四年從哈佛畢業後，喬治・格雷斯納到新罕布夏州利特頓的格雷斯納家莊園過暑假，打算秋天回去哈佛唸法學院。他告訴哈佛的同學：「然而在夏天結束前，我改變了計畫，決定到我父親的公司上班。我從最基層的檔案管理員做起，有段時間極有可能會一直待在那裡，不過由於種種情況，我幸運地被任命為副理。我發現這工作比我預期的有趣，也更令我著迷。」

在華德、布什內爾與格雷斯納併入國際收割機公司時，喬治・格雷斯納繼續留任，最後晉升到公用事業部門的經理職位。他參與了若干廣受富有商界人士歡迎的組織，包括芝加哥俱樂部和大學俱樂部，並且是芝加哥美術館的理事。

他的朋友喬治・馬格拉斯從醫學院畢業後，繼續留在哈佛當病理學助教。他教導醫科學生，同時在波士頓地區幾家醫院擔任諮詢病理學家。

一八九六年芬妮成年。進入青年時期後，大家不再叫她芬妮，而更常以符合她年齡的法蘭西絲喚她。她母親的日記中紀錄了她生日時的場景：「星期三那天法蘭西絲十八歲了，我們在早餐桌上擺了十八朵康乃馨、十八枝鈴蘭、十八根蠟燭，和一個精美的蛋糕。我們送給她一枚漂亮的懷錶和一條腰鍊。」法蘭西絲・馬克白在日記中寫道。

格雷斯納夫婦為慶祝女兒進入生命的新里程，送她跟著法蘭西絲・馬克白的姊姊海倫一起出國。一八九六年五月，法蘭西絲與海倫搭乘伊特魯里亞號輪船前往倫敦，在那裡待了好幾個月。她們的短途旅行地點包括挪威、荷蘭、德國、法國。她們在一八九七年七月返國，歷時十四個月。

在法蘭西絲回國幾個月後，她開始與三十歲的律師布魯威特・李交往。他們是經由德懷特・勞倫斯介紹認識，勞倫斯是布魯威特的合夥律師、喬治・格雷斯納的哈佛同學。在一八九七年最後幾個月，布魯威特經常拜訪格雷斯納家，與他們全家共進晚餐，帶法蘭西絲乘四輪馬車出去兜風。

布魯威特在密西西比州的哥倫布市土生土長，是史蒂芬・迪爾・李與蕾珍娜・莉莉・哈里森・李的獨生子。史蒂芬・李是備受尊崇的前南方邦聯軍隊領袖，南北戰爭時期最年輕的中將。一八六一年四月十一日，二十八歲的他在南卡羅萊納民兵團炮兵部隊當上尉，在桑特堡向羅伯特・安德森少校遞出正式的投降要求。安德森不肯投降，史蒂芬・李就下令開始對桑特堡發射大炮，啟動了南北戰爭。隨後，他參與了第二次馬納沙斯之役、安提耶坦之戰——內戰中最血腥的一日——以及維克斯堡的防禦戰。

南北戰爭後，史蒂芬・李當上密西西比州參議員，並且是密西西比州立農工學院，也就是現在的密西西比州立大學的首任校長。有人認為他是南方工業教育之父。他在南方邦聯退伍軍人組織中也一直很活躍。

布魯威特・李是密西西比農工學院的第一屆畢業生，隨後就讀維吉尼亞大學兩年，然後在哈佛法學院拿到法學學位。李為美國最高法院大法官霍瑞斯・格雷擔任書記官一年後，定居亞特蘭大開業當律師，但是發現這一行難以成功打入，而且獲利並不特別豐厚。

李非常渴望有工作，有一天，一個名叫坎德勒的男人來找他，要求律師幫他起草成立公司的文件。這位委託人計畫生產一種用祕密配方調製的飲料。他沒什麼錢，因此向李提議給他新公司的股票或是二十五美元現金。布魯威特喝了一小口飲料，覺得非常難喝，於是堅持對方付現金。

那人是艾薩・坎德勒，他的公司是可口可樂。

布魯威特・李搬到芝加哥，在西北大學教法律。為了增補收入，他與德懷特・勞倫斯合夥開業，勞倫斯遭到哈佛法學院退學，但是在商界和社交界人脈廣闊。這對李而言非常合適，因為他熟悉法律，但是在芝加哥毫無人脈。

布魯威特與法蘭西絲在一八九七年十二月下旬宣布訂婚的消息。

有種觀點堅持法蘭西絲沒去上大學是因為她的父母一方或雙方禁止她去，這毫無證據。約翰·雅各與法蘭西絲·馬克白·格雷斯納是支持孩子的慈愛父母，必定會幫助女兒實現夢想。

身為養尊處優的年輕女子，法蘭西絲應該不擔心職業或高等教育。沒有人期望她外出工作。她永遠不必賺錢謀生就可以期待過著悠閒、富裕的舒適生活。

後來法蘭西絲曾經告訴記者，她年輕的時候可能喜歡當護士或是上醫學院，但是這種事「就是沒有發生」。真相比這要複雜一些。倘若她真的想要，法蘭西絲大可去上大學、甚至醫學院。

不可否認，醫學領域是女性罕見的選擇。一般相信醫學不適合女性纖細的感受力，女人不應該了解人體內部的運作。但是到了十九世紀末，全美已有數百位女性行醫，也有好幾間女子醫學院。多虧了巴爾的摩五位傑出女性的努力，她們籌集了五十萬美元成立約翰霍普金斯大學醫學院，一八九三年第一屆十八名畢業生中有三名女性。

莎拉·哈克特·史蒂文森是美國醫學協會第一位女性會員，她是法蘭西絲·馬克白的老朋友，經常和格雷斯納一家共度假期，因此格雷斯納夫婦對女醫師的概念並不陌生。

法蘭西絲擁有選擇權，但是沒有她真正渴望的選項。她想上的大學只有一所，值得她追求的醫學學位只有一個，卻無可救藥地鞭長莫及，那就是哈佛。

她想要念哈佛，和她哥哥、喬治·馬格拉斯、布魯威特·李、亨利·理查森，以及她生命中幾乎所有重要的男性一樣。格雷斯納家是哈佛世家。法蘭西絲想要體驗哈佛，和其他人一樣加入聖波托夫俱樂部。可是哈佛醫學院不收女學生。

儘管無法進入哈佛醫學院，法蘭西絲依舊非常喜歡這所大學。畢竟，那仍然是哈佛。最優秀、最出類拔萃。新英格蘭名門望族的菁英。遲早有一天，她對哈佛的感情會變得更加複雜，但是還要再過幾十年，這所大學才會再度成為她生活中重要的一部分。

法蘭西絲在滿二十歲生日一個月前與布魯威特・李成婚，布魯威特・李比她年長十歲。她母親在日記中寫道：「我們寧可等到她再大一點，但是李先生幾乎是這世上一切美好與完美的化身，我們無法在心裡找到理由來妨礙他們完滿的幸福。」

婚禮於一八九八年二月九日星期三下午五點在格雷斯納家草原大道的宅第舉行。有人將平臺鋼琴搬到二樓，把客廳與大廳的家具全都移走。地板上鋪著平紋細布，客廳擺滿了百合、野生菝葜、白蘭花。法蘭西絲身穿緞子禮服，上面綴著用威尼斯針繡雙玫瑰蕾絲製成的深窄荷葉邊，頭戴絹綢面紗，手持一束鈴蘭。

儀式由菲利浦・莫里牧師主持，他在一八七〇年也主持了約翰・雅各與法蘭西絲・馬克白的婚禮。芝加哥交響樂團為新人進場演奏了瑞典婚禮進行曲〈宣告我屬於你〉，在典禮後演奏了孟德爾頌的婚禮進行曲。

晚上九點，法蘭西絲換上旅行服裝，一輛四輪馬車等著載新婚夫婦前往火車站。「接著他們兩人結伴一起出門，展開新的生活。」

3 婚姻生活和餘波

這對新婚夫婦開始搭乘火車旅行，到布魯威特．李位在密西西比州的老家度蜜月，途中在聖路易停留。這段婚姻似乎非常幸福。法蘭西絲顯然是個完美的新娘，盡責地執行大家期待她完成的任務：結婚不到一個月，她就懷了他們的第一個孩子。

史蒂芬．李在他們來訪後寫信給法蘭西絲的父母：「我從來沒見過兩個年輕人婚後如此幸福。」結束短暫的蜜月之後，李氏夫妻住在密西根大道上時髦奢華的大都會飯店。這間大都會飯店建於一八九一年，是芝加哥哥倫布紀念博覽會時的豪奢住宿，後來因為黑道頭子艾爾．卡彭在如日中天時經常光顧此地而聲名狼藉。

在大都會飯店住了幾個月後，這對夫妻買了一間位在印第安納大道與二十一街上的公寓，距離她在草原大道上的娘家四條街。

儘管表面上很幸福，但是這段婚姻很快就出現了摩擦。法蘭西絲與布魯威特有著截然不同的人格特質。他是經常上教堂的非特定教派基督徒，而法蘭西絲一生大半時間都不篤信宗教。她喜歡健行、從事戶外活動，可是他偏愛閱讀和其他在家追求知識的安靜活動。她是北方人，在思想先進而富有文化修養的家庭裡成長；他父親是受人尊敬的南方邦聯人物，擁護白人男性至上的最高地位。

布魯威特無法假裝熱中妻子對女紅和手工藝的嗜好。法蘭西絲很容易突然爆發創作的幹勁，有時候抓住一個想法就會一整天從早工作到晚。她可能覺得在婚姻中未能獲得重視和滿足。

法蘭西絲和布魯威特都不習慣成功婚姻必不可少的日常調整與適應。他是獨生子，而她是獨生女，並且從來沒有在學校環境中適應團體生活。兩人的生活習慣皆已根深蒂固。

身為格雷斯納家人，法蘭西絲有種過慣的生活方式，她父母也期望女兒過著這樣的生活。然而布魯威特的薪水負擔不起法蘭西絲要求的生活方式，所以這對夫妻不得不仰賴她父母持續的經濟支援。雖然他們心存感激地接受格雷斯納夫婦的補貼，但是毫無疑問地，法蘭西絲和布魯威特由於不同的原因對此煩悶不已。依靠岳父母的協助很可能損害了布魯威特的男子氣概，並且削弱了他養家餬口的自信心。法蘭西絲則不滿父母的金錢中隱含的附帶條件，暗示他們存在於她的生活中、控制著她的生活。任何曾經是小孩的人都會了解我們需要父母的愛，但父母的愛有時候專橫而令人窒息。法蘭西絲因為無法享有她以為會隨著成年而來的獨立自主感到沮喪。

他們的第一個孩子約翰・格雷斯納・李於一八九八年十二月五日誕生時，他們才結婚十個月。法蘭西絲・馬克白在日記中紀錄：「醫師說了好幾次，他從未見過更英勇的女孩，或是比她在那一整天的表現更為堅忍的人。她絲毫不曾吶喊或抱怨。」

約翰出生後法蘭西絲的日子過得並不輕鬆。她母親在日記中記著：「她一直很緊張，我星期六到法蘭西絲家三趟，發現她哭了好幾次。昨天她告訴我不喜歡她的護士，說護士既不熱心也不和藹，而且沒有同情心、一點也不溫柔。我和護士談了一下，試著給對方留下好印象、改善情況。」

到一九〇三年這對夫妻的第二個孩子法蘭西絲・李誕生時，約翰・雅各・格雷斯納為他的兩個孩子在草原大道一七〇〇號及一七〇六號蓋了兩間相同的屋子，距離他自己的家一個街區。這兩間宏偉的三層樓住宅彼此對稱，喬治與妻子愛莉絲及孩子同住的那間屋子，與隔壁的李家互為鏡像。

布魯威特・李在女兒出生後沒多久就搬離。導致分居的具體問題並沒有紀錄下來，不過兩人在性格及教養方面的深刻差異，很可能損害了布魯威特與法蘭西絲之間的關係。在分居期間，布魯威特・李與他的姻親一直保持著和睦的關係。格雷斯納家對布魯威特的喜愛從未動搖，對於他必須應付一個任性、傲慢的女人的難處始終表示同情。

布魯威特在草原大道與二十二街租了一間公寓，就在法蘭西絲的兩個阿姨海倫與安娜的公寓樓上，天天都去探望他的孩子。每日下班後，他在下午五點準時抵達住處，讀《聖經》或是《雷姆叔叔講故事》，孩子開心地聽他拖長聲調詮釋布雷爾狐狸和布雷爾兔，他讀了四十分鐘後就離開。他經常拜訪海倫與安娜，並和她們一起用餐。

一九〇五年李氏夫妻短暫和好，在那段期間法蘭西絲懷了第三個孩子瑪莎。一九〇六年秋天瑪莎出生後不久，布魯威特就永遠搬離。

他的兒子約翰．格雷斯納．李後來回憶，布魯威特為分居感到傷心，但從未說過孩子母親的壞話。另一方面，他母親談起布魯威特卻「非常的偏頗、直言不諱」。

＊＊＊

在此同時，喬治．格雷斯納需要花上愈來愈多的時間處理家族在新罕布夏州的財產，主要因為他的雙親逐漸年邁。岩石山莊的新鮮空氣令人愉快，可以暫時緩解喬治嚴重的花粉熱，他的花粉熱因籠罩在芝加哥街道上的難聞霧霾更加惡化了。

在岩石山莊的時日讓喬治可以從事他喜歡的土木工程計畫，例如：改善他父親鋪設的道路、從廢棄的伯利恆自來水廠引水填滿岩石山莊裡的蓄水池。喬治還建造了發電所為岩石山莊提供電力。

岩石山莊有齊備的木工坊、銑削鍛造金屬的設備，還有喬治可能需要的所有工具。他手下有八十人供他使喚，其中許多人就住在散布莊園各處的二十棟建築裡。喬治在莊園裡建造他自己的家，取名為岩架。

一九〇七年，喬治和愛莉絲帶著三個孩子從芝加哥搬到岩架定居。喬治取得為社區提供電力的伯利恆電氣公司的大半所有權，擔任附屬的公用事業里斯本照明電力公司的總經理。

格雷斯納擔任伯利恆鎮的審計員三年，於一九一二年當選州眾議院議員，連任了兩屆。喬治致力於各式各樣的公民職務，包括擔任利特頓儲蓄銀行的董事、利特頓醫院協會會長——這組織是他父親所創辦，在一九〇七年興建了一所擁有十五個床位的現代社區醫院。

一九〇三年的耶誕節後，十二月二十七日，約翰．雅各．格雷斯納給予法蘭西絲價值十二萬五千美元的國際收割機公司的股票，給她哥哥十萬元股票再加上他從哈佛畢業後得到的兩萬五千元股票。這些股票的紅利將會提供約翰．雅各．格雷斯納的兩個孩子能夠終生安心的收入來源。

三天後，法蘭西絲的幾位朋友與他們的孩子及兩千多人一同在易洛魁劇院觀賞《藍鬍子先生》的表演，這是一齣由丹．麥艾維與艾迪．佛伊主演的音樂劇。新建成的易洛魁劇院座落在州街與迪爾柏恩街之間的蘭道夫西街上，號稱絕對防火。

劇院設計了三層座位，可容納一千六百人，十二月三十日的表演門票全部售罄，還有數百人在劇院後面的「站立空間」觀看。另外有三百人在那天擔任表演者或工作人員。

在第二幕一開始，一盞弧光燈的火花點燃了附近的平紋細布帷幕。火勢迅速擴大，整座劇院充滿了濃煙，觀眾頓時陷入恐慌。超過六百人死亡，當中有許多婦女和兒童。那天晚上，法蘭西絲帶著孩子回娘家，悲劇的消息傳遍了整個社區。在據推測已經死亡的失蹤人物之中，有加茲夫人的兩個孩子、澤斯勒醫師的兒子、荷伊特夫人的女兒、福克斯夫人和她的三個孩子、喬治．席金森的姊妹和他兒子。

法蘭西絲．格雷斯納寫道：「這是件最可怕、最令人心痛的事，是文明城市裡最糟糕的恥辱。」

死亡的確切人數不詳，因為有些受害者被搬離現場去向不明，很多死者被燒得面目全非，只得靠首飾、衣著，或其他個人物品來辨認身分。易洛魁劇院大火至今仍是美國歷史上最致命的單棟建築火災。

火災當晚，喬治．格雷斯納前往易洛魁劇院協助尋回屍體。

法蘭西絲在娘家緊抱著她的孩子。她心想，這是多麼摧心剖肝的悲劇，可能發生在任何人身上。失去孩子或是孩子失去父母或兄弟姊妹、再也見不到他們是多麼令人震驚的事。他們甚至無法入殮，更令人心碎的是那些永遠辨認不了身分的屍體。

＊＊＊

一九一一年夏天，法蘭西絲在報紙上讀到羅浮宮畫作遭人明目張膽盜走的報導。她想起在一八九〇年到歐洲旅行時，曾經和父母一同參觀過這間具有地標意義的巴黎博物館。

在無人注意到的情況下，有人帶著《喬宮達》（*La Gioconda*）走出博物館，這幅肖像畫是十六世紀初期的達文西畫作。《喬宮達》是幅平凡的作品，以油彩畫在白楊木板上，描繪的是一名商人的妻子，今日更廣為人知的名字是《蒙娜麗莎》。就藝術作品而言，這幅繪畫賞心悅目，但是並不特別值得注意。

這樁竊盜案無人察覺，直到隔天一位參觀博物館的藝術家在平常展出《喬宮達》的位置上發現只剩四個鑲嵌在牆上的掛釘。

隨著竊盜案登上世界各地的頭條，《蒙娜麗莎》立即聲名大噪。警方倉促地想破案，一度將西班牙畫家畢卡索當成嫌疑犯扣押起來偵訊。可是警方始終沒有破案。兩年多以後，犯罪者想要將畫賣給藝術品經銷商時遭到逮捕，他的名字叫文森佐·佩魯加，曾經在博物館當過維修工友。

佩魯加的偷竊為原本默默無聞的《蒙娜麗莎》提高名氣，給這幅畫套上名作的光環，讓這幅畫成為世界上鼎鼎有名、廣受討論的藝術作品。

《蒙娜麗莎》失竊案原本可以在事發後不久就解決。在收藏《蒙娜麗莎》的畫框上留有一枚指紋。警方的檔案中有佩魯加先前因輕罪觸法所留下的指紋。然而巴黎警方是根據貝迪永人體測量法歸類罪犯的紀錄，而非指紋，因此無法追查到指紋的主人是誰。

法蘭西絲聽到《蒙娜麗莎》失竊案時，很難想像得到自己有一天會成為犯罪現場調查的權威。

差不多在同一時間，法蘭西絲大約十三歲的兒子約翰被診斷出罹患「結核性淋巴腺炎」，這是種頸部淋巴結的感染，現在只需服用一個療程的抗生素即可治癒。在當時一般認為海邊度假村的空氣是對付此病最保健的環境。

約翰動手術切除了受感染的淋巴腺，醫師建議李家到加州過冬。連續兩年，法蘭西絲和孩子都在加州的聖塔芭芭拉過冬。

其中一年冬天，他們一家到聖地牙哥旅行，去拜訪查理·威特默，他之前在岩石山莊擔任私人司機，離職後到格倫·柯蒂斯的飛行學校學開飛機。司機駕駛「漫步者」載法蘭西絲、孩子，和一名家庭女教師沿著海岸緩慢行駛，這輛配備充氣輪胎的四汽缸旅行車是當時眾人認為最豪華的汽車。

這趟往返聖塔芭芭拉和聖地牙哥間兩百一十八哩的旅程費時一星期。那時還沒有公路，因此如此長時間的旅行等同於一場冒險的邀請函。司機必須用繩索纏繞輪胎以便攀爬泥濘溼滑的山路。約翰記得有一天前輪的滾珠軸承掉落，造成了延誤。還有一次洪水沖毀了道路，只得將漫步者裝到鐵路平車上以繞過障礙。他說：「我還記得在河中央吃午餐，司機找了一組馬來拉我們出去。」

回到新罕布夏州，法蘭西絲在森林湖買了一處附帶質樸獵人小屋的地產，距離岩石山莊約莫一小時車程。她稱這塊地產為李營，是她逃離父母的避難所。夏季法蘭西絲和孩子會在李營待上三、四天，過著因陋就簡的生活。她在火堆上烹煮，孩子則去釣魚或游泳。

他們全家人編了長長的冒險故事講給彼此聽，並且發明自己的遊戲。法蘭西絲在這些遠離岩石山莊的旅居期間心情都很愉快，她一放鬆下來就是有趣的同伴。約翰說：「在李營度過的日子是我童年最快樂的時光。有一次母親唱歌劇，一人分飾所有的角色，還附帶手勢，法蘭西絲和我差點笑死。」

不再受到布魯威特抑制，法蘭西絲的創造活力旺盛。她創作了織景畫，為自己和三個孩子縫製全套服裝，為家庭聚餐用的餐桌設計精巧的擺飾。一九一二年，她著手進行一項宏大的計畫，要創作整個芝加哥交響樂團的模型送給她母親當禮物。

格雷斯納夫婦持續與芝加哥交響樂團密切往來。這對夫妻很少錯過他們的演出，並且與菲得利克．史塔克指揮和許多交響樂團裡的音樂家保持密切的關係。芝加哥交響樂團的成員經常到格雷斯納家作客，為他們一家演奏樂曲。整個交響樂團不只一次在草原大道宅第的寬闊庭院中表演。

法蘭西絲．馬克白．格雷斯納非常熱愛音樂，曾經說出希望交響樂團每天都在她家演奏的幻想。她女兒的心中因此萌生了要讓母親願望成真的想法。法蘭西絲設想了一個微型交響樂團：全部九十名音樂家都穿著正式的表演服裝、帶著樂器。光是微型男士——交響樂團清一色是男性——和微型樂器並不足以滿足她對細節的癡迷，交響樂團的每個人偶在完成後必須還要看起來盡可能貼近現實生活中對應的人。

法蘭西絲選擇採用常見的1：12比例，那是迷你娃娃屋的標準比例，一英寸代表一英尺。在樂團排演時，她坐在交響樂廳她父母的包廂裡，用鉛筆在素燒的陶瓷頭部上素描每位音樂家的細微特徵，包括髮際線、臉部的毛髮、眉毛的濃密度等等。許多樂團成員為她的素描擺姿勢，協助她製作模型。在她家中的工作坊裡，法蘭西絲將黏土與水混合的黏土漿塗到模型頭上，再放進窯裡重新燒製，藉此複製頭髮、八字鬍、鬍鬚，最後再刷上顏色匹配的瓷釉完成此一變化。

她買了九十把一模一樣的娃娃屋直背木椅，還取得一套完整的微型樂器。有些樂器購自經銷商和專門店，只要求看起來逼真、尺寸正確。法蘭西絲無法接受比例不精確的樂器。她僱用一名工藝師製作銅管樂器，由她自己雕刻簧片。簧樂器與弦樂器的琴弓及其他零件，是用木製糖果盒和其他巧妙再利用的家居用品製成。豎琴師恩里科．特拉蒙提介紹一家公司給李，為她製造一架六英寸高的豎琴，連同一個手提箱。

為了感謝格雷斯納夫婦的贊助，芝加哥交響樂團的指揮菲得利克・史塔克在放大鏡下親手在郵票大小的紙張上，謄寫了一頁法蘭西絲・馬克白非常喜愛的作品，亞瑟・蒙迪的《史耐德樂隊的指揮》。每位音樂家的譜架上都擺著符合樂器的正確樂譜。

在服裝方面，法蘭西絲為每個人偶縫製正式的晚禮服。音樂家穿著珍珠鈕扣的白襯衫、單排扣的黑色背心、相配的晚禮服。她為每個人做了可拆下的紙翼領。史塔克的雙臂舉起，穿著燕尾服。為了向她母親在演出前送康乃馨胸花給交響樂團的做法致敬，每個人偶都有朵完美成形的布製康乃馨，寬六分之一英寸，別在右邊翻領上。

法蘭西絲僱用了一名舞臺木匠，建造一座將近八英尺長的階梯狀舞臺。五層平臺上的音樂家圍繞著微型的史塔克。交響樂團後面有六株盆栽棕櫚裝飾這個陳列品，另外還有玫瑰插在雅緻的粉紅色花瓶裡，放在史塔克的兩側。

這套交響樂團於一九一三年一月一日法蘭西絲・格雷斯納六十五歲生日時贈送給她。約翰・雅各・格雷斯納在他妻子的日記中描寫了這件事：

> 元旦是法蘭西絲的生日，那天下午法蘭西絲・李送給她那套絕妙的「迷你交響樂團」，包含整座交響樂團舞臺，還有完整的九十名樂師和他們的樂器，娃娃般的大小，全都做得非常細緻入

微，大多出自法蘭西絲．李之手……沒有比這更完整，或者做得更完美，或是更有趣的了。

全家沒有人知道，尤其是法蘭西絲．李本人，未來數十年後她畢生的事業將會因創造完全不同性質的模型而達到顛峰。

幾天後，交響樂團全團受邀到格雷斯納家共進晚餐，觀賞法蘭西絲完成的創作。如同他處理家中每日發生事件的習慣，約翰．雅各．格雷斯納紀錄下這場盛會：

樂團中除了三個人以外所有成員都出席了，帶了其他十五、六位客人，總共一百零五或一百零六位賓客坐下來享用屋子裡準備好的晚餐……晚宴結束時有水果雞尾酒，大家乾杯唱歌，在那之前的音樂節目也很棒很詼諧。諸位男士對「迷你交響樂團」都很感興趣，覺得用別人的眼光觀看自己很有趣，因此一再地回到起居室上方擺放模型的房間。法蘭西絲．李對於他們的讚賞十分滿意。

法蘭西絲下一件努力創作的藝術品是向馳名的弗朗傑利四重奏致敬。這支四重奏樂團在一九〇三年於紐約市組成，由瑞士裔美國銀行家愛德華．J．科佩所創立，是為他業餘鋼琴家的妻子伴奏而臨時湊組的樂團。樂團名稱根據科佩在瑞士洛桑附近的避暑別墅而來。弗朗傑利四重奏的成員包括第二小提琴手阿弗雷德・布頌、第一小提琴手阿道弗・貝悌、中提琴手烏芶・阿爾拉、大提琴手伊凡・達尚博，他們得到資助後不再需要教琴或是做其他工作維生，可以自由地將全部時間傾注在合奏音樂上。

弗朗傑利四重奏於一九〇五年首場公開演奏會後一舉成名，開始到歐洲和美國各個主要城市表演。他們是當時最傑出最著名的弦樂四重奏，在評論與商業方面都大獲成功。弗朗傑利四重奏是第一個以自己的名義錄製、發行音樂的弦樂合奏團，讓他們得以培養一批擁護者。

法蘭西絲的弗朗傑利四重奏模型和她的微型交響樂團一樣，是採用1：12的比例製造，並且也用同樣的素燒陶瓷頭部，不過這些是更好的複製品。她運用製作微型交響樂團所學到的經驗來改善技術。她只需要好好仔細地觀察四重奏中每位音樂家的外貌和顯著的特徵。

法蘭西絲十五歲的兒子約翰陪她去聽弗朗傑利四重奏的演出。約翰・李紀錄道：「我們一起去聽音樂會，坐在音樂廳的兩側，我們詳盡地記下這些人的坐姿與穿著……貝悌先生的背心……布頌先生如何擺放雙腳……達尚博的金錶鍊以及鍊子垂掛的樣子……最後一位是烏芶・阿爾拉，他拉中提琴，是個身材矮小的義大利人，留著亞述人般的大鬍子，他如何在那濃密的灌木叢中順利地拉奏中提琴。」

他們描繪的貝悌和布頌穿著深色晚禮服和細條紋長褲。達尚博則身穿灰色法蘭絨長褲和背心、繫著蝶形領結，金錶鍊鬆鬆地掛在腹部。每個人都穿黑鞋與白襯衫，襯衫的紙領可拆卸。衣服下有金屬絲將四肢固定在擺好的姿勢。

所有樂器都是完美的微型複製品，那把迷你的四英寸大提琴甚至還稍微可用。約翰・李寫道：「你真的可以拉那把大提琴，它會發出微弱的嘎吱聲，不過更小的樂器就發不出聲音了，儘管在製作琴橋、琴弦與其他零件時都非常用心。」

這套模型於一九一四年這群音樂家在全美各地巡迴演出時贈送給他們。法蘭西絲請弗朗傑利四重奏到她家共進晚餐。她坐在長而窄的餐桌一端，對面是她父親，兩旁則是布頌和達尚博。約翰・雅各・格雷斯納被安排在貝悌與阿爾拉之間。除了法蘭西絲的孩子外，參加這場晚宴的還有史塔克夫妻、豎琴師恩里科・特拉蒙提夫婦、交響樂團副理兼會計亨利・佛格利夫婦。

人偶隱藏在餐桌中央一大盆花卉擺飾中。「晚餐後，大家移開那盆茂盛的植物擺飾，就在距離他們鼻子不到兩英尺處，出現了他們自己正在演奏的模型！那印象真是太驚人了。一時間誰也沒有說話，過一會兒後四重奏的四名成員全都滔滔不絕地說起話來。沒有人在聽。但是他們每個人都高興地指著其他三人的古怪之處。我仍記得貝悌先生拿著放大鏡從他自己模型的肩膀上凝神細看，試圖閱讀譜架上的樂譜。」約翰・李回憶說。

樂譜再次是由交響樂團指揮史塔克費盡心思地親手寫在不到一英寸長的紙張上。史塔克模仿奧地利表現主義作曲家荀白克的風格寫了一首原創的樂曲。這首曲子是個巧妙的音樂玩笑，人無法演奏出來。

四重奏樂團請法蘭西絲幫忙拍張照片留念，她將模型送給四重奏保存。

製作精緻的模型並沒有改變她持續惡化的婚姻。很明顯地這段關係已經無法修復。法蘭西絲想要離婚。當時唯一可接受的離婚理由是遺棄。倘若有人問布魯威特是否願意回到他們家，他的答案會是肯定的。是法蘭西絲不想要他。

分居五年後，一九一四年六月布魯威特終於同意離婚。法蘭西絲以遺棄為由訴請離婚。在離婚聽證會上，她說她有足夠的財力可以養活自己和三個孩子，他們將繼續由她監護。

離婚後的那段時期，「所有人都過得很不快樂，離婚引發許多家中的不滿。」兒子約翰回憶。法蘭西絲和她父母或哥哥的家庭關係不再輕鬆自如。她覺得她家人同情布魯威特那邊，不支持她的需求。她認為大家將婚姻失敗歸咎於她。

法蘭西絲和孩子待在家裡與外界隔絕，她為了消磨時間縫製孩子所有的衣服。約翰說：「在這段苦惱的時期，法蘭西絲・格雷斯納・李做了大量的針線活，玩了無數個小時的單人紙牌遊戲。」他還說他母親的陰鬱情緒不時會穿插一陣陣的活動。夏天在岩石山莊，法蘭西絲會召集孩子盡情地製作糖果。

「要開始狂做糖果時，所有的家具都會被推到牆邊，從閣樓搬下來兩個加壓酒精爐，再從別處拿來白色琺瑯壺和長長的煮糖溫度計、木製攪拌棒，還有許多五花八門的用具，包括幾本專業的製糖（食譜）書。」他回憶道。

法蘭西絲和孩子製作了巧克力醬、牛奶糖、奶油軟糖、花生糖、太妃糖。她製作糖果的設備包括一個拉太妃糖的製糖掛鉤和一塊從墓碑雕刻匠那裡取得的大理石板。

無論參與什麼計畫，法蘭西絲總是讓自己全心全意地投入在工作中。計畫占據了她所有的注意力，每一個計畫她都經常從白天工作到半夜，一連好幾個星期。

離婚一年後，布魯威特．李娶了迪莉亞．史尼德，她曾擔任教師與亞特蘭大圖書館館長。多年前他還在亞特蘭大當律師時就認識她了，當時她已婚，如今成了寡婦。她與布魯威特有許多共同之處。史尼德的父親格林貝里．佛艾克上校是亞特蘭大南方邦聯志願軍的領袖，在第一次馬納沙斯之役受了重傷。

布魯威特和迪莉亞於一九一五年七月二十日在亞特蘭大成婚，儀式僅兩分鐘，以簡潔樸素著稱。這場婚禮最引人注目的是新娘誓言中沒有服從這個詞彙，這件事新奇到足以登上一篇簡短新聞報導的標題。刪除這個詞彙「特別值得注意，因為這在南方是創舉」，一名記者評述。

李氏夫妻在紐約市定居，布魯威特在那裡的律師業務蒸蒸日上。他或許在職業生涯初期錯失了投資可口可樂的機會，但他非常早就認知到奧維爾與威爾伯．萊特這對兄弟所提出的新飛行技術，將對法律帶來以前從未考慮過的影響。布魯威特利用海事法中既定的判例，開創了航空法的領域。

離婚後，法蘭西絲銷毀了她和布魯威特一起出現的每張照片。沒有任何法蘭西絲與布魯威特的合照留存。

美國於一九一七年加入第一次世界大戰時，法蘭西絲對五大湖海軍基地產生了興趣，這是靠近北芝加哥的美國海軍新兵訓練中心。戰爭期間，大約有十二萬五千名海軍士兵在此基地受訓。

法蘭西絲在她草原大道的家中招待五大湖基地的海軍士兵，尤其設法邀請樂師，無論是應募的士兵或軍官。週日晚上，海軍士兵受邀前來用餐，享受一晚的款待和社交活動，與芝加哥交響樂團成員交談，聆聽他們演奏音樂。

法蘭西絲為每位客人記下詳細的紀錄：拜訪的日期、外貌特徵、是否交換過禮物或信件、家鄉、家庭狀況、喜好的飲料。如果是行為端正、彬彬有禮的客人，她最喜歡的男孩，她就會在他的名字旁邊貼上一顆金星。

她最喜愛的兩名海軍士兵查爾斯．楊和塔瑪吉．威爾森是約翰．蘇沙樂團裡的樂師。美國參戰時，蘇沙以身為首要的軍樂作曲家和指揮家而享有盛名，他當時六十二歲，已達海軍的退役年齡。儘管如此，蘇沙仍受命為美國海軍後備隊的中尉，並且在五大湖基地指揮海軍樂團。此時已相當富有的蘇沙，將每個月不到一美元的象徵性薪水捐給海軍士兵及海軍陸戰隊的救濟基金。

法蘭西絲將貼好郵票、寫上自己地址的信封交給這些軍人，以便他們離開後還能與她保持聯繫。很多人寫信、寄照片給她。她送給這些體貼寫信的人一包餅乾作為回報。

其中一個寫信人是喬治．懷斯，他是名海軍樂師，在戰艦上服役，出身於堪薩斯州的小鎮。他的信開頭是「親愛的李媽媽」。稍後他在信中解釋為何用如此親暱的稱呼：「我相信我的稱呼語不會冒犯到您，因為您對我非常親切，我想您不會介意。」

一九一八年三月，芝加哥報紙的社交新聞版宣布在芝加哥美術館有場罕見的表演，名為指尖劇場。布告中保證將有來自世界各地的詮釋舞蹈、馬戲團表演、雜耍特技、訓練有素的動物表演把戲。布告中說：「演出將在兩英尺乘三英尺的舞臺上舉行，舞臺鏡框高十九英寸。全部『活體』演出；並非人體模型。」

指尖劇場預定每天下午三點演出，為期兩週共十場。表演收入將捐給法國無父兒童基金會，幫助陣亡士兵的孩子。

活體如何能夠在這麼小的舞臺上表演激起大眾的好奇心。《芝加哥每日論壇報》的社交新聞專欄作家寫道：「禮堂可以坐五十人左右，而舞臺那麼小，所有人都想知道廣告所說的活體是什麼東西或什麼人。大家不禁要問究竟是侏儒還是受過訓練的跳蚤或白老鼠。」

指尖劇場於三月十九日下午首演。滿座的觀眾中包括鐵路大亨喬治・普爾曼的妻子海蒂・普爾曼、阿蒙肉品加工公司總經理的妻子葛瑞絲・米克、約翰・雅各與法蘭西絲・格雷斯納夫婦，還有許多芝加哥的菁英。

舞臺設置在美術館兩間陳列館之間的入口處。舞臺鏡框四周垂掛著黑色平紋細布的簾幔，讓觀眾無從得知帷幕後面是什麼。舞臺兩邊的欄杆支柱上豎立著狩獵女神與獵物的青銅像。

表演開始時，觀眾欣喜地發現擔綱表演的「不是別的，正是法蘭西絲・格雷斯納・李夫人靈巧的食指與中指，她開創了這種嶄新的藝術。」《芝加哥先驅報》的評論家寫道。

李為手指縫製戲服與舞蹈服裝，包括指尖的小芭蕾軟鞋和指關節上的荷葉飾邊。每一幕都有細緻入微的布景和裝飾。「倘若一個人擁有能夠不斷縮小的想像力（毫無疑問地我們所有人都有），就能在這個袖珍舞臺上看到大家所想看到最完整的全景，及最令人興奮的舞蹈。」

節目從〈俄羅斯芭蕾舞團迪耶夫吉雷之禍〉開始——由卡薩諾瑪夫人富有詩意地演出——無可匹敵的夏洛特．魯斯是世界糖漬溜冰冠軍，在前任溜冰首席阿克塞爾．艾瑞克森的協助下成為斯堪地那維亞的國王。節目中有光彩奪目的火焰舞者露奇歐拉、薩爾波夫斯卡小姐與她的阿拉伯戰馬永動機。另外最大特點是由卡拉馬祖與奧什克許合併聯合馬戲團公司推出的，地球上最小型的表演，裡頭有最小隻的、訓練有素的圈養厚皮動物大象艾默，以及引起轟動的走鋼索藝術家離心力先生。

《芝加哥論壇報》社交及娛樂新聞的專欄作家說：「李夫人的獨創力及才藝似乎無窮盡，那些迷你場景連最小的細節都完美無瑕。」

指尖劇場為法國無父兒童基金會募集了大約一千美元，相當於現在的一萬六千多美元。三月三十日，《論壇報》刊登了一封李寫的信，感謝美術館慷慨提供場地，並且支付舞臺燈光與其他指尖劇場的費用，讓所有的收入都可以捐給慈善機構。李的信中寫道：「我很高興為此事業貢獻微薄之力，並十分感激你們的關照。」

李想做的不僅是為海軍士兵提供晚餐和娛樂，或是為值得支持的事業再舉辦一場義演。在創作指尖劇場時，她感覺受到更崇高的召喚牽引。她感到有股欲望想要用自己的生命去做些更有意義、更恆久的事，一些為他人服務、可能改善別人生活的事。

李曾經告訴記者：「我沒有做半點工作就得到我所擁有的一切，因此我覺得我有義務做些對人人有益的事。我覺得我必須證明我在這裡的理由。」第一次世界大戰結束將給予她這個機會。

多年來，她持續在哥哥頻繁造訪波士頓後獲知老朋友喬治・馬格拉斯的近況。李在未出版的回憶錄中寫道：「一直以來（我）對醫學的興趣始終不減。喬治・格雷斯納陪同喬治・馬格拉斯辦案無數次，總是將生動的警探故事帶回家，因為都是真實的而更加吸引人。」

一九一八年十一月戰爭結束，軍人一批一批返鄉。成千上萬的青年從海外歸來，許多人仍因為戰爭而極度疲憊和緊張。他們覺得自己仍遠離家園，不確定是否想要回到自己年輕、缺乏經驗時離開的鄉村農場和小鎮，不確定接下來的人生該怎麼辦。各大城市出現了軍人收容所，提供返鄉部隊一個減壓、重新融入社會的場所。在波士頓，美國戰備特別援助會的麻州婦女分會在燈塔山開設了一間軍人之家，取名為溫德爾之家。

溫德爾之家的名字是為了向巴蕾特・溫德爾夫人致敬，她是麻州婦女分會的會長，她先生是哈佛英文系系主任。這間軍人之家占據了弗農山街的兩棟相鄰建築物，距離波士頓公園僅有幾條街。

四十歲的李承接了她生平的第一份工作。她受聘為溫德爾之家的常駐管理人。當時她的女兒一個十五歲一個十二歲，留在芝加哥由家庭女教師照顧，李搬到波士頓，二十歲的約翰在那裡就讀麻省理工學院。

芝加哥社交新聞版記載了李前往波士頓從事戰後服務工作的消息。她出席一場芝加哥交響樂團的音樂會，「向在場的所有朋友暫時告別，『直到最後一個人退役為止』。」

李全天候住在溫德爾之家，擔任舍監，監督女侍和服務人員。與其他軍人收容所不同，溫德爾之家意圖讓人感覺像是私人住宅，而不是宿舍或會所。李精心挑選二手家具來布置這間住所，賦予此處居家的感覺，讓軍人可以踏入舒適、熟悉的家居環境。

溫德爾之家可容納大約一百人居住，儘管必要時偶爾有人得睡在折疊床或長沙發上。個人房費用一晚五十美分，或者可以與人合住多人房，只要三十五美分。溫德爾之家提供淋浴間、洗衣房、寫作室、閱覽室、健身房，也提供收費合宜的早餐。

李寫信給芝加哥的週一晨間閱讀班說，軍人感謝她的努力。「那些男孩都說：『哦，夫人，這是我們唯一覺得像家的地方。』他們安頓下來，像貓一樣心滿意足。」

五個月內，溫德爾之家接待了一千兩百一十二名不同的軍人。溫德爾之家協助他們回家、尋找工作，或是思考人生的下一階段該怎麼做。

如今戰爭結束，部隊回到常民社會，李也面臨可能需要開始思索人生下一階段該怎麼做。

4 罪案調查醫師

一九二二年二月一日

喬治·馬格拉斯非常苦惱。如聯邦法律中指出，麻州的法醫師沒有獨立調查死因的權力。他們的工作是由地方檢察官決定，雖然市長或當地民選的地方行政委員也可以用書面形式下令進行屍體解剖。

法醫師只限於調查「假定是因暴力致死的死者屍體」。換句話說，唯有在警方或地方檢察官認為可能發生暴力事件時才會諮詢法醫師。無論是法律或是法院都不曾定義過假定或暴力是什麼意思。

問題在於，當受害者可能死於暴力時，法醫師得仰賴警方和檢察官是否有識別的能力。暴力是指什麼？中毒是一種暴力嗎？溺死算暴力嗎？嬰兒在嬰兒床上窒息而死是暴力造成的嗎？

等到警方和檢察官認出暴力的跡象時，死者通常已經在殯儀館了。暴力的跡象可能非常不易察覺，像是注射針孔，或是眼瞼內側極小的紅色瘀點。表面上可能什麼也看不見。

行凶者會設法掩飾自己的行為，試圖改變事實以擺脫嫌疑，這是謀殺的本質。謀殺案件可能偽裝得像意外或自殺。將屍體放置在鐵軌上由火車毀損、點火燒了屍體和建築，或者把屍體埋在樹林裡使其變成骸骨，就可能掩蓋掉暴力的跡象。

警察、驗屍官，甚至許多法醫師都不願意檢查嚴重腐爛或燒得面目全非的屍體，因為他們錯誤地相信任何有用的證據都已經消失；而且這類案件也最令人不舒服，是讓人想要將屍體丟在遠處、迅速處理掉屍體的另一個動機。

警方與地方檢察官往往假設錯誤，放過不知多少可疑案件，並在大多數重要證據已經遭到篡改或銷毀的時候才請法醫師來。

馬格拉斯在對麻州法醫學會的成員談話時曾說：「我們應該自己提出假設。如果我們只等待損傷的外在證據而不管傷害是以何種方式造成，倘若我們等著從屍體的外觀看出一個人是遭槍殺、刺殺還是輾死的證據，那麼我們肯定會錯過很多由於非自然原因造成死亡而應該進行的調查。」

馬格拉斯向來不喜歡一般的臨床醫學工作。他比較感興趣的是視角更寬廣的公共衛生事務，曾擔任州衛生部長的助理，負責麻薩諸塞州的流行病學及生命統計。一九〇七年，小柯蒂斯．吉爾德州長任命馬格拉斯擔任薩弗克郡的法醫師，任期兩年，管轄範圍涵蓋波士頓。

波士頓的法醫室成立於一八七七年，是美國第一間法醫室。馬格拉斯是繼法蘭西斯．哈里斯醫生後第二位擔任此一職務的人，也是美國第一位受過病理學訓練的法醫師，是研究疾病的起因與影響的專家。確切說來，他是美國第一位法醫病理學家。馬格拉斯也受命為哈佛醫學院的講師，每週向三年級學生講授一小時的法醫學，這是門選修課程。

就任法醫師一職時，馬格拉斯承繼了一間凌亂不堪的辦公室，既沒有舊案件的檔案資料庫，也沒有井井有條的紀錄體制或工作程序的簡報。他的公務車是沿用前任的交通工具——一輛四輪馬車。馬格拉斯要求一輛機動救護車以運送死者的屍體，最終獲得了一輛。該郡的停屍間位在北格羅夫街上查爾斯街監獄後面，狀況極差。即使在馬格拉斯建議下有所改良，設備依然不夠完善。

最嚴重的是，馬格拉斯還發現他的辦公室欠缺購置基本必需品的資金。在他任期的前一年三個月，麻州的立法機構都沒有撥款給法醫室。一直到一九〇八年麻州的立法者才提供資金支付電話、印刷文具的費用及助理的薪水。馬格拉斯的年薪是三千美元。

薩弗克郡總共有四名法醫師。提摩西・李瑞醫生是塔夫斯大學醫學院的病理學家，一九〇八年接受任命成為法醫師。馬格拉斯與李瑞協議後將管轄範圍分成兩半，馬格拉斯負責北區，李瑞負責南區。兩位法醫師經常合作辦案。另有兩名助理法醫師協助馬格拉斯和李瑞。

受命為法醫師的時候，馬格拉斯發現法醫學的資料很少，只有幾本教科書和期刊，沒有像歐洲那樣的文獻，歐洲的法醫學領域比美國發達許多。

全美沒有一所醫學院提供馬格拉斯所認為準備履行法醫師職責必不可少的訓練。醫學院給予他病理學方面的訓練，研究疾病與異常的狀況。然而日後改稱為法醫病理學的法醫學著重在致命傷、中毒、死後變化的模式，以及其他一般醫務工作教學中沒有的科目。

在從事這份工作之前，馬格拉斯在歐洲待了一年多埋頭研究法醫學。他花時間在倫敦與巴黎觀察他們被公認為世界上最先進的死亡調查制度。回國後，馬格拉斯吸收了他從歐洲最聰明的法醫學界人士那裡學到的原理與做法，運用到他的法醫師工作及哈佛醫學院的課程中。他表達了他對未來職責的看法：

本辦公室的責任主要是調查因任何傷害造成的死亡，以及突發或不明原因的死亡；其中必然包括經常在法庭上效力……我在工作時力圖將自己有幸接受的大量科學醫學教育成果應用在公費醫療的分支部門上，也就是我的辦公室所代表的機構……本國法醫學的一般水準並不高，我的目標是將現代科學醫學的原理與方法應用在自己的工作中，並且讓學生明白在醫學為法律服務的所有事項中醫生責任的重要性，藉此協助提升國內法醫學的水準。

馬格拉斯攜帶一本皮面精裝活頁的野外紀錄簿，記載他當薩弗克郡法醫師時調查的案件。他用只有他自己和祕書看得懂的密碼紀錄每個案子，如此一來倘若野外紀錄簿落入壞人手中也不會洩漏任何詆毀死者的訊息。

在野外紀錄簿的封面內側，馬格拉斯題寫了一段引自保羅・布魯瓦戴的話，布魯瓦戴是位病理學家，也是法國國家醫學會的成員，是法國首屈一指的法醫學權威。布魯瓦戴的話成為馬格拉斯的基本指導原則：

假如法律讓你成為證人，請保持科學人的本色；沒有受害者需要你去報仇，也沒有罪犯等你去定罪，或無辜者等你去拯救。你的證詞必須謹守科學的界限。

馬格拉斯每天二十四小時值勤，在波士頓是家喻戶曉的人物，開著一輛噹啷作響一九〇七出廠的福特T型車到處走，這輛車一直在他的職業生涯中充當他的交通工具。馬格拉斯將這輛T型車取名為「薩弗克蘇」，配備了疏散交通的消防車鈴，格柵上鑲嵌了一枚小小、圓形的法醫師獎章。

他溫文爾雅、性情平和，不是個會失去耐性的人。李說：「他總是開朗、和藹、可親、寬容。他從不評斷任何人。我從來沒看過他生氣或不耐煩。」馬格拉斯就像薩弗克蘇的車牌號碼一八一，無論正、反或顛倒著唸都一樣。「就像他的車牌一樣，『始終如一』。」李說。

體格方面，馬格拉斯相當引人注目。他身材高大，寬闊的肩膀因長年在查爾斯河上划船而肌肉發達，還有一大團蓬亂的火紅頭髮。他喜歡繫飄逸的領帶，穿深綠色背心，戴寬沿帽，無時無刻都拿著一根彎柄的菸斗。馬格拉斯故意營造出一種古怪的氛圍，例如，讓大家知道他一天只在午夜吃豐盛的一餐。

馬格拉斯告訴他的哈佛同事毒物學家威廉．布斯，惹人注目是職業晉升非常重要的一部分。馬格拉斯說：「你應該開始給人留下更深刻的印象，這麼做會有幫助。」

不過在死亡現場，所有表面引人注目的表演工夫都消失了。馬格拉斯的調查嚴謹澈底，將敏銳的科學判斷力運用在手邊的工作上。他經常指出警方忽略的線索，建議富有成效的調查方法。

在解剖室裡，從死者在輪床上被推進來的那一刻起，馬格拉斯就陷入全神貫注的心境。年輕記者法蘭克．史密斯在錯過前往梅爾洛斯的最後一班火車時，有時會和他擔任停屍間助手的朋友一起過夜。史密斯經常看著馬格拉斯工作。史密斯形容這位法醫師具有「克制的探險家狂熱」。他說：「與大多數人相比，他更有機會和天賦去探索我們每個人這副皮囊裡的奧祕。無論是從港灣送來令人厭惡的浮屍，還是偶然在崔蒙特街上猝死、保存完好的卓越人士，他都同樣謹慎注意地處理。」

在證人席上，馬格拉斯充滿自信堅定不移。他用經由合唱練習而打磨得更加優美的男中音回答問題，態度乾脆直率，以科學證據為基礎，堅持他所知具有合理程度的醫學事實，不會隨意猜測或臆斷。布斯說：「他的陳述是嚴謹的典範。」

在馬格拉斯的法庭素描中，他被畫成臉部朝下，雙眼閉著或是被眼鏡遮住，看起來好像在睡覺，卻是在深思、仔細聆聽問題或是構思回答。披著一頭濃密亂髮的馬格拉斯在證人席上，「好像正在休息的獅子。」一名觀察者說。

在法庭外，馬格拉斯拒絕與記者談論尚未解決或正在調查的案件。他認為適合討論法醫學問題的地方是法庭，而不是在報紙上。馬格拉斯有時會在多年後談論已結案的事件，為罪案新聞記者編造一些他臭名昭著的調查奇聞，但是從來不曾在案子最終定罪或宣判無罪之前談論。

如果說他有什麼致命缺點，那就是他嗜酒如命。馬格拉斯十分依賴蒸餾酒的藥效。他從不喝到爛醉好鬥的地步，但是每天都喝、維持穩定醉酒的狀態。在一天結束時，他藉由喝酒來平復情緒。他喝酒是為了消除其職業迫使他見證的那些難以言喻的恐怖。他喝酒是為了驅逐潛伏在內心深處的惡魔。

雖然此人以解剖人體為生，但是「在面臨與他親近的人死亡時，他就變得幾近消沉」。與馬格拉斯同輩的人說。死亡不是令人可以完全習慣的事情，尤其當死者是自己認識或聽說過的人時。

馬格拉斯的某些職責肯定非常令人不快，例如要求他見證死刑犯處決、宣布他們死亡。處決後朋友會在州立監獄外面接馬格拉斯，「讓他迅速喝下三杯。」

認識馬格拉斯的人都說，他超凡的才智、正直、對細節一絲不苟的眼光，讓他特別適合從事法醫學工作。他每種尺寸都測量兩次。為了避免不周密的直覺影響調查，馬格拉斯強迫自己保持開放的心態，直到他知道所有的事實、考慮過所有的情況，再運用判斷力與常識堅持不懈地追尋真相。

「他是位出類拔萃的法醫師，在這行業中找到自身恰好適合的工作。他一絲不苟地要求精確，嚴格地堅持找尋真相，用不可估量的耐心和技巧判定真相為何，因此許多人尋求他的建議與意見。」

李提及她這位朋友時說。

受命為法醫師時，馬格拉斯住在波爾斯頓街二七四號一間翻修過的房屋，可眺望波士頓公眾花園裡的天鵝船。由於找不到其他合適的辦公地點，馬格拉斯便將法醫室設在波爾斯頓街，此後三十年這裡一直是法醫室的正式地址。

法醫室後面的房間是馬格拉斯的生活空間，靠牆擺了一排排塞滿書的書架。他有一張七英尺長的船用床鋪，床的一端有盞閱讀燈，壁爐旁有把折疊躺椅，床邊有支電話，以便他在緊急事件時可以迅速回應。房間後面是合併的浴室與小廚房，有櫥櫃和一個煤氣爐。

他大多在聖波托夫俱樂部用餐，這是間紳士俱樂部，位於紐伯里街七號轉角的一幢豪宅裡，在公眾花園西側，非常方便。聖波托夫俱樂部是欣賞藝術、科學、人文學科的男士的聚會場所。馬格拉斯的老同學喬治．格雷斯納也是聖波托夫的會員，另外還有建築師亨利．理查森和其他許多哈佛有錢有勢的人。馬格拉斯十分常去聖波托夫，甚至用俱樂部當成他住處的郵寄地址。

馬格拉斯一星期七天、一天二十四小時都在值班。倘若他想休假（他很少那麼做），那麼他有責任花錢請一名法醫師來代班。他從不遠離電話，總是和他的祕書保持聯繫，總是可以立即前往死亡現場。不可避免地，他的工作時間非常不規律。他曾經在保持清醒四十八小時後參加八人小組的划船賽，並贏得比賽。

一般說來，馬格拉斯在停屍間或死亡現場工作一天後，會在晚上很晚的時候打電話給聖波托夫的主廚，正當他準備關門歇息的時候點餐——蛤蜊義大利麵，或是僅略微烤焦、端上來時還帶血的牛排。馬格拉斯會在午夜現身用餐，與別人交際、講一會兒故事，然後回家看書到凌晨。

馬格拉斯因為將縝密的醫學方法應用於死亡調查而成名。報紙上報導了他那些備受矚目的案件，更讓他福爾摩斯般「罪案調查醫師」的聲威大震。到後來，全麻薩諸塞州及鄰近的新英格蘭各州的警局都找他諮詢案件。

在他工作的每日每夜，馬格拉斯總是運用科學知識就人力可及的範圍盡量多了解死亡的真相。他認為死亡應該受到最嚴謹的分析，並且摒棄過時的驗屍官制度，改成一種以理性為基礎來判定死因的制度。

鞏固法醫師制度價值的其中一個著名案例是艾維絲・林內爾之死。林內爾是來自海安尼斯的十九歲唱詩班歌手，住在波士頓的基督教女青年會。一九一一年十月十四日晚間七點剛過不久，女青年會的住客聽見共用浴室裡傳出求救的聲音，浴室從內側鎖住。他們強行打開浴室門，發現林內爾坐在椅子上，雙腳浸在裝滿一半熱水的浴缸裡，大口喘氣、極度痛苦地呻吟著。女青年會的舍監立刻派人去請女醫師來，然後將林內爾搬到床上，可是等醫生到達的時候她已經死了。

女青年會的舍監沉著冷靜地關上浴室門，保持浴室原狀，直到警察和法醫師李瑞抵達現場。馬格拉斯難得出城度假，因此李瑞到現場檢查浴室及林內爾的屍體。林內爾被送到停屍間解剖。

在她死前幾分鐘，林內爾曾告訴女青年會的目擊者她那天和未婚夫共進午餐，她的未婚夫是劍橋的克拉倫斯・里奇森牧師。舍監請一名女孩打電話給里奇森，通知他她的死訊。起初，他否認認識林內爾。之後他說：「妳為什麼告訴我這件事？」

李瑞的驗屍結果揭露林內爾已經懷孕大約三個月。她的胃壁變成深紅色，胃黏膜上有紅色輻射狀條紋，顯示是氰化物中毒。李瑞保留林內爾的器官等馬格拉斯回來後檢驗。

馬格拉斯贊同李瑞的診斷，準備了林內爾的胃黏膜樣本在顯微鏡下檢視，並拿到實驗室檢測氰化物的存在。化驗結果證實了他們的懷疑。

警方準備以自殺結案。他們說，顯然是她自己服下氰化物。浴室裡沒有別人，門又是從裡面鎖上。或許是對她棘手的狀況感到羞愧才導致她結束自己的生命。

李瑞不同意。一來浴室裡有林內爾洗完澡後要穿的換洗衣物。而且即使懷孕、月經幾個月沒來，她還是帶了繫帶與衛生布巾，看起來似乎預期月經會來潮，她很可能一直在試圖誘發流產。李瑞確信林內爾預期活著離開浴室，堅持要警方繼續深究。

警察訊問了里奇森，卻無法將他和殺害林內爾的氰化物聯繫起來。三十五歲的里奇森是個風流男子，從波士頓到堪薩斯市留下一連串詐欺和心碎的痕跡。他或許是個惡棍，但是這會讓他成為凶手嗎？

報紙大肆報導這名年輕歌手不幸逝世的消息。牛頓中心一家藥局老闆威廉・漢恩在讀到這件案子的新聞後，聯絡警方告訴他們里奇森在林內爾死前四天曾經到他店裡。漢恩認識里奇森，他是常客。他說十月十日那天，里奇森告訴他他家裡有條狗快要生小狗了。「她在家裡不停地嗚嗚叫，討厭死了。」漢恩說里奇森這樣告訴他：「我想要除掉她。」

漢恩賣給里奇森足以殺死十個人的氰化鉀。他警告顧客：「這效果快如閃電，不過非常危險。」

里奇森並沒有養狗。

與漢恩的陳述對質時，里奇森坦承毒殺林內爾。他想離開林內爾，與一名富有的社交名流結婚，但是她的懷孕破壞了他的計畫。里奇森把氰化物交給林內爾，告訴她那是會導致流產的藥物。

在他因謀殺她而受審的兩星期前，里奇森站在法官面前承認他蓄意殺害林內爾。他被判處死刑。一九一二年五月二十一日里奇森處決時，馬格拉斯是見證人。若不是李瑞堅持，里奇森很可能逍遙法外。

馬格拉斯指出：「最初並沒有懷疑是謀殺。直到驗屍時胃裡顯示有氰化鉀中毒的症狀才認為死因並非自然死亡。

「進一步發現的身體狀況與自殺相符，強烈暗示了這個死亡動機。但由於負責此案的李瑞法醫師細心審慎，警方才進一步調查，最終將里奇森定罪。」

馬格拉斯知道，假如波士頓是根據驗屍官制度運作，少了屍體解剖等標準化做法的優勢，里奇森很有可能逃過謀殺罪的懲罰。

一年後，另一名年輕女性被發現在可疑的情況下死亡，新聞記者相信歷史可能重演了。一九一二年十一月十五日，一名二十八歲的速記員瑪喬麗．包爾斯被人發現陳屍在西區一家旅館房間，臉朝下地趴在水量半滿的浴缸裡。警方發現浴室裡有一杯琴酒，浴缸的水中撒了些看似芥末粉的東西。二十四小時前，包爾斯和她的雇主亞伯特．康明思一起入住這間旅館，康明思是著名的法尼爾廳農產品經銷商。他們在旅館登記的名字是「O．戴維斯與妻子琳恩」。在包爾斯的屍體被發現之前不久，有人看到康明思離開旅館。警察到法尼爾廳逮捕了康明思，並將他拘留等待馬格拉斯的驗屍結果。

記者立刻表示這起死亡是另一樁謀殺案。一家報紙的標題寫著：「又一名波士頓女孩據認為遭男人所害——據了解速記員的案子與艾維絲．林內爾之死相似，目前死因正在調查中」。《合眾社》報導的副標題寫道：「警方暗示第二起艾維絲．林內爾的悲劇」。

在警方審問下，康明思承認與包爾斯在一起大約四個小時，然後他就離開回家了。隔天早上包爾斯沒來上班，康明思打電話到旅館，旅館的人告訴他無法叫醒房客。他到旅館後發現她死了，便驚慌失措地離開。康明思否認對包爾斯的死負有任何責任。警方報告說康明思在接受審問時瀕臨崩潰。

在與包爾斯的家人談話時，馬格拉斯得知她的身體狀況欠佳。這名年輕女子最近不時有昏厥的狀況，但是沒有其他重大的病史。驗屍時沒有看到暴力的痕跡，也沒有任何顯示窒息或中毒的跡象。在屍體解剖時，馬格拉斯發現包爾斯的心臟嚴重擴張。她的死因完全是自然死亡。

康明思對包爾斯之死並無罪責，只不過由於種種巧合才陷入尷尬的境地。警方釋放了康明思，他回到妻子身邊。他們團聚的細節並沒有留下紀錄。

之後又發生了兩起類似的案件：一起死亡案件差點被誤認為是自殺，結果將一名男子送上電椅。另一起似乎非常可疑，然而馬格拉斯的調查顯示一切正常。兩個案子都很可能有截然不同的結果。在別的時代、別的地方，一個人可能因他沒有犯下的罪行遭到起訴，另一個人則可能在犯了謀殺罪後逃脫制裁。在兩個案例中科學調查都幫了忙，證明無辜者的清白，將有罪的人定罪。

＊＊＊

馬格拉斯生來就不適合政治，他只做自己的工作、保持沉默。他不願意妥協，一心一意堅守科學範圍內確立的事實，有時會給別人造成麻煩。因此這位法醫師一路樹敵也就不足為奇了。警方不能指望他依照他們的方式看事情。律師無法讓他在法庭上說出他們想要的話。馬格拉斯不屬於任何一個團隊。他只忠於那些經過他辦公室的死者。

馬格拉斯有個重要的盟友，薩弗克郡地方檢察官約瑟夫・佩勒提耶，他在一九〇六年當選，一直服務到一九二二年。佩勒提耶信賴馬格拉斯的判斷，相信他會用讓陪審團易懂的簡單措詞如實作證。

波士頓政治體系中有些黨派想用可能更符合他們利益的法醫師來取代馬格拉斯。馬格拉斯第一次的七年任期預定於一九一四年一月到期。在他任期接近尾聲時，各方試圖阻撓州長再度任命他，於是馬格拉斯的工作與性格成為一致攻擊的目標。反對他的人希望安插一名可信賴的親信，與當地的政客合作。

一九一三年二月，一個與政治掛鉤的律師代表一名婦女提起訴訟，她宣稱法醫師未經她許可擅自解剖屍體，導致她丈夫殘缺不全。她丈夫約翰·布林菲爾德因不明的腦部疾病到波士頓州立醫院的精神病科就醫，於一月七日逝世。根據貝倫妮絲·布林菲爾德提出的訴訟，她丈夫是自然死亡，不需要解剖調查死因，因此她要求一萬美元的賠償金。當人家詢問她是否要進行屍體解剖時，布林菲爾德太太拒絕了。

她聲稱遺體未經她同意就交給了法醫師。她宣稱馬格拉斯「褻瀆地切割、劈砍、毀壞了布林菲爾德先生的遺體」，而且移出並保留他的大腦，還將死者的舌頭留在他的腹腔裡。一篇新聞報導寫道：「她聲稱遺體的狀況連陌生人看了都會不舒服，更別說是痛苦喪夫的妻子。」

幾個月後，在布林菲爾德的訴訟緩慢進行時，一群停屍間員工愚蠢地密謀誣陷馬格拉斯偷竊，馬格拉斯失去工作的風險更加提高。一九一三年六月十七日，湯瑪斯·歐布萊恩在粉刷灣州信託公司的大樓時突然暴斃。他的遺體被送到北格羅夫街的停屍間，在那裡副主管喬治·米勒與驗屍助理菲得利克·葛林在歐布萊恩的背心口袋發現了三百五十多美元。另一名工人湯瑪斯·金士頓，以及將屍體搬到停屍間的葬儀社助理也看到了這筆錢。

三百五十美元在當時是非常可觀的一筆錢，算是相當好的月薪。米勒與葛林留下大約兩百三十美元，將剩下的錢和歐布萊恩其他私人物品密封在規定的公務信封袋裡，這信封本來是物證信封，但也充當收據以證明物品持續受到一連串的保管。葛林、米勒、金士頓共謀將竊盜罪歸咎於馬格拉斯身上。畢竟三個人的證詞對抗一個人，這計畫怎麼可能失敗？

幾天後，歐布萊恩當警察的姪子到停屍間認屍，並領取他叔叔的私人物品。沒多久姪子就注意到信封裡的金額與葬儀社助理告訴他，他們從遺體上取出的金額不符。馬格拉斯接獲通知說錢少了的時候，立刻打電話報警並將此事提交地方檢察官。

巧合的是，大衛．華許州長開始接到信件，抱怨格羅夫街停屍間發生令人憤慨的事情，諸如偷盜死者財物、法醫師毀損屍體，各式各樣極為糟糕的事。華許宣布在這些問題繼續如烏雲籠罩著法醫室時，他不會再次任命馬格拉斯或選定接替的人選。

十五名採訪治安消息的記者代表波士頓各家報社敦促華許再度任命馬格拉斯。這些記者主動團結合作，告訴州長他們採取行動是因為覺得有責任提出警告，若是不再任命馬格拉斯，將嚴重損害麻州人的最大權益。

馬格拉斯的任期於一九一四年一月到期後，他的職位就懸而未決。儘管不是正式在職，但他決定繼續擔任法醫師，照常履行他的職責，直到州長再次任命他或找人取代他為止。

在布林菲爾德訴訟中，馬格拉斯是由地方檢察官佩勒提耶代表。在為自己辯護作證時，馬格拉斯解釋他對約翰・布林菲爾德進行驗屍是標準程序，每次完整的屍體解剖都是遵循同樣的程序。他堅持調查是根據地方檢察官的書面授權並依法執行的。

馬格拉斯解釋，之所以需要檢查腦部，是為了確定布林菲爾德之死或是他住院的原因是否與最近或過去受到的某種傷害有關。病人在醫療設施中因摔倒導致頭部受傷或甚至遭其他病人毆打的情況並不罕見。他依照在這些案件中的慣例將大腦保留下來，是為了固定組織放在載玻片上用顯微鏡檢視。

馬格拉斯說，沒錯，布林菲爾德先生是自然死亡，但是在完成驗屍前並無法確定這一點。佩勒提耶在結辯時告訴陪審團，倘若馬格拉斯有罪，那麼他也有罪，因為法醫師是依照他的指示工作。陪審團做出馬格拉斯無罪的判決。

幾星期後，葛林、米勒、金士頓誣陷馬格拉斯偷竊的陰謀失敗了，驚人地產生適得其反的效果。結果發現，六月十七日歐布萊恩死亡、據稱馬格拉斯從他遺體上偷錢的那天，馬格拉斯非常忙碌。他去看了哈佛—耶魯大學的棒球賽，坐在前排以便萬一有緊急情況時同事可以找到他。在棒球賽後回停屍間的途中，東波士頓發生的一場大火吸引了他的注意力。他開車到火場以防萬一有人死亡需要他。之後，他又出席哈佛校友的晚宴，等到達北格羅夫街的停屍間時已經是凌晨三點。

馬格拉斯來檢查歐布萊恩時，得知遺體已經被搜查過，歐布萊恩的財產密封在信封裡。這違反了程序，包括馬格拉斯祕書在內的其他人都指出這並不尋常。馬格拉斯的規定是在他下指示前不得搜查屍體。法醫師總是先檢查原封未動的屍體，然後才搜索貴重物品和財產，以避免用任何方式影響到屍體，並確保收集私人物品時有人見證。

葛林只得承認在馬格拉斯抵達停屍間之前，他已經在登記簿上做了紀錄，並且搜查完屍體、封好物證信封。馬格拉斯不可能從歐布萊恩遺體上把錢拿走。事實上，最後一個碰歐布萊恩錢的人正是葛林本人。他自己的字跡確定了他的命運。

葛林、米勒、金士頓遭到拘捕，被控竊盜與密謀罪，判處監禁十五個月。華許州長再度任命馬格拉斯擔任薩弗克郡的法醫師，任期七年。

* * *

馬格拉斯再次受命為法醫師一年後，紐約市請他幫忙改革其惡名昭彰的驗屍官制度，他們的驗屍官制度腐敗得無可救藥，危害公共衛生，妨礙刑事司法的執行。

紐約市的驗屍官是全世界最糟糕的。《紐約全球報》在一九一四年的社論中寫道：「驗屍官並非醫務人員，因此沒有能力查明死因，他不是律師，因此不知道如何蒐集證據、盤問證人；他沒有犯罪調查的經驗，對追蹤線索非但沒有幫助反而造成妨害。」

欲改革紐約市驗屍官制度的想法是受到一名老人在世紀協會突然倒地身亡的影響，世紀協會是一家位在曼哈頓的高級俱樂部。儘管這顯然是自然死亡，驗屍官卻拒絕簽發死亡證明，除非將遺體送到他推薦的殯儀館（他八成從那裡收取回扣）。世紀協會的會員十分憤慨，要求約翰．米契爾市長採取行動，市長委任帳務檢查長雷納德．沃爾斯坦去調查。

馬格拉斯告訴沃爾斯坦的委員會，他確信至少在一件案例中，驗屍醫生故意或是因為無能而在無意中掩蓋了謀殺案。一九一三年三月，一個名叫尤金．霍克特的男人被發現死於紐約市的德拉瓦飯店，頭部中了一槍。驗屍醫生提摩西．勒翰醫師證實他是自殺身亡，准許遺體隔天火化，不需進行屍體解剖。兩名病理學家有機會檢視霍克特的屍體，一位是柏衛醫院實驗室主任查爾斯．諾里斯醫師，另一位是柏衛醫學院的病理學家道格拉斯．希默斯醫師。諾里斯和希默斯注意到霍克特頭部的槍傷四周沒有火藥灼傷。當槍在約兩、三英尺的距離內發射時，燃燒的火藥會在皮膚上產生黑點和留下煙灰的痕跡。而這個傷口是由槍從更遠的距離造成，不可能是死者自己開的槍。

馬格拉斯同意諾里斯和希默斯的看法，他說：「我得說，驗屍醫生的診斷並沒有證據支持。」

馬格拉斯力勸州立法者廢止驗屍官辦公室，以法醫師制度取而代之。他在州立法機構成員面前作證時說，合宜成文的法律將會是「近乎完美的工具，依據此法律的規定，紐約市將有機會不僅保護市民，而且對於把醫學應用於調查犯罪與不幸事故的發展將有不可估量的貢獻」。

州立法者起草了一份在紐約市成立法醫室的法案。這項法令廢除了驗屍官辦公室、禁止死因審理，並取消其在法律與司法方面的死亡調查。驗屍官在法律部分的工作，例如在發生凶殺案及過失犯罪的情況時提起控告，將由檢察官接管，而設定保釋金額的司法責任則由地方法官承擔。

根據新法律，主任法醫師有權在遇到突發、非自然或可疑死亡的案件時進行屍體解剖，無須檢察官的指示。他不受地方檢察官和警方管轄，升格到與他們平等的地位，為他們提供鑑識調查的醫學專業知識。主任法醫師必須是專精法醫學的稱職醫生，人選將經由公務員考試而非任何政治流程來決定。他將只對死者負責。

該法案於一九一五年通過，其中包括一項於一九一八年一月一日頒布的條款，容許現有的驗屍官做到任期結束，並給予挑選主任法醫師的時間。馬格拉斯受邀申請這個職位，但他不願意離開波士頓。查爾斯・諾里斯醫師受命為第一位常任主任法醫師。相當富有的諾里斯在歐洲接受過病理學和解剖學的訓練，極具資格，非常適合這個職位。諾里斯立刻著手改善紐約市的鑑識調查，包括僱用像亞歷山大・蓋特勒之類的重要人員，亞歷山大・蓋特勒建立了一間化學實驗室來檢驗毒物與藥物。最後，紐約市的主任法醫師辦公室成為現代法醫中心的典範，處理數起二十世紀最轟動社會的案件，並成為美國鑑識毒物學的發源地。

一九一六年十一月七日

大選之日。伍德羅・威爾遜總統競選連任，與共和黨候選人最高法院法官查爾斯・休斯勢均力敵。在那個溫暖得反常的傍晚，下午五點三十分，波士頓人急匆匆地趕著回家或是到報社街

（Newspeper Row），那條華盛頓街是該市幾家報社的所在地，許多人到此獲知最新消息。

三九三號路面電車沿著夏街往市中心駛去，車上滿滿載著五、六十名乘客。當路面電車在街上疾馳時，司機傑拉德·華許發現堡點水道上的開啟橋打開了，但為時已晚。華許拉了剎車鎖住車輪，路面電車衝過封鎖街道的鐵門，沿著軌道滑行二十五英尺，滑到水道邊緣，搖搖欲墜地似乎暫時懸在那裡。車尾平臺翹到空中，然後猛然衝出側邊，墜入三十英尺深的水裡。

目擊這起事故的拖船船長威廉·威廉斯說：「有一瞬間車子的尾端似乎鉤住邊緣，因此整輛車幾乎是上下筆直地傾斜著，接著往下衝進水裡。撞擊之後是一片死寂。我預期會聽到尖叫和吶喊，但是我沒聽到半點人聲。一切都非常安靜。」

在車子墜入水中前，只有十五個站在三九三號車尾平臺的人有辦法跳車，剩下不知多少人在擁擠的路面電車中沉向水道底部。

這起事故是場前所未見的災難，其規模與複雜度都是前所未有，而大批群眾聚集在夏街上觀看悲劇展開，讓情況更是雪上加霜。晚上九點，數千人沿著水道湧向橋的入口。警察再三拿出警棍衝向群眾，逼迫他們退離水邊。

馬格拉斯負責辨識檢查從水道尋回的屍體。詹姆斯·柯利市長下令要在大眾的視線外找回屍體，決意不讓旁觀者和攝影記者看到屍體從水中打撈上來有失尊嚴的可怕景象。六名潛水員組成的小隊在水面下搬運屍體，其中四名是聘僱的潛水員，兩名是查爾斯頓海軍造船廠潛水艇上的潛水員。潛水員用繩索綁住屍體，在水面下將屍體拖到停泊在離現場有段距離的警艇「守護者號」那邊。然後在不引起大眾注意的情況下，將屍體抬上警艇搬到船尾艙，馬格拉斯在那裡設立了臨時停屍間。經過初步評估後將屍體轉移到警艇「看守者號」上，再運送到憲法碼頭，接著以救護車載到北格羅夫街停屍間，交由馬格拉斯和助理法醫師辨認身分及驗屍。

第一具屍體是在電車沉沒大約九十分鐘後才從水中撈起。在死者口袋裡有張收據寫著喬治・溫克斯的名字。馬格拉斯用野外紀錄簿裡的下一個號碼給屍體編號：八二九八。等馬格拉斯完成時，一共有四十六具屍體從淹沒的路面電車裡打撈出來。這是波士頓歷史上死亡人數最多的災難。馬格拉斯對這起事故的想法從未紀錄下來，然而這場悲劇的規模是他前所未見，很可能令他震驚與疲憊。

不到三年後，一九一九年一月，波士頓又爆發了另一場不尋常的災難。在城市北角，查爾斯河流入波士頓灣的一處古老濱水區，有個糖蜜槽擺在精純蒸餾公司的碼頭。這個巨槽有五層樓高、九十英尺寬，存放了兩百三十萬加侖預備發酵成乙醇的糖蜜。這個糖蜜槽位在商業街上，靠近高架列車線的轉彎處，緊鄰北角鋪路工場。在街對面是三層樓高的引擎三一消防站和灣街鐵路公司的貨棚。

鄰居所不知道的是，這個糖蜜槽雖然僅有三年歷史卻有缺陷，不僅設計拙劣，從未經過壓力測試，並且是以不合標準的材料建成。這槽建造得極為糟糕，孩童甚至可以吃到一大塊一大塊從裂縫漏出來，硬掉的糖蜜。

一月十五日下午十二點半，一百五十名鋪路工場員工正在吃午餐的時候，感到一陣低沉的隆隆聲。突然間，鉚釘如炮火般炸開，糖蜜槽爆炸了，兩千六百萬磅的糖蜜傾瀉而出，高達二十五英尺的巨浪以三十五哩的時速前進，摧毀途經的一切。其中一部分糖蜜槽將南邊高架列車線的兩根支柱炸飛，使得高架列車傾倒在地，差點造成一輛路面電車出軌。

貨棚和鋪路工場立刻淪為引火柴，糖蜜與破瓦殘礫覆蓋在工人身上，他們根本沒機會逃生。卡車、汽車、運貨馬車全都被無情的糖蜜海嘯捲走。消防站被推離地基，造成一名消防隊員死亡、兩名受傷。另一名消防隊員被撞入波士頓灣，好不容易才倖存下來。被壓在傾覆的火車車廂下面的十歲男孩就沒那麼幸運了。十多匹受傷的馬陷在糖蜜裡，最後不得不槍斃以結束牠們的痛苦。

馬格拉斯是第一批趕到現場的人之一。他幫忙在附近一間建築物裡設立了野外醫院和臨時停屍間。他穿著一雙及臀的橡膠涉水靴，審視難以想像的毀壞現場。在糖蜜槽方圓四百英尺內的所有結構都被破壞殆盡。建築物支離破碎，成堆的鋼梁和金屬板扭曲變形。在這繁忙的城市地區，有超過兩個街區、數十萬平方碼的地方全都覆蓋了幾英寸厚的糖蜜。

在現場找到的屍體看起來馬格拉斯說：「像是蓋了厚重的防水油布，他們的臉當然覆蓋著糖蜜，眼耳口鼻全都塞滿了糖蜜。」屍體一送到停屍間他立刻檢查。「要查明他們是誰、經歷了什麼事，首先要用小蘇打與熱水清洗他們的衣服和身體。」

驗屍結果顯示好幾位受害者是遭破瓦殘礫壓垮或是受到致命傷。有些人嚴重殘缺，胸部塌陷、四肢扭曲。好多受害者是窒息而死，糖蜜塞滿了他們的氣管和肺部。他們溺死在糖蜜中。波士頓的糖蜜災難造成二十一人死亡，大約一百五十人受傷。儘管他受過一切訓練，在此之前檢查過數千件案例，馬格拉斯仍然沒有準備好面對這個尋常儲存槽造成的毀滅性結果。

＊＊＊

一九二〇年四月十五日，馬格拉斯開始參與他職業生涯中最具爭議的案子。麻州南布雷恩垂的史雷特—莫里爾製鞋公司，有兩名員工在將一萬五千七百美元的薪資現金搬進公司時遭到搶劫中槍身亡。

馬格拉斯進行兩人的屍體解剖，一位是三十四歲的警衛亞歷山卓・貝拉德利，另一位是四十四歲、無武裝的工資出納員菲得利克・帕門特。兩人各有兩個孩子。貝拉德利中了四槍，帕門特兩槍。馬格拉斯測量每個傷口的路徑，用手指取出子彈，絕不使用可能刮傷子彈、掩蓋膛線紋痕的金屬工具。

每取出一顆點三二口徑的子彈後，馬格拉斯用手術針在子彈底部沒有重要記號的那面刻上一個羅馬數字。子彈按順序個別編號，如此一來馬格拉斯就可以在法庭上核對他的標記並描述子彈造成的傷害。

警方指控義裔美籍的無政府主義者尼古拉・薩柯與巴托洛米奧・范澤蒂謀殺了貝拉德利及帕門特。戰後的人對外國人和激進分子充滿敵意，因此起訴薩柯與范澤蒂成為轟動全國的事件。

薩柯是個鞋匠兼警衛，范澤蒂則是賣魚的小販，他們都否認涉案。兩人皆無犯罪紀錄。警方將他們帶回問話時兩人都帶著手槍。薩柯的是柯爾特自動手槍，他說是為了警衛工作所需。范澤蒂的則是哈靈頓與理查森生產的點三八口徑左輪手槍，他說是在攜帶賣魚所賺得的錢時帶在身上以保護自己。

對薩柯與范澤蒂的指控，建立在大量亂七八糟的證人證詞及模稜兩可的彈道證據上。兩人在案發當天都有不在場證明。范澤蒂整天都在向顧客兜售魚。薩柯也說明了他的行蹤。儘管如此，仍有五名目擊證人指出薩柯和范澤蒂在犯罪現場。

檢察官宣稱在范澤蒂身上發現的左輪手槍是從遭殺害的警衛貝拉德利那裡拿來的，但是范澤蒂的槍與貝拉德利始終沒有明確的關聯。還有人認為貝拉德利在搶案當日根本沒有帶槍。

目擊者說貝拉德利中了兩槍，然後俯臥在地上時又中兩槍。馬格拉斯從貝拉德利屍體中找到的點三二口徑子彈與目擊者的證詞相符，屍體背後的兩處傷口是人站在屍體上方開的槍。馬格拉斯說其中一顆他刻上羅馬數字III的子彈是致命的子彈。這顆子彈穿透貝拉德利的右肺，切斷了肺動脈。

在馬格拉斯看來，幾乎所有從貝拉德利身上取出的子彈看起來都一樣，沒有一顆可能是從范澤蒂所有物品中找到的點三八口徑武器發射出來的。但是子彈III與其他的不同。其他五顆子彈都有子彈沿槍管旋轉所產生的右旋痕跡。而那顆致命的子彈III卻是向左旋，與薩柯的自動手槍相吻合。

彈道證據雖然不是那麼確鑿，但是對陪審團而言依然足夠，因為檢察官將薩柯與范澤蒂描繪成不忠、激進的外國人，激化了陪審團的偏見。此外，在最初偵訊時，薩柯和范澤蒂以為他們是由於政治信念而遭到拘留，因此對警方說謊，這對他們自己造成嚴重的傷害。警方詢問有關他們的政治活動以及對美國忠誠度的問題。幾個月前，美國司法部開始了一項計畫，大規模拘捕並驅逐他們懷疑是共產黨員或贊同共產黨理想的外國人。薩柯和范澤蒂知道到目前為止有兩個朋友被驅逐出境，以為他們將成為下一個。

他們對警方所說有關政治觀點的謊言，在審判時成為他們揮之不去的困擾。檢察官主張那些謊言是「罪責意識」的證據。他們告訴陪審團，無辜的人沒有理由撒謊。

薩柯與范澤蒂被判有罪且判處死刑。經過幾年的上訴後，他們於一九二七年八月二十一日在查爾斯頓州立監獄被處死。馬格拉斯到場見證處決，宣告薩柯與范澤蒂死亡。

對薩柯與范澤蒂的起訴依舊是二十世紀非常具爭議性的刑事案件。此案中的證據仍常引起爭論與質疑。有些人認為這兩人罪名成立。有些人則主張處決薩柯與范澤蒂是美國刑事司法制度的重大誤判之一。

5 志趣相投

二十世紀初期，因為鄰近地區的性質起了變化，草原大道開始衰落。這區域接近該市的商業與交通樞紐，曾經是芝加哥菁英心所嚮往的地方，如今變成在商業利益方面更具價值。草原大道和附近街道上的豪宅一棟接一棟被夷為平地，改建成大型商業大樓、公寓、停車場。有錢的居民則逃到遠離市中心、更有田園風光的近郊社區。

大約有二十多棟草原大道的房屋改造成附家具的房間出租，有些房子容納多達四十五人。小馬歇爾．費爾德坐落在南草原大道一九一九號的豪宅改建成蓋特林機構，是專治酒精與藥物成癮的醫院。草原大道不再是芝加哥菁英專屬的住址，成為流動人口與倒楣鬼占領的地盤。

到了一九二〇年，年老的格雷斯納夫婦仍住在這條街上，是僅剩二十六位最初移居草原大道的居民之一。

在這段時間，法蘭西絲．格雷斯納．李大多待在波士頓和岩石山莊，不大需要在她與布魯威特．李成婚後父母買給她的芝加哥房子。這棟坐落在草原大道一七〇〇號的宅第於一九二一年售出。

大概從一九二〇年或一九二一年開始，李和她的大女兒法蘭西絲在利特頓市經營了好幾年的古董店，她女兒當時年約二十出頭。古董店位於從前的單房校舍中，因此取名為白校舍。李和法蘭西絲巡訪了新英格蘭各地的古董商與古董店，走遍新罕布夏州、佛蒙特州、波士頓，最遠到達紐約市。李在擺滿工藝品與精美家具的家庭中長大，對古董經驗豐富十分有眼光。母女倆尋找價值被低估的廉價品，或者可以清理乾淨以合理利潤出售的物品。

李詳細記下競爭對手的書面紀錄，列了一張清單描述每個古董商的商品、可靠度、價格。李說波士頓查爾斯街上的古董店「非常靠不住」。她紀錄一家店是否用「城市價格」，也就是定價高昂，以及哪個古董商不誠實。她說佛蒙特州柏林頓市的G．邁爾克斯是「攔路搶匪」。至於紐約市的老英格蘭人古董店，她只說是「假貨」。

當母女倆發現了好的古董商——信用可靠、價格合理、挑選的貨色佳——李會分配一個暗號給它，大概是方便她和法蘭西絲在其他古董商及店主面前談生意。在李的筆記中，她形容麻州朋布洛克鎮的E．蓋倫是「普通、可能誠實」，代號為天主教。波士頓的新英格蘭古董店代號則是畫筆。白校舍一直經營到一九二八年法蘭西絲嫁給芝加哥的律師兼企業家馬里昂．瑟斯頓．「巴德」．馬丁，他是個企業家、抱負遠大的商人。

一九二六年九月，李的叔叔喬治．B．格雷斯納過世，享年八十一歲。他是約翰．雅各唯一倖存的兄弟，曾在華德、布什內爾與格雷斯納公司及其後的國際收割機公司擔任主管。這位沒有子女的百萬富翁在遺囑裡將二十五萬美元的現金及有價證券（相當於現在的三百五十萬美元）留給他唯一的姪女法蘭西絲・格雷斯納・李。

李的兒子約翰大學就讀麻省理工學院，在一九二二年獲得機械工程的碩士學位。畢業後他進入航空工業設計飛機。一九二六年約翰・李與他的麻省理工學院同學、來自康乃狄克州哈特福的珀西・麥克辛結婚。約翰與珀西在康乃狄克州安家，約翰在那裡為聯合飛機製造公司工作。

隔年，一九二七年六月，二十一歲的瑪莎・李與查爾斯・巴徹爾德成婚，他是哈佛畢業的工程師，曾經受雇於喬治・格雷斯納，負責將喬治購置的荒廢水庫改道供岩石莊園使用。巴徹爾德夫婦在緬因州的奧古斯塔定居。

隨著孩子成功地展開他們自己的生活，李需要在芝加哥找個住處，以便她探望雙親或是到該市辦事的時候居住。一九二八年，她以五萬五千美元（約合今日的八十萬美元）的價格購買了位在湖岸大道一四四八號高級大廈裡的一間十二房公寓。

一九二九年一月的頭幾天，李的哥哥喬治・格雷斯納在岩石山莊的家裡感到不適，下腹部疼痛、發燒、全身不舒服。醫師診斷他罹患了急性闌尾炎，讓他住進康科德鎮的醫院。切除發炎闌尾的手術很成功。然而在恢復期間，喬治染上了肺炎逝世，享年五十七歲。

在她哥哥過世後的那段期間，對李來說是人生的低谷。她與家族的關係依舊疏遠，而她的孩子已經長大，有了他們自己的孩子。自從關閉白校舍後，她沒什麼事情可做。親近的人過世經常會讓人深思生命的有限，審視內心仔細估量我們離開這紛擾的塵世時將會留下的遺產。李感到憂鬱、孤單、無所適從。

更糟的是，李不得不去波士頓的麻省綜合醫院接受醫療照護。不大清楚她生的是何種病，不過顯然她動過外科手術，需要在菲利普斯之家長期休養，這是醫院的豪華私人照護設施。菲利普斯之家是棟八層樓的建築物，坐落在查爾斯街上，靠近波士頓的燈塔山，在一九一七年開張時是個非常創新的概念。當時有錢人不願意去醫院典型的開放式病房，接受手術時寧可在自己家中或是提供護理照護的私人住宅，或者在旅館房間內，如同李摘除扁桃腺時那樣。在那以後醫療照護有了長足的進步。負擔得起的病人不再需要在廚房爐子上消毒手術器械，而是可以接受最新的麻醉、無菌手術，以及現代技術的照護。菲利普斯之家提供布置雅致的私人房間。建築物北端有柵欄圍起的屋頂和露臺，讓病人在住院期間能享受到充足的陽光和新鮮空氣。

一九二九年，當時五十一歲的李在菲利普斯之家住了很長一段時間。巧合的是，她的老朋友喬治・馬格拉斯在這段期間也住進了菲利普斯之家。她預料不到的是，她和馬格拉斯在菲利普斯之家休養的這段時間將會成為她人生中的關鍵插曲，促使她達到能夠遺留給後人的成果。

法醫師的兩手嚴重感染發炎，是肝功能衰竭與反覆接觸甲醛和強效消毒劑引起的循環系統問題導致。這是他第三次因為雙手傷殘而住進菲利普斯之家治療，他的病情非常嚴重，可能需要截肢。

李和馬格拉斯在逗留菲利普斯之家期間重新點燃了友誼之火。他們經常一起坐在露臺的搖椅上眺望查爾斯河閒聊，消磨無窮無盡的時光。他們追憶往昔的日子；在岩石山莊的生活、一八九三年的世界博覽會、青春的回憶。他們談論音樂、藝術、文學，也談到馬格拉斯的法醫生涯。李發現馬格拉斯的工作無限迷人。馬格拉斯的故事遠比李的社交圈中女性平常談話的內容要有趣得多。馬格拉斯關心的是一些要緊的重大問題：生與死、犯罪與司法。李知道這世界是個不可預測、經常出現暴力的地方。馬格拉斯幫忙從混亂中恢復秩序，滿足人類想了解死亡原因最基本的欲望。

李回憶道：「他經常告訴我許多最有意思的案例，但是都是等到案子解決、結案、『經過法庭審判』之後才說，因為他說自己是個公僕，他的工作是發掘真相，一旦找到真相就要堅定地堅持到底，同時要保持緘默。在案子仍在調查或是在等候法庭判決時，他絕對不透露消息給媒體，但是我從沒聽說他因此與報社的人樹敵。」

馬格拉斯講述的故事生動、迷人，充滿戲劇性與感染力，偶爾還有病態的黑色幽默。有個案例是一名老人被發現死在波士頓一家飯店的六樓房間內，當時他坐在敞開窗戶旁的安樂椅上。他是在四樓發生火災後，飯店員工檢查客人狀況時被發現的。那是場發生在一個房間內的小火災，產生的煙並不足以讓老人窒息。屍體附近有個小的金屬容器，裡頭有殘餘的不明物質。

馬格拉斯得知那人是個退休的化學家。他年輕時曾經差點被燒死，因此對火有種病態的恐懼。為了避免那樣的命運，他總是隨身攜帶一小瓶烏頭鹼，一種從名為烏頭的植物中提取的速效毒藥，以防緊急情況。當他聞到煙味，看見火舌蔓延到窗外，他很肯定自己的末日已經到來。於是他吞下烏頭鹼，寧可服毒也不願意遭火焰吞噬或吸入濃煙而死，雖然那場火災根本沒有威脅到他。

馬格拉斯常講的另一個故事是芙蘿倫絲．史莫的謀殺案。她的丈夫菲得利克．史莫認為自己策畫了完美的犯罪，而且他幾乎辦到了。

馬格拉斯說：「我認為這是我所有案件中最令人驚訝的一件。」他是由新罕布夏州警察局請去協助調查。

一九一六年九月二十八日，三十七歲的芙蘿倫絲．史莫的遺體在火災的殘骸中發現，這場火燒毀了她在新罕布夏州奧西匹市的家。她被燒得面目全非，有些骨頭因暴露在高溫下而鈣化碎裂。

火災突然發生時，菲得利克．史莫不在家，而是在幾哩外的波士頓和朋友一起看電影。受雇載史莫到火車站的司機說，他看見史莫離開家時透過敞開的門告別，但是並沒有看見史莫太太，也沒有聽見她回答。火災在七小時後爆發。史莫的某些行為引起了警方的懷疑。這對夫妻最近剛買了一份人壽保險，將給付未亡的配偶兩萬美元，但只繳過一次保險費。

當馬格拉斯詢問史莫，驗屍後他想要找哪家殯儀館接收他妻子的遺體，他對法醫師說：「剩下的遺體分量需要用到棺材嗎？」

菲得利克．史莫吝嗇的行徑最終證明是他失敗的原因。史莫家的小屋維護不善，地下室很容易淹水，在火災當時充滿了幾英尺深的死水。芙蘿倫絲．史莫躺的那張床燒穿了臥室地板，讓她的屍體掉入地下室，因浸溼而得以保存。

在馬格拉斯驗屍時，他發現芙蘿倫絲．史莫的脖子上有根繩子緊緊纏繞著。此外，她的頭骨破裂，而且頭部遭點三二口徑的子彈擊中。在火災留下的廢墟中搜查到更多的證據，包括一把點三八口徑的左輪手槍、一個火星塞、一些電線、一個燒焦的鬧鐘。馬格拉斯注意到一件奇怪的事：一個鑄鐵爐子的表面有一點一點熔化的金屬材料。

關於這些小瑕疵，馬格拉斯說：「顯示爐子曾經承受過大量的熔化鋼料，無論是鑄鐵或鋼料，在一般房屋火災的溫度中都不會熔化。」

馬格拉斯環顧四周找尋可能導致如此高溫的東西，發現了鋁熱劑的證據，一種用來焊接鋼鐵的灰色易燃粉末。他推理出有人將鋁熱劑撒在芙蘿倫絲．史莫全身及床上和臥室地板上，再操縱鬧鐘點燃這種材料。

史莫否認對妻子的謀殺案負有責任。他聲稱自己離家時她還活著。他說她是遭到伐木工人襲擊。幾乎沒有人相信他對這事件的說法，史莫被指控謀殺。

審判時，檢察官耍了一個戲劇性的花招。在菲得利克．史莫不知情的情況下，地方檢察官取得法院指令，指示馬格拉斯割下芙蘿倫絲．史莫的頭部，將解剖過的頭部保存起來當成證據。在頭部作為物證被拿進法庭前，法官建議女士先離開法庭。有些人離開了，但是有八名婦女仍在觀眾群中伸長脖子觀看這駭人的證據。馬格拉斯描述他妻子遭受的傷害時，菲得利克．史莫坐在法庭上雙手摀著臉啜泣。

馬格拉斯作證說芙蘿倫絲．史莫的頭部遭到毆打至少七次，但是造成的頭骨碎裂並沒有嚴重到足以致命。另外在她仰臥著時有人站在旁邊開槍射穿她的前額。法醫師說，這本來是致命傷，但是她早已經被纏在脖子上的繩索勒死了。

芙蘿倫絲．史莫頭部僅存的肌肉燒焦、損毀，很難看出可辨識的面貌。馬格拉斯指著頭骨上的證據以及保存在甲醛裡受害者的組織樣本，向陪審團解釋他如何得出結論。馬格拉斯給陪審團看一段芙蘿倫絲．史莫的呼吸道，一塊粉紅色長方形的組織。當一個人吸入充滿濃煙的空氣時，煤煙會沉積在呼吸道上。史莫的呼吸道很乾淨、完全正常，證明起火時她已經沒有呼吸了。

他指出氣管、馬蹄形的舌骨、帶狀肌上的傷口都是遭到勒斃的證據。她的眼瞼內側存留下來的黏膜夠多，足以辨認出瘀斑，而點狀皮下出血也是遭勒殺的特徵。他說明她前額上彈孔的斜切面，以及由燃燒火藥在皮膚上造成的火藥刺青圖案，顯示了開槍者的位置與距離。大家都知道皮膚割破時會立刻流血。然而穿透她前額皮膚的槍傷卻不像頭骨碎裂流那麼多血，因此這傷是在死後造成的。醫學證據顯示事情發生的順序是如此：芙蘿倫絲．史莫遭到毆打、勒死、槍擊，最後才焚燒。

接著，檢方提出更多證據，芙蘿倫絲．史莫死亡時所躺的床架和鑄鐵爐子一直藏在布幔後面，用具有戲劇性效果的方式揭露。法庭裡所有人都轉過頭去看，只除了一個人：菲得利克．史莫。他一直用手帕遮著臉。

馬格拉斯說：「無辜的人會對即將展示的東西感到好奇，但是史莫有罪，他很清楚。」

菲得利克・史莫被判犯了謀殺罪，於一九一八年一月十五日執行死刑。馬格拉斯出席觀看他的處決。

馬格拉斯還告訴李，有一次紐約市法醫師查爾斯・諾里斯找他諮詢的一件案子。一個年輕人被控犯了謀殺罪，遭人指控他將妻子從五樓窗戶扔出去。根據馬格拉斯的調查與發現，諾里斯判定她的死是自殺，然而地方檢察官說有證人聽見被告爭吵和威脅。

馬格拉斯檢查了年輕妻子的屍體。她的頭骨破裂，那毫無疑問是致命傷。更重要的是，她的兩邊跟骨也斷裂了。死者雙腳著地，這符合從窗戶跳下或直直墜落，而不是被扔下去。被扔出窗外卻雙腳著地的機率實在非常小。最後年輕人獲判無罪。

每聽一個故事，李就更加欣賞馬格拉斯追求真相、為無辜者洗清罪名將有罪者定罪的行為。在休養期間，有一天馬格拉斯討論到向陪審團說明證據的難處。試圖描述死亡場所十分具有挑戰性。因為現場本身已經不存在了，陪審團成員在腦中形成的畫面可能正確也可能不正確。

他說：「我還在努力尋找比示意圖和照片更好的東西，以便展示給陪審團看屍體被發現的確切地點，與樓梯、爐子，或窗戶適當的相關位置，那是世界上最難解釋清楚的東西。」

李思索了片刻，想起多年前她曾做過的微型交響樂團與四重奏，說：「如果你有個房間的小模型，按出正確的比例畫出，還有個娃娃或是假人穿得和受害者一模一樣，其他所有的細節都在正確的位置上呢？那會有幫助嗎？」

馬格拉斯輕敲菸斗，說：「模型？我可以在法庭上用嗎？有一半的時間，他們甚至不許我採用照片。讓我考慮一下。」

李對馬格拉斯竭力宣揚法醫師制度信念的無限精力與熱情感到肅然起敬。儘管他年紀大了、身體日漸衰弱，除了雙手嚴重化膿腐敗外，他的視力也由於青光眼漸漸惡化，但馬格拉斯一直是新英格蘭各地民間團體和其他機構大受歡迎的演講者。

李說：「他非常善於講故事，各式各樣的機構都很歡迎他去演講，從教會組織到童子軍，再到州立醫學會與律師協會。」

在馬格拉斯看來，他在歐洲接受的法醫學教育是份大禮，他有責任好好使用。他覺得自己對這份職業有義務，對死者也負有義務，不僅是對那些在他管轄範圍死去的人，而是對所有人。他認為倘若有必要的話，每個人都有權得到澈底、科學、公正的死亡調查。

馬格拉斯認為提升世人對法醫師的認識，了解他們履行的職責、他們與驗屍官的差異是他的部分使命。他主張人無論住在哪裡都需要知道死亡是如何處理的。世人除非知道有更好的處理方法，否則不會進步。需要明白這點的不只是一般大眾（儘管那可能是最重要的），還有立法者、警察、檢察官、法院。

馬格拉斯認為，國會議員需要了解，改革州法律以廢除驗屍官制度、建立法醫師制度，讓他們的工作更有成效的重要性。律師與法官需要理解醫學證據的本質。地方檢察官需要讓法醫師全權決定哪些案子需要開放屍體解剖。

此外，警方需要知道在暴力或可疑死亡的現場該做與不該做的事。馬格拉斯認為大多數警員都是笨拙的粗人、缺乏訓練，很多時候甚至不會讀寫。他們還沒有準備好面對科學與醫學證據至關重要的情況。他們在最初關鍵時刻所做的事，可能解決案子也有可能毀了案子。馬格拉斯懷疑，誰知道有多少人因為警方辦案不力而逃過司法制裁，或是在科學證據未經檢查的情況下基於利用嚴刑逼供取得的供詞而遭到定罪。

至於一般民眾呢？假如大家知道幕後發生了這類事情就會要求改變。新聞記者總是渴望報導謀殺案聳動的細節，卻對法醫師的職責只有模糊的概念。廣泛地教育大眾，將會讓一般人更深刻明瞭澈底、正確調查死亡的必要性。

波士頓於一八七七年引進法醫師制度，到一九二九年馬格拉斯和李在菲利普斯之家休養的時候，已超過半個多世紀，卻只有另外兩個主要城市仿效：紐約市於一九一七年開始，紐澤西州的紐華克市於一九二七年開始。馬格拉斯希望能夠讓司法機關相信驗屍官制度的缺點，以及改成法醫師制度的必要性。他認為不應該是發生令公眾震驚的重大醜聞後才實施改革，但是在很多情況下，這似乎是唯一能夠完成改革的方法。

服務大紐華克地區的紐澤西州艾塞克斯郡之所以成立法醫室，就是因為聖公會牧師愛德華・霍爾與他唱詩班的歌手兼情婦艾琳諾・米爾斯的謀殺案調查得一團糟。案發現場好幾個小時沒有嚴密保護。圍觀者踐踏犯罪現場、觸碰屍體，破壞任何可能存在的證據。報上的現場照片顯示一群人站在屍體周圍，剝下附近一棵野生酸蘋果樹的樹皮留作紀念。

霍爾的妻子、她的兩個兄弟，和他們的表親被控謀殺，但是在隨後的審判中獲判無罪。這案子直到今日仍未正式解決。

＊＊＊

他們待在菲利普斯之家的期間，馬格拉斯印給李一份具有指標意義的研究報告，那是國家研究委員會於一九二八年所發表，標題為《驗屍官與法醫師》。這項研究是由洛克斐勒基金會資助，該機構長期關心如何改善醫學教育及刑事司法體系。

這項研究比較了當時擁有法醫師的兩座城市：波士頓和紐約，與採用驗屍官的三座城市：芝加哥、舊金山、紐奧良。這份國家研究委員會的報告毫不留情地批判驗屍官制度。除了一長串常聽說的驗屍官瀆職行為外，該研究還發現法醫師比驗屍官更可靠、花費也較少。這份報告認為驗屍官制度是「不合時宜的制度，無庸置疑地證明了它沒有能力履行通常要求它應盡的職責」，並且表示應該廢止這項制度。

該報告建議將驗屍官的醫學相關職務交給法醫師，非醫學工作則由合適的檢察與司法官員來接手。報告中還單獨挑出醫學院，批評它們沒有在法醫學領域充分訓練學生。很少醫生能夠做足準備勝任法醫師的工作。

報告中說：「在因為犯罪或意外造成的情況中，法醫師可能被要求履行某些職責，卻沒有一所學校開設與這些職責相關的課程，讓學生可以接受系統化的教導。法醫師這一職業勢必需要訓練有素的人，而且肯定有讓醫學院畢業生想要選擇從事法醫師工作的機會，因此必須有設施讓他可以獲得能夠勝任這職業的充分訓練。」

＊＊＊

在菲利普斯之家那些漫長、無聊的時光裡，有一天馬格拉斯的看法突然變得不大樂觀。

「妳要知道，我不會在這裡再待太久了，等我死後這一切都將隨著我消失。」他對李說，指的是囊括他畢生心血的文件。「我想等我一走，我所有的筆記、幻燈片、書本等等都會被扔進垃圾堆。」

李注視著馬格拉斯，問：「你希望怎麼處理你所有的資料？」

他說：「如果按照我的意思，我想要用來建立法醫學系。妳知道的，全美國沒有這樣的系所。一個完整的學術科系，從事教育、研究、培訓……」

「等一下，我去拿幾張紙來，我們來擬個粗略的概要。」李說。

馬格拉斯說：「我首先要有間新的現代化的研究實驗室，然後一間圖書館，從我的書本和筆記開始，接著是供教學使用的一套完整的幻燈片和電影膠卷。我們會需要一群稱職的講師向醫生、律師、牙醫、保險人員、驗屍官、法醫師、殯葬業者、警察講授如何從醫學觀點來審度法律。」

李寫了一頁又一頁的筆記。

馬格拉斯說完後，沉思地抽了一口菸斗，說：「那只是個夢想，我已經想了很多年了，不過那是不可能達成的。」

他們住在菲利普斯之家的期間，馬格拉斯說了一句改變李人生歷程的話。他隨口說了句無傷大雅的話，一句微不足道的評論，卻料想不到、意外地引起李的共鳴。

「我向來主張人體器官是世界上最具裝飾性的東西，拿來當醫學院或醫生俱樂部的壁畫會給人留下非常棒而深刻的印象，」馬格拉斯說。

人類器官之美？「這想法立刻吸引了我。」李後來寫道。

李的思緒開始轉動，彷彿她腦子裡有個開關打開了。馬格拉斯那些即興的想法是顆種子，這念頭生了根並獲得了自己的生命。他的話語讓李展開探索，開始了長達多年的使命，為了證明他說得沒錯，人體器官確實很美。或許是一、兩片描繪「混雜成團的骨頭腺體器官」可以掛在壁爐架上或門口的壁板。或者也許是別的……不同的東西。

當想法開始在她腦中成形，她對馬格拉斯說：「我想要自己去找。等我們一離開這裡，我要你立刻給我看人體內臟的美麗。」

6 醫學院

李穿著棉質外科手術袍，和馬格拉斯一起站在北格羅夫街停屍間的驗屍臺旁。解剖室和醫院手術室一樣乾淨潔白。右邊是階梯教室陡斜的座位，醫科學生平常坐在那裡。那天，座位上空無一人。左邊是一排窗戶和器械櫃。房間盡頭是電梯的雙扇門，通往樓下的冷凍室。

在房間中央，明亮的頂燈下，一個被發現死亡的男人屍體裹著床單仰臥在不銹鋼的桌子上。那人的姿勢看起來很不自然，雙臂僵直地舉在空中，宛如百貨公司的人體模型。房間內瀰漫著一股刺鼻的惡臭，讓人聯想到腐爛的海鮮加上糞肥的味道。李拿一條帶有香味的手帕遮住臉。

馬格拉斯指出死者的前臂後側皮膚上一處略帶紫色的斑點。他向李解釋斑點的重要意義，如同他在課堂上多次提過的。這是屍斑，是血液在承受壓力時停止循環所造成的皮膚變色。當心臟停止跳動，血液由於重力作用沉積在屍體低位區的間質空間，因此屍斑會出現在屍體最低處的表面，但微血管床受到擠壓的位置則除外，例如屍體靠在地上的部位。

馬格拉斯拉起死者的襯衫袖子，露出肘部一小塊蒼白的變色處。「妳可以看出皮膚受到某種壓力的地方，就在臀部和肩胛骨的尖端等承受身體重量的部位。妳可以看出胳臂和兩腿如何交疊，還有腰帶在腰部留下的痕跡。妳可以看到東西壓在皮膚上的位置。有很多次，我看到了武器的輪廓。

「屍斑在死後兩小時會變得明顯起來，斑塊會在數小時內擴大，在死後大約八到十二小時顯色強度達到最大。死後前六個小時內，屍斑可能重新分布。也就是說，倘若屍斑在人的身體前側，你將屍體翻過來，屍斑就會轉移到後側。在前十二個小時內，屍斑會變淡；假如按壓屍斑，那塊皮膚顏色會變淡。過了十二個小時左右，屍斑就固定了，不會變淡，也不會重新分布。屍斑的顯色強度會隨著時間逐漸消退。

「屍斑是科學事實，如同明天早晨太陽會從東邊升起一樣確定無疑。這是簡單的物理問題。倘若有個人被發現仰躺著死亡，屍斑卻出現在身體前側，那他不可能是那樣死的。這在科學上絕無可能，必定有原因。要不是有人將受害者放在那裡，就是把他的身體翻過來。

「可是，別的人可能看到了屍斑卻看不出這有什麼特別的重要意義，甚至連醫師也不知道。他們不大教醫科學生死後的變化。他們認為那只是瀰漫性變色，沒有任何特定的意義。但是這完全錯誤。正確的屍斑評估可以提供豐富的資訊，包括粗略估計死亡時間，死時的姿勢，屍體在死後是否移動過，是否有任何物體接觸屍體，等等。」

一旦遺體被送到急診室或殯儀館，所有的事實就會永遠消失。在死後隔天檢查屍體就已遲了一天。這是為什麼馬格拉斯堅持法醫師要在原地觀察屍體非常重要的原因之一。警察由於不了解，因此可能破壞出現在死亡現場的證據，法醫師應該在那之前便介入調查。

在解剖室助手的協助下，死者的衣服已脫掉，一條棉布毛巾披在他臀部上以保持莊重。馬格拉斯接著檢查外部，仔細地查看死者從頭到腳的皮膚和頭皮。皮膚上的任何缺陷，包括傷口或挫傷、任何一種疤痕，全都紀錄下來，並用一條碼尺測量從身體中線以及從頭部或腳跟的距離。馬格拉斯將調查發現口述給他的祕書，他的祕書坐在一邊記筆記。李在一旁看得入迷。

外部檢查完畢後，馬格拉斯在死者的頸部底下放置一塊木塊，以抬高死者的胸部並讓他的頭部往後仰。馬格拉斯從死者的肩峰附近開始切入，用一把手術刀沿對角線劃過死者的胸部直到胸骨尖。接著將另一邊肩膀切開，再順著中線從胸骨切到恥骨，這些深深的切口在死者軀幹上形成一個Y字形。

李看著馬格拉斯解剖層層皮膚與肌肉，意想不到竟然沒有流血，而且人體脂肪組織是橘黃色的，外觀與牛肉、豬肉，或甚至雞肉的脂肪迥然不同。法醫師用一把小鋸子從胸骨切開胸腔，將扁平的胸骨從原本的位置抬起來。

隨著腹腔與胸腔暴露出來，李驚奇地注視著器官，其中很多與她在醫學書裡看到的插圖以及維薩留斯的繪畫相似，看起來很熟悉。肺臟的表面光滑閃亮，環抱著心臟，完美地依偎在一起。臟腑有的黯淡有的顏色鮮明，盤繞在腹部各處。一切都完好如新，精心布置得有如擺在餐桌中央的花卉，美得令人嘆為觀止。

這個人曾經是無限複雜、活生生的機器。這些零件完美無瑕地共同合作多年，直到某樣東西讓這部人類機器失常，超出了生存能力的極限。憑藉他的專業知識及可用的實驗室器械，馬格拉斯醫生將會查明發生了什麼事。

李想起了威廉・莎士比亞的詞句，出自《哈姆雷特》中王子的獨白：「人真是偉大的傑作！」

馬格拉斯進入死者的胸腔，開始解剖頸部的組織、頸動脈和頸靜脈，切斷食道，移開舌頭仍附著在會厭上方的氣管。法醫師一路往下，切開橫膈膜和少數幾根血管及固定器官的懸韌帶。在下腹部，馬格拉斯切開尿道與直腸。

馬格拉斯用雙手抓住整組器官，同時拿起所有的器官放到驗屍臺上。李端詳掏空的屍體，仔細查看平滑、發亮的胸腔黏膜和脊柱粗大的骨頭。

馬格拉斯摸索耳後凸起的乳突，然後拿手術刀在頭頂上劃一道弧線割到另一側。他用手術刀將頭皮與頭骨分開，把皮膚與頭髮往前拉到臉上，直到顱蓋，也就是頭蓋骨，完全暴露出來。

馬格拉斯用一把刀片寬而扁平的骨鋸沿著頭骨周邊劃一道痕，再用鍾子輕敲鑿子鑿開碗狀的顱蓋。顱蓋一移開，大腦就包圍在乳白色的腦膜中。馬格拉斯用手術刀尖繞著頭骨開口處切斷腦神經，再抬起額葉以進入視神經，最後將腦幹與脊髓分開。

器官攤開在驗屍臺上，馬格拉斯一一檢查，邊用手指觸摸邊口述每個器官的外觀描述。他測量每個器官的尺寸與重量，再像切一條麵包似地切片，從內到外澈底檢查這些組織。馬格拉斯從每個器官各留下一些樣本，放進裝了甲醛的罐子，以備稍後用顯微鏡審視。

馬格拉斯驗屍完畢後，所有的組織與器官都放回死者的腹腔與胸腔中。解剖室助手將頭骨重新裝回去，把頭皮拉回原位，再用結實的粗線以粗陋的棒球縫法將Y字形切口縫合。

李看著輪床被推向電梯，將死者送回冷凍室。

＊＊＊

李在岩石山莊的家中閱讀國家研究委員會的報告《驗屍官與法醫師》。在反覆思考報告中的建議以及從馬格拉斯那裡學到的一切後，李確定為了讓美國社會在調查意外死亡時真正拋棄中世紀的舊規、樂意採納現代做法，有三個領域需要進步。醫學、法律、警察全都迫切需要革新，才能建立一門可發揮作用的法醫學學科。

她曾經說過：「法醫學或許可以比喻成一把三腳凳，醫學、法律、警察便是那三隻腳，倘若任何一隻腳薄弱，凳子就會垮。」

要用法醫師取代全國各地的驗屍官，還需要再培訓數百名像馬格拉斯這樣的人，另外需要說服州立法者廢除死因審理及驗屍官辦公室，採納法醫師制度。而已經有法醫師的州則需要改革法律，賦予法醫師更大的自主權和獨立的管轄權，讓他們可以負責掌管，避免他們承受政治與公眾的壓力。

李知道警察是另一個不可或缺的構成要素。警員往往是第一個抵達死亡現場的人，有時候還是唯一在場的人。在現場的最初幾分鐘可以決定調查的成敗，執法警官需要接受如何避免損害犯罪現場的訓練。

李決定這就是她通過馬格拉斯為她開啟的門後將要走的路。她將用她的餘生來改進法醫學的三腳凳。但是她需要想出一種方法，是以她這樣社會地位的女性來說能夠接受的做法，並且利用她的出身所提供的人脈與資源。無論需要怎麼做，李憑藉她無限的好奇心與要求嚴格的個性終會完成。

一九三一年四月三十日

馬格拉斯早年在哈佛醫學院擔任講師時，學校每年付給他兩百五十美元的津貼。在第一次世界大戰期間，由於從未解釋過的原因，津貼中止了。不過馬格拉斯除了盡法醫師的職責外，還無償繼續為哈佛、塔夫斯、波士頓等大學的醫科學生講課。

一九一八年，馬格拉斯寫信給哈佛醫學院院長愛德華・布拉福博士。馬格拉斯指出他已經在哈佛教授病理學二十年，近年來由於法醫學這門新興學科的加入，這份工作的複雜度與工作量只增不減。馬格拉斯為三年級學生制定了一門完整而有系統的法醫學課程，第一年就座無虛席，他計畫接著在醫學院第四年到停屍間授課。

馬格拉斯對布拉福寫道：「我企圖講授的法醫學這門學科包括許多與醫學各分支相關的問題，

但因為某種原因在醫學院教授的課程中遭到忽視，這些問題對行醫者來說非常重要，應該要確保每個從哈佛大學獲得學位的人都應該接受過一些相關的指導。」

馬格拉斯教授醫科學生所花費的時間及取得的資料都是他自掏腰包。他說：「我……相信您一定認為我有資格晉升更高的學術等級，並獲得服務的報酬。」

他的同事並不認為馬格拉斯是典型的醫學院教師。他在停屍間給醫科學生講課、提供實務經驗，但是他不做研究，也從未在科學期刊上發表論文，探討他在擔任法醫師期間經手的案例。

沒有紀錄顯示馬格拉斯要求報酬一事在當時得到回應，但是他繼續教學，並且在既定的病理學課程外加開了教授法醫學的課。

李開始對法醫學產生興趣後，看見了同時支持馬格拉斯與哈佛醫學院的機會，兩者都是她非常關心的。畢竟，哈佛是她哥哥以及許多其他與她關係密切的男性的母校。儘管她年輕時無法就讀，李依然鍾愛這所大學。

一九三一年三月，李與哈佛大學校長Ａ．羅威爾聯繫，提出慶祝馬格拉斯擔任法醫師二十五週年的建議。李想要每年贈與哈佛四千五百美元，其中三千美元專門用來支付法醫學教授的薪資，剩餘一千五百美元是給教授該學科的外部講師的酬金與旅費。她寫給羅威爾說：「我希望由喬治．馬格拉斯醫師以正教授的頭銜充任此一教授職位，我相信對於您打算如此安排，我的臆測並沒有錯。」

李說她打算在遺囑中留給哈佛二十五萬美元，永久支持她倡議的措施。「我的目的是在適當的時機以喬治．馬格拉斯醫師的名義設立法醫學系或是法醫學教授職位。」她寫道。李的禮物包含一個重要條件，由她擔任馬格拉斯的助教。

哈佛大學校長在一九三一年五月四日的信中回應了李的提議。羅威爾寫道：「您的願望將會實現，我期待這將為敝校醫學院和國家帶來莫大的好處。這些措施在醫學、法律、社會等許多方面都關係到公共利益。」

李請求羅威爾參與她的計謀，說服馬格拉斯到歐洲旅行，因為他非常需要休息。除了幾次被迫到菲利普斯之家就醫外，馬格拉斯已經好多年沒有長時間休假了。改變環境或許也有助於減少他的飲酒量——這一直是個問題。她請羅威爾告訴馬格拉斯由於意外的疏忽，有筆研究基金可以送法醫師前往歐洲自由研究一段時間。李告訴羅威爾倘若馬格拉斯接受這項提議，她將提供哈佛三千美元以支付他的旅費。

馬格拉斯並沒有上鉤。羅威爾向李回報：「他真的覺得要到仲夏才有辦法離開，他絲毫沒有懷疑，或假裝懷疑，這份贈禮是從哪裡來的。」

找藉口送馬格拉斯到歐洲旅行，是李關心她朋友身體健康的眾多方法之一。在不像現今那麼關心醫療隱私的年代，李一直從馬格拉斯的私人醫生，也是他們共同的朋友，羅傑．李醫師那裡得知馬格拉斯的健康狀況和飲酒習慣。羅傑．李醫師與法蘭西絲．格雷斯納．李並沒有親戚關係，是位著名的波士頓內科醫師，後來擔任美國醫學協會的主席。她還和馬格拉斯開立了一個聯名帳戶，帳戶裡總是存滿幾千美元供他需要時使用。

朋友和熟人公開猜測過李和馬格拉斯之間的親密關係。有時李近乎賣弄風情，在寫給馬格拉斯未發表的文章中自稱「你俏麗的抄寫員」，然而在兩人的通信中，他們從未使用過表達愛意的措詞。李總是稱他為馬格拉斯醫生，對他而言她是法蘭西絲．格雷斯納．李夫人。

李和馬格拉斯的關係是建立在相互尊重與共同的興趣上，尤其是音樂及藝術，現在加上法醫學。儘管馬格拉斯和李之間顯然有深厚的情感，但是沒有證據顯示他們的關係親暱。假使李的確暗戀馬格拉斯，那肯定是單相思。她可能從未表達過她感受到的深愛。

＊＊＊

她的孩子長大、結婚，擁有他們自己的生活，李有時住在岩石山莊的小屋、有時住芝加哥。為了陪伴年邁的雙親，她時常跟祕書和一個僕人搭乘火車回到這座城市。在芝加哥時，李經常住在帕爾瑪之家飯店，這地點曾經是一位家族老朋友所有，她非常熟悉。

李的母親法蘭西絲．馬克白在久病之後，於一九三二年十月逝世，享壽八十四歲。約翰．雅各．格雷斯納獨自繼續住在草原大道的家。

大約在這時候，馬格拉斯引介李認識路德維希．海克頓與奧斯卡．舒茲，他們兩人都參與了國家研究委員會比較驗屍官制度及法醫師制度的那份報告。他們在芝加哥醫學會也十分活躍，這是一個致力於改善醫學科學與公共衛生的私人機構。該醫學會正努力廢除芝加哥的驗屍官制度，改以法醫師取代，然而進展極為緩慢，部分是因為需要修改賦予驗屍官權力的州憲法。

舒茲在給李的信中寫道：「我不確定我們的目標是否應該局限於改變庫克郡，或是有一定人口的郡，或者整個州，就我個人而言，我比較希望倡導全州的法醫師制度。」

提議改變突發及可疑死亡的調查方式總是引起爭議。政治人物不願意將傳統上向來屬於地方的權力讓給政府。殯葬業者、驗屍醫生，以及其他與死亡調查有利害關係的人都有各自的看法。

舒茲寫給李說：「我們面臨的是漫長、艱難的奮戰，因為在本州大多數的郡裡（驗屍官）職位並不受重視，因此反對改變的惰性很難克服。在庫克郡該職位有足夠的甜頭讓政治人物想要繼續保持原狀。而政治人物終究是告訴我們應該擁有什麼或不該擁有什麼的人。」

很顯然地，要贏得世人對法醫師制度優越性的認可將會是非常緩慢的過程。每個人都想要得到什麼，而且他們的既得利益經常互相矛盾。創造變革需要處理人際關係的手段和機智及大量的時間。

李心裡想，處理人際關係的手段和機智，這種事我做了一輩子。

李被任命為芝加哥醫學會法醫學問題委員會的諮詢會員。她請教舒茲的意見，該如何在美國醫學協會年度大會上安排麻州法醫師協會的展覽，美國醫學協會的總部在芝加哥。他們的共同使命是讓更多人認識法醫師。

舒茲獲得了醫學會的贊助，在進步世紀國際博覽會，也就是一九三三到三四年的芝加哥世界博覽會上，創造了一件大型展覽品。這件四十英尺長的展品透過文字和圖像說明了驗屍官制度的奇特歷史，並邀請觀眾思考描繪在圖像裡的這些場景可能是凶殺、自殺，還是意外。「死亡需要科學調查。」展品用印刷字體陳述。舒茲的展覽品是這門日後被稱為法醫學的學科第一次展現在廣大觀眾面前。

在此期間，李開始自主學習法醫學，收集了大量的文獻資料，包含書籍和醫學期刊，從歷史到當代的作品與祕籍都有。在她的收藏品中有些珍貴稀有的作品，包括十三世紀義大利醫生彼得魯斯・德・阿巴諾（Petrus de Abano）所寫的《毒物》（*De Venenis*）的一四七三年版本，以及世界上唯一一套完整的九卷專著，由德國公共衛生先驅約翰・彼得・法蘭克（Johann Peter Frank）於一七七九年完成的作品。李的收藏還包括一五一二年印刷的巴索羅繆・安格利克斯（Bartholomaeus Anglicus）所著《事物之性質》（*De Proprietatibus Rerum*），和一四九八年版本的賽巴斯提安・布蘭特（Sebastian Brant）的《愚人船》（*Stultifera Navis*），兩本書中都有傑出的驗屍插圖。她也尋找與犯罪有關的珍品，例如查爾斯・吉托（Charles Guiteau）的原版回憶錄，是他行刺詹姆斯・加菲爾德（James Garfield）總統後等待處決時親筆所寫。

到一九三四年，她已經獲得了一千冊左右的藏書。她打算將全部的藏書捐贈出來，在哈佛醫學院建立喬治・馬格拉斯法醫學圖書館，但哈佛必須先為圖書館創設一處合適的地方，而且時間至關重要。李希望E1大樓三樓的幾間房間能夠分配給法醫學系，將其中一間翻修、增添書櫃與家具並漆上李挑選的顏色當成圖書館。她希望一切能在圖書館揭幕前及時完工，並且趕在她為不明毛病——很可能是乳癌——動手術之前。

擔心死亡可能迫近，李想確保一切安排就緒，以支持她與馬格拉斯所做的工作。她寫信給大學校長詹姆斯．柯南特：「今天早上我立了一份新的遺囑，我將捐贈一百萬美元給哈佛以延續法醫學系。我想您曾暗示過這點，我坦承我希望在有生之年也許可以提供更多一點。」

在和醫學院院長及系主任多次協商（包括重新安置實驗用的老鼠）後，E1大樓三樓四間毗連的房間保留給法醫學系。其中一間將成為圖書館，一間裝配成實驗室，另外兩間將當成辦公空間使用。

大衛．艾德索博士是當時的醫學院院長，他寫了封信給細菌學系主任J．穆勒博士，解釋為何房間要徵用給法醫學系。

艾德索說：「捐款給法醫學的人揚言要捐更多的錢，總共是筆相當大的數目，但是更特別希望在她進醫院動大手術之前，將我們應該願意做的事情立即明確安排妥當，因為她認為這手術有可能終止她的生命。」

李的贈禮是以她擔任圖書館館長為條件——如果她在手術後活下來的話——這樣一來她就能夠在她認為合適的時候繼續增加收藏。哈佛校長詹姆斯．柯南特所下的命令是盡一切可能順從李。

新圖書館包含所有李的珍稀書籍，以及現存三套完整的麻州法醫學會期刊之一，和所有歐洲犯罪學與法醫學期刊的全集合訂本。馬格拉斯法醫學圖書館是世界上同類型圖書館中規模最大的。

一九三四年五月二十四日圖書館揭幕，柯南特是在場的知名人士之一。馬格拉斯因病行動不便未能出席。

柯南特在揭幕儀式上說：「憑藉著剛健的性格及出色地履行他的職責，馬格拉斯在證明法醫師制度比舊的驗屍官制度優越方面發揮了重要的作用。」

古老的驗屍官職務合併了法律和醫學的責任，因此不適合複雜的現代環境……驗屍官或法醫師所面臨問題的性質是如此，因此需要用上現代科學的所有資源。檢查應該由經過專業訓練的病理學家進行，必要時他可以尋求其他相關領域的專家協助。這只有將從前驗屍官在醫療方面的職責交由專業人士處理才有可能，如同目前在麻州的體制下一樣。馬格拉斯醫師是少數……將所有的時間精力投注在這項重要工作的人之一，他為增進這職業的高水準貢獻良多。他所建立的常規不僅影響了本州的體制，而且將足以影響整個國家的慣常做法，因為舊的驗屍官制度正逐漸為法醫師制度所取代。

李也在揭幕儀式上發表演講。她說：「多年來，我一直希望在有生之年能夠做些對社會有重要價值的事。」

我由衷地因發現我效力的機會是在哈佛醫學院而感到高興。你們或許都很常聽說我心中的目標。我的願望是在此建立首屈一指的法醫學系，但是我確信法醫學系的發展無可否認地必定是循序漸進。這計畫註定是多方面發展，目前只有一小部分正在進行中……我很感激能夠有此機會讚揚你們的同事也是我的老朋友馬格拉斯醫師，他幾乎可說是開創了這個職業，他一生都致力於讓這職業臻至完善。

一九三五年一月二十六日

馬格拉斯寫信將李引介給艾倫．桂格醫師，他是洛克斐勒基金會醫學科學部主任。桂格監管了公共衛生、精神病學、基礎科學、醫學教育等領域的廣泛系列研究及先導專案。他曾參與建立西儲大學的病理學研究所，這是美國早期現代歐洲模式的病理學機構。此病理學研究所為克里夫蘭地區所有附屬醫院和大學牙醫學院服務，在具有開創性的實驗病理學家霍華德．卡斯納醫師領導下逐漸聲名顯揚。

洛克斐勒基金會在將近十年前資助了舒茲為國家研究委員會所做的調查，李詢問桂格在那之後法醫學的發展狀況。報告中列出的建議究竟有多少進展？

桂格承認一點進展也沒有。報告塵封在檔案櫃裡。從那時以來國內沒有任何一個主要管轄區採用了法醫師制度。

李請桂格幫忙擬定一項研究基金計畫，培訓專攻法醫學的醫生，就像洛克斐勒基金會在精神病學與其他醫學領域所制定的研究基金計畫那樣。

李告訴桂格，倘若法醫師制度要在全國獲得更廣泛的採用，就必須有更多年輕醫生接受法醫學的訓練。然而在大西洋這一側，沒有一所醫學院有法醫學的研究基金計畫。有了洛克斐勒基金會的資助，哈佛法醫學系將會解決這項急迫的人力欠缺問題。李告訴桂格，威斯康辛州、密西根州、俄亥俄州都迫切希望法醫學發展，只要有充分的訓練有素的人員就願意從驗屍官制度轉換過來。

李分享了一篇她寫的提案，標題是「法醫學系的綱要計畫」。一整個研究領域在她打出來的九頁提案中完全成形，包括對醫科三年級學生授課的教師，培訓法醫學專家的研究基金計畫，為驗屍官、驗屍醫生、法醫師開設的課程。這提案勾勒出一個包含教育、研究、公共服務的完整學系，遠遠超出哈佛目前為法醫學制定的資源範圍。該學系將會有毒物學家和設備齊全的實驗室，一套攝影與X光的設備，及一座收藏大量書籍、照片、教材的圖書館。

「這提案草擬得很籠統，不過有些地方我已經能夠描繪細節，有些地方還相當模糊。」李將她的計畫寫給桂格看。「當然，等我學了更多以後可能會有些改變。」李說她願意捐贈二十五萬美元給哈佛成立法醫學系──一間培育從事法醫師工作的法醫病理學家的工廠。

李所建議的簡直是從零開始建立起全新的醫學實務領域。李設想的終極目標是將法醫學系發展成法醫學研究所，處理麻州所有的法醫死亡調查案件，並充當全國各地警察部門的資源。

桂格在口述的日記中說：「我告訴她我們有興趣在這領域有些作為，並說我們特別重視讓優秀的年輕人進入這領域，從事這方面工作、為此接受訓練。」

據桂格說，李說她可以「勸服馬格拉斯醫師引領這樣的初學者」，讓一個有意願學習法醫學的年輕醫生接受研究基金計畫的培訓，她可以向馬格拉斯提出任何困難的任務，只要給她時間，她就能夠說服他。她打算制定一項計畫與馬格拉斯一起工作，只要他還能夠任職。

桂格在和李初次會面後在日記中增加了另一條簡短的備註：「想要一份法醫學的文獻目錄」。事實上，李後來變成堅持不懈的癡迷藏書家，時常向朋友熟人甚至聯邦調查局索取犯罪學、醫學、鑑識、彈道學及其他相關主題的書單。

李是股不容小覷的力量，桂格對她的決心印象深刻。他在李拜訪之後給助理的備忘錄中寫道：「李夫人大有希望成為法醫學界的盧克莉霞．莫特[2]，下次她來的時候我想讓你見見她，充分領略她務實執拗的想法。」

＊＊＊

一九三二年，紐約大學宣布要在醫學院中成立新的法醫學系。由柏衛（Bellevue）實驗室的負責人兼紐約市主任法醫師查爾斯・諾里斯醫師擔任系主任，一直到一九三五年他因心臟衰竭逝世為止。其他的教職人員包括著名的毒物學家亞歷山大・蓋特勒、米爾頓・赫爾朋，以及來自紐華克的法醫師哈里遜・馬特蘭。紐約大學的教員為醫科學生提供大學本科課程，還有法醫學、病理學、毒物學、血清學方面的研究所課程。

洛克斐勒基金會本來可以選擇在紐約大學法醫學系設立研究基金計畫，但是基金會相信應該要將資源投注在資金最有希望成功、影響最廣的地方。洛克斐勒基金會之所以選擇哈佛而非紐約大學，主要是因為李的財務支援及她個人的投入。無論如何，紐約大學最終還是開設了法醫學課程，然而李的影響力確保了這個領域最初是在哈佛具體成形。

＊＊＊

一九三四年，大約在李討論成立哈佛法醫學系的時候，李贈送她女兒法蘭西絲・馬丁及瑪莎・巴徹爾德每人三百五十股國際收割機公司的特別股。這些股票股利將帶給她們每年大約二千四百五十美元的收入，約莫等於現今的四萬四千美元。多年來李一直提供女兒同樣金額的現金，但是她認

2 盧克莉霞・莫特（Lucretia Mott）美國倡導廢奴主義、婦女權利的社會改革家。

為給她們資本將會讓她們的經濟更有保障。李回想起自己離婚時的情況，明白女性擁有獨立收入來源的重要性。

李寫信給女兒說：「很多年前我年輕、還未離婚時，我父親就贈送妳們的喬治舅舅和我同樣的禮物。雖然妳們將獲得的收入不會比現在既有的多，但是根據經驗，我知道擁有自己的資本將會多麼安心。我是懷著自豪、幸福、愛心將我這部分的資本轉讓給妳們。」

一九三四年，馬丁夫妻收養了一名女嬰蘇珊娜。幾個月後，三十二歲的法蘭西絲・馬丁感染了肺炎，於一九三五年六月十九日病逝。

＊＊＊

等到馬格拉斯在一九三二年被任命為法醫學教授時，他的肝臟已經硬化，由於反覆損傷而傷痕累累。至於他的肝硬化是因為酗酒，還是因為職業感染了肝炎病毒，或是長期接觸甲醛的後果，並沒有定論。肝臟的重要功能之一是清除血液中的雜質，當肝臟衰竭，血流中的氨和其他廢物就會逐漸堆積。罹患肝衰竭的人經常會感到疲倦，也可能變得頭腦不清楚或失去判斷力。由於肝臟也參與產生凝血因子的工作，因此肝硬化還會增加瘀傷和出血的風險。

有些人注意到馬格拉斯的外表有些變化。他才六十出頭，看起來卻老得多。他走路步履不穩，皮膚好像披垂在身體上。內科醫生羅傑・李醫師經常將馬格拉斯的健康狀況告知李。

他寫信給李：「喬治似乎心情非常愉快。在起初那種虛假的熱情友好消失後，我們聊得非常愉快。目前他表面上看起來非常好，但是我想在這表象之後是極度的虛弱。」

醫師試圖控制馬格拉斯不規律的作息時間和頻繁飲酒的習慣，並開異戊巴比妥的藥物給他，幫助他晚上入睡。還有一次他告訴李：「我們關於喬治的報告顯示，他仍然持續夜間活動的習慣，似乎沒有太大的不同。」

李在經濟上對家人的慷慨也延伸到馬格拉斯，除了開設聯名帳戶不斷為他儲備基金外，馬格拉斯退休後，李買了一輛帕卡德汽車給他，比服務他多年的福特T型車薩弗克蘇大相當多，而且更為舒適。她還支付馬格拉斯的汽車停放在車庫的費用。

一九三五年秋天，日益惡化的健康狀況迫使馬格拉斯辭去法醫師的職務。只要身體狀況允許，他就繼續在哈佛的教學活動，並持續參與合唱團及划船組織。

麻州聯邦政府給馬格拉斯一年兩千兩百五十美元的退休金，而哈佛為他多年的服務所提供的退休金總額一年不到一百五十美元。李告訴醫學院院長席德尼．波維爾博士，一年兩千四百美元不足以維持馬格拉斯的生活。波維爾與馬格拉斯談過後，同意馬格拉斯每個月需要再多一百美元才能夠維持他慣常的生活方式。李提議，假如哈佛支付相符的金額，她願意提供一年六百美元，她的那部分則透過大學付給馬格拉斯。波維爾在這場談話的備忘錄中寫著：「不必把她推到檯面上。我認為對於一位從一八九八年任教以來就為這所大學投入大量時間，而且拿到可觀薪水僅有幾年的人，我們應當採取一些行動。」由於有李私下協助支援馬格拉斯，哈佛同意了這個不同尋常的退休金安排。

* * *

隨著馬格拉斯在哈佛花費的時間更多，李的法醫學系也需要更多的辦公空間。她看中了E1大樓三樓藥理學系使用的幾間辦公室，藥理學系主任是知名的醫生瑞德．韓特博士，他是美國藥理學的先驅之一。

李尤其想要三〇七室，她說這裡將是完全符合馬格拉斯要求的書房，可以將隔壁三〇六室的空間騰出來當作實驗室。李問醫學院院長是否可以安排讓她擁有那間房間。韓特一點也不願意，他不打算為這樣含混不明的企圖讓出他的任何空間。

韓特寫信給院長說：「一座法醫學圖書館有點像笑話，除非是想要收藏一些舊書，以證明人對毒物的看法多麼荒謬。我毫不懷疑馬格拉斯醫師收集了一些有意思的案例紀錄，其中有些或許相當有趣；但是他似乎沒有發表過任何相關的文章。我將近二十五年不記得看過他的任何出版品，而且他一年只給學生上六堂課。」

三〇七室尤其不可能，韓特拒絕讓出來。那間房間裡存放了與《美國藥典》相關的紀錄，以及測試大麻製品所用的實驗室器材，這些測試必須在安靜、隔離的地方進行。

李並不接受這個答案，她向哈佛大學校長詹姆斯．柯南特提出異議。她寫信給柯南特：「我很不願意索討（三〇七室），因為您一直非常寬容地答允我之前的要求，但是我們真的很需要那間房間。」

柯南特寫了一封信給李，告知她很遺憾地三〇七室無法使用。李讓柯南特的回應悶了將近三個月，然後寫了一封短箋：

「自從接到您的來信……自然地感到十分失望，我一直認真思考您不准許法醫學系使用三〇七室的決定，我愈思考愈想知道您是否願意重新考慮。」

李指出韓特再過兩年就到達強制退休年齡，所以無論如何那個空間很快就會空出來。同時，在走廊對面還有一些空房間，韓特可以用來儲存他目前放在三〇七室的資料。

李最後寫道：「因此，我覺得我無法任由這項決定如此通過而不提出抗議，並請求您再進一步研究這個問題。」

李為法醫學系爭取到了三〇七室。再一次她利用自己的財富及影響力來實現推動法醫學研究的目標。

一九三五年五月十六日

李拜訪了最近更名為聯邦調查局的年輕局長約翰·胡佛，為了引起他對法醫學學科的注意。

聯邦調查局是國家刑事鑑定局的衍生物，該局於一八九六年成立，集中收集照片及貝迪永人體測量法的資料。最初總部設在芝加哥的國家刑事鑑定局，亦稱為國家刑事鑑定局，在一九〇二年遷至華盛頓特區。一直到一九二四年國家刑事鑑定局被美國司法部底下的調查局合併，其資料庫才包括指紋。

在胡佛任期的大多數時間裡，聯邦調查局的主要工作是執行禁酒法、根除集團犯罪、調查銀行搶劫案。該局的任務到一九三二年三月發生了戲劇性的變化，當時飛行員查爾斯·林白與妻子安妮·林白一歲八個月大的兒子在他們紐澤西的家中遭人綁架。林白曾獨自飛越大西洋，是美國家喻戶曉的人物。

國會對小查爾斯·林白綁架謀殺案作出的回應是通過聯邦綁架法案，賦予調查局調查綁架案的權力。聯邦調查局發現的鑑識證據——在犯罪現場找到的自製梯子所使用的木板上有工具痕跡——在證明被指控的綁匪布魯諾·霍普曼有罪時發揮了重要作用。

調查林白嬰兒綁架謀殺案時所學到的科學專門知識成為聯邦調查局技術實驗室的基礎，該實驗室是在綁架案發生大約六個月後成立的，現在的正式名稱是聯邦調查局科學犯罪偵查實驗室，這並不是國內首座犯罪實驗室。第一名的殊榮屬於洛杉磯警察局，那裡的犯罪實驗室建立於一九二三年。

一九三五年五月十六日下午，李帶著馬格拉斯寫的介紹信，靠她的魅力安排與胡佛會面。在李拜訪的時候，胡佛正忙著創辦國家警察培訓中心，也就是聯邦調查局國家學院的前身。胡佛並不特別樂於接受女人的意見。他在一九二四年當上調查局局長時，解僱了所有女性探員，並且禁止僱用她們擔任這些職位。

儘管如此，在李參觀完聯邦調查局大樓並且讓人採集了她的指紋歸於該局的國民身分證明檔案中後，胡佛還是和她見了面。根據調查部副主任H．克萊格所寫的備忘錄，李描述了她對哈佛法醫學系的計畫，並且鼓勵胡佛讓聯邦調查局特別探員接受法醫學的訓練，正確指出該局的調查技術缺乏醫學方面的專業知識。她提起國家研究委員會的報告，說明聯邦調查局可以擔負起為法醫學提供國家資源的任務。

李指出聯邦調查局缺乏法醫學的專業知識，這些知識在調查可疑或暴力造成的死亡案件時可能至關重要。為了建立起合作關係，李告訴胡佛，波士頓有法醫學專家的意見可以協助聯邦調查局調查涉及死亡的案件。「她表明她希望不時得到一些幫助和建議。」克萊格寫道。

L．施德負責該局的指紋部門，他為後來聯邦調查局保存的李的檔案寫了一份備忘錄。施德在備忘錄中寫著：「這位女士對成立一所隸屬於哈佛醫學院的法醫學系很感興趣。她給我的印象是非常聰明、機敏、雄心勃勃，我相信她會非常積極地投入她的計畫中。」

＊＊＊

李的父親約翰．雅各．格雷斯納在一九三六年一月二十日過世，離他九十三歲生日還不到一週。

當他們鍾愛的草原大道街區被商業大樓包圍，格雷斯納夫婦是最後一批拒不搬離的住戶。一九二四年，這對夫妻簽訂契約將他們的家轉讓給美國建築師學會，條件是格雷斯納夫婦可以繼續住在這間屋裡度過餘生。契約中還包含一項規定，那就是屋子的建築師亨利・理查森的照片要永久保存在屋內的圖書館中。

一九三六年四月七日，李和她的嫂子愛莉絲・格雷斯納主辦了週一晨間閱讀班的重聚活動，在屋子所有權轉移給美國建築師學會前，最後一次拜訪這標誌性的宅第。《芝加哥論壇報》社交版提及這個在上一代「被認為是芝加哥數一數二高級、時尚的團體」的消逝。

接收格雷斯納的屋子幾個月後，美國建築師學會了解到若要符合該機構的使用目的，需要花費一萬到兩萬五千美元重新裝修房子。他們無法籌措到這筆金額，因此建築師投票將這房產歸還給格雷斯納家。最後，李和愛莉絲・格雷斯納將這棟宅第捐給阿莫理工學院，當成職業性向測驗中心。

＊＊＊

從法醫師職位退休後，馬格拉斯想要將注意力轉向他任職法醫師的三十年間所收集的文件和紀錄，包括像薩柯與范澤蒂調查那樣引人注目的案例。也許他終於有時間發表與他工作相關的作品。他希望寫一本書。阻礙他的是威廉・布里克利醫師，他接替馬格拉斯擔任薩弗克郡北區的法醫師。布里克利認為官方紀錄屬於法醫室，並非馬格拉斯的私人財產。

李解決了這個僵局。她向波維爾提議任用布里克利當法醫學系講師。學校請布里克利每年講兩、三次課，並派學生協助驗屍。李將自掏腰包提供一筆合理的報酬。然而，她說，除非在馬格拉斯職業生涯中所積聚的案例紀錄、幻燈片、底片、照片、顯微鏡載玻片，以及其他所有資料都存放在法醫學系，否則不該任用布里克利。

李對波維爾說：「倘若馬格拉斯醫師要撰寫他的書，這是他友人殷切的希望，那麼當務之急是將他畢生所有的工作成果擺在醫學院辦公室裡，隨時供他使用。」

布里克利答應了。從那時起，布里克利和薩弗克郡南區的法醫師提摩西．李瑞醫生都受聘成為哈佛法醫學教師，薪水由李支付。

7 三腳凳

一九三六年五月二十三日

李遞交一份正式的法醫學系提案給醫學院院長波維爾。那將是個設備齊全的完整學系，從事教學、研究，並培育合格的法醫師。

李打算總共給哈佛大學二十五萬美元，包括一千零五十股國際收割機公司的特別股、少量的其他股票和債券，以及一萬兩千三百一十九點四四美元的現金。根據她的計算，這些股票股利一年將會產生大約一萬五千美元資助法醫學系，其餘再由哈佛提供的資金補貼。李表示她還會在遺囑中留給哈佛額外的二十五萬美元，以持續資助該系。私底下，她的計畫更宏大。同一時期另一份已草擬但未執行的遺囑，要撥款一百萬美元給哈佛。

在她的提案中，李主動提出要支付馬格拉斯個人的薪水一直到他退休，同時繼續僱用一位兼職祕書和一名圖書管理員。李的贈禮有兩項要求：「第一，在我讓您免除這項條款前不得透露我的姓名，第二，喬治・柏吉斯・馬格拉斯醫師的名字將永存於（該系），形式隨您出色的品味決定即可。」

這項提案包括李要求讓她繼續積極參與法醫學系的工作。她寫道：「若是可以為我保留不時為圖書館增添更多書籍，或在有特殊需求時可以提供一些必要設備的特權，我將會感到非常榮幸。」

馬格拉斯比李年長七歲，將近六十五歲了，他的健康狀況迅速下滑。他的行動能力與心智官能日益惡化，多次住進菲利普斯之家。李知道她朋友所剩能夠有生產力的時間不多了。她告訴波維爾與桂格，除非醫學院真心誠意地努力、投入必要的資源來發展法醫學系，哈佛將不會獲得更多的資金。

這個最後通牒奏效了。醫學院院長席德尼・波維爾召集委員會思考法醫學在哈佛的前景，由S・吳爾巴博士擔任主席，他是醫學院病理學系的系主任。在首次會議上，委員會全體一致同意他們在法醫學領域有機會成為先驅。這任務的規模似乎極為龐大，需要招募專門的教師、建立新的實驗室，並且要在現有的醫學院建築物中找到足夠的空間來容納一切。倘若按照李的計畫發展，法醫學系最終很可能需要在哈佛校園裡擁有自己的大樓。

吳爾巴寫信給洛克斐勒基金會的桂格，為他的使命請求支援。吳爾巴寫道：。「我很不幸地當上委員會的主席，負責考慮法醫學在哈佛大學的未來。您當然知道原因，這是個大好良機，可以獲得李夫人可觀的捐贈，金額甚至可能高達百萬美元。然而委員會的問題是要滿足李夫人的要求，構建完成一所適合哈佛大學的機構。」

哈佛法醫學系或研究所可以為麻州各地的社區提供公共服務，並影響全國的法醫學領域。無論潛力有多大，吳爾巴對於要發展新的醫學實務領域所涉及的工作規模表示疑慮。他說：「即使有百萬美元的捐贈，這問題似乎仍然毫無希望。」

一九三六年十二月十一日，在委員會的第二次會議上，該小組最後下結論說他們努力尋找馬格拉斯的繼任者，但「無法保證找得到具備所有必需資格的人」，根據會議紀錄的記載：「很可能需要挑選一名年輕人，提供他出國旅行學習的資金。」

＊＊＊

艾倫．莫里茲是個聰明有抱負、期望揚名的年輕病理學家。土生土長於內布拉斯加州的莫里茲在維也納學習了一年，再到克里夫蘭湖畔醫院當病理學住院醫師。到三十八歲時，莫里茲已是克里夫蘭大學醫院的病理部主管，並且是西儲大學著名的病理學研究所的病理學副教授，為霍華德．卡斯納所長的得力助手。

莫里茲覺得他的職業生涯遇到了瓶頸。他夢想中的病理學研究所所長的工作似乎遙不可及。卡斯納沒有顯示出任何快要退休的跡象，而研究所副所長哈利．哥德布拉特博士還很年輕，足以接替卡斯納的職位很多年。莫里茲說：「我是組織中的第三號人物，我還需要很長的時間才能得到我想要的工作，那就是卡斯納博士目前的工作。」

莫里茲的名字出現在發展哈佛醫學院法醫學系的最終候選人名單上。當時美國沒有一位病理學家具備從事這項工作所需的經歷及專業知識，因此波維爾和諮詢委員會決定找出最優秀的病理學家，讓他接受法醫學的訓練。

病理學經歷對法醫師來說是很好的基礎，可是其他醫學實務領域並沒有教授法醫學所需要的專門知識。了解嚴重外傷，包括鈍傷、刺傷、槍傷、壓碾傷，以及溺死、火災受害者、窒息、中毒的影響是法醫學學科的關鍵要素，然而傳統醫學院之路經常忽視這方面的訓練。對醫生來說，撕裂傷就是需要縫合治癒的傷口。他不需要知道如何辨別傷口形成的方向。醫學院課程不包括如何判斷槍傷是否是自己造成、死後的變化、腐化的階段，或者檢視骨骼殘骸。

轉向法醫學的職業生涯前景激起莫里茲的興趣。這仍然是個相當新的領域，帶來開拓新天地的機會。擁有李支援這計畫的財力，哈佛可以做些其他醫學院從未做過的事。

「好幾所學校都有所謂的法醫學系，但是都只不過是有人偶爾來講幾堂課，有些業餘的興趣罷了。哈佛是美國唯一真正給予法醫學應得關注的醫學院。」莫里茲說。

莫里茲於一九三七年二月拜訪哈佛，與波維爾和李會面。他說：「我對這個法律和醫學之間的新領域的法律層面知之甚少，甚至一無所知。哈佛知道這點，洛克斐勒基金會也曉得。」儘管如此，莫里茲仍然得到了這份工作。

在哈佛建立法醫學系的前景十分誘人。莫里茲在會面後寫信給波維爾：「我愈考慮愈覺得這樣的發展似乎很吸引人。據我所知，美國沒有比哈佛更適合從事醫學方面的開創性工作，因為美國醫學有許多進展在此獲得動力。」雖然如此，要做這麼重大的決定他還是得慎重考慮。倘若沒有哈佛的一些保證，他為了從零開始建立新的學系把家人遷移到另一座城市是極大的風險。「我在病理學領域有些成就，也投入大量的時間和努力，而今要離開一般病理學界，放棄在好醫學院裡的好職位，到海外留學兩年，回來面臨的是無保障的副教授任期、比目前低很多的收入，又無法保證有建立學系的充足預算，那就是拿我自己的未來當賭注。簡而言之，我認為這樣的提議表示對我缺乏信心，抑或是欠缺成立新學系的財力或欲望，儘管我覺得這學系應當成立，但在這種情況下我無法考慮接受這個提議。」

為了讓莫里茲接下這份工作，雙方達成協議，給予莫里茲正教授職位，並且承諾提供充足的財力支援發展法醫學系。

李對莫里茲的第一印象十分平淡，雖然他身為病理學家的能力無庸置疑。莫里茲是個能幹的研究人員，近來多半從事血管疾病的研究。大多數見過莫里茲的人都對他的病理學知識和迷人的個人特質印象深刻，但是李覺得莫里茲缺乏政治敏感度。她懷疑他如何承受得住公眾壓力的考驗，那是法醫師經常發現自己得面對的。

不過李馬上就對哈佛醫學院法醫學系的新任系主任產生好感，不久他們將會組成持久的夥伴關係。

一九三七年九月一日

艾倫．莫里茲受聘成為哈佛的法醫學教授及該系的系主任。他旋即出發到海外進修兩年，調查歐洲幾個主要城市的法醫學實務情況。在第二次世界大戰的激烈衝突期間，莫里茲在他的妻子葳瑪和兩個年幼的女兒陪伴下旅居了兩年。他不在哈佛時，學系的活動暫停，沒有培訓任何醫生，因為馬格拉斯殘疾的雙手限制他的教學能力。莫里茲面臨從頭開始重建學系的任務。

莫里茲的進修一開始是先跟約翰．格萊斯特博士與席尼．史密斯博士學習六個月，約翰．格萊斯特博士是格拉斯哥皇家醫院醫學院的法醫學及公共衛生教授，席尼．史密斯博士則是愛丁堡大學的法醫學教授。史密斯和格萊斯特兩人都是備受推崇的鑑識科學家，曾參與調查巴克．魯克頓醫師的案件，這名英國醫生在一九三五年因謀殺了他的同居配偶伊莎貝拉和她的女傭瑪麗．羅格森而被判有罪。伊莎貝拉．魯克頓與羅格森的屍體遭到肢解毀壞，去除了指紋和臉部特徵以妨礙警方辨認她們的身分。這是謀殺案審判中頭一次使用鑑識攝影當成證據。

沒過多久莫里茲就對他的新研究領域得出一些基本結論。他寫信給波維爾說：「去年夏天我對法醫學系的組織和功能只有模糊的概念。儘管我在格拉斯哥研習不到兩個月，但是我在這裡的整段期間獲得了一些結論，我相信這些結論不會因為有更多的經歷而有所改變。」

其中一個明顯的結論是法醫學系將會需要穩定的材料供應——屍體。沒有屍體可以檢查將會很難教授驗屍。莫里茲與哈佛大學和法醫室都沒有任何公務上的聯繫，因此需要和能夠提供這類材料的現存機構建立起某種關係。

莫里茲發現的另一點是，大家對於法醫學的實務範圍缺乏共識。在有些地方，法醫學涵蓋了工業衛生，這在今日會視為是職場安全或職業醫學。歐洲和美國還有些權威認為法醫學應該包括犯罪心理和行為方面的研究。今天，有關精神失常與刑事責任的問題是屬於司法精神醫學的範疇，而非法醫學。

有些法醫學系參與所有科學方面的犯罪調查。他們解剖屍體，擁有毒物學和血型鑑定的實驗室，同時也鑑定指紋、分析彈道和微量跡證。

莫里茲寫信給哈佛醫學院病理學系主任吳爾巴：「我強迫自己深入研究構成法醫學實務各式各樣的活動，範圍從指紋分類一直到青少年犯罪。結果讓我比以前更堅定地相信，法醫學實務包山包海會讓從事法醫師的人變成萬事通，進而喪失他的用處。」

所以美國的法醫學實務究竟是怎麼樣？或者應該是什麼？莫里茲開始釐清他的頭緒。

「到目前為止我最大的問題是，對於哈佛大學法醫學系應該是什麼，我還沒有多少明確的想法。」莫里茲寫信給李：

哈佛大學法醫學系應該是病理學，因為判定死亡原因基本上是最重要的，但是與一般病理學實務不同，因為除了具有醫學重要性的事實外，所有對法律而言可能具有重要性的醫學證據都必須查明……頭皮的多處傷口、頭骨的粉碎複雜性骨折、腦部撕裂傷的病理診斷，符合特定情況下一般的醫療需求。法醫專家可能除了這樣的診斷外還要再補充一些意見，例如死者在死亡時有受到酒精的影響、他已經死亡四到十二個小時、屍體發現的地方並非死亡的地點、他的死亡是他殺而非自殺、他是遭沉重的鈍器擊打致死、攻擊者是名女性、頭髮染成黑色、皮膚被死者深深抓傷。

法醫專家應該充當代表政府的法醫師，視情況需要盡可能澈底調查所有暴力、可疑或突然死亡的案例。他應當負責為警方檢查醫學證據，調查所有政府可能要負責補償死者財產的死亡案例。他應該在法庭上擔任訴訟的醫學方面的顧問及證人。

莫里茲在歐洲的時候，李和莫里茲透過通信發展出友好融洽的關係。他們一星期書信往來好幾次，分享法醫學系發展的消息和最新情況。李有一些大計畫要趁他不在的期間推進。莫里茲在海外的時候，李在國內忙著將事情安排妥當等待他回來。她從先前的手術治療復原後開始監督辦公室的清理和翻修，繼續積極地為馬格拉斯圖書館購入書籍。

李向東岸各地的書商寄出訂購單和請求。她想要任何可能與犯罪學或法醫學有些微相關的文稿或期刊。莫里茲為圖書館推薦一些當代書籍。李還安排將只有外文版本的書翻譯成英文。醫學院圖書館不只一次表達想要將馬格拉斯圖書館併入其較大的館藏中，如此一來所有的參考資料都能在哈佛校園內的一棟大樓裡找到。李堅決反對她的藏書歸入醫學圖書館。

她寫信給莫里茲說：「我收到哈佛醫學院圖書館館員霍爾特小姐的來信，霍爾特小姐極想全權負責我們的系圖書館，甚至想將系圖搬到她自己的管轄區，我當然反對……事先告知你一聲以免我們的圖書館被奪走。」

李對她投注大量金錢與精力收集來的書籍有強烈的情感。她甚至不希望馬格拉斯圖書館的任何一本書被借出去。她的收藏包括許多稀有珍貴的書本和無可取代的原始文件。花費那麼多時間積聚這些藏書，遺失任何一本的殘缺都是無法忍受的。她告訴波維爾：「我不想隨意行事，非常希望無論在任何情況或任何時候，所有書都不要從系圖書館的所在地移到其他任何場所，或是給其他任何人。」

最後他們與霍爾特小姐和醫學院圖書館達成妥協，製作了三套完整的目錄卡片——一套是供馬格拉斯圖書館使用，一套是給醫學圖書館總館，還有一套供李保存在岩石山莊的家中。李補償了哈佛為她複製卡片目錄所花費的六十六美元。

波維爾寫了一份備忘錄記下他與李討論馬格拉斯圖書館的談話。他說：「她贊成讓馬格拉斯圖書館與總圖書館聯繫得更加密切的想法，但是相當清楚地表達她現在不想和總館合併的理由。她提議寫封信給我將她的要求紀錄下來，她要求馬格拉斯圖書館永遠保持是自成系統的單位，儘管未來有一天可能會被放置在總館的特定區域。我同意這點，因為事實上這是一批主題相對一致的書籍。」

在這份備忘錄中波維爾最後的評論是更新李捐贈的消息：「她讓我相信在不久的將來她會不時幫點小忙，然後在一、兩年內將會有相當大筆的捐贈。」

＊＊＊

一九三八年秋天，李的念頭轉向即將到來的世界博覽會，那是紐約市所籌畫的博覽會，將於一九三九到一九四〇年舉行。她認為即將舉行的博覽會是教育大眾有關現代法醫師制度的大好機會。她聯繫了湯瑪斯・岡薩雷斯醫生，他是接替諾里斯擔任紐約市主任法醫師的醫生，想知道他的機構是否計畫在世界博覽會上舉辦展覽。

岡薩雷斯告訴李在紐約市大樓的展覽計畫要描繪法醫室的工作。另一項仍在形成階段的展覽計畫在公共衛生與醫學大樓舉行，描繪各方面的犯罪防治及犯罪偵查。李將世界博覽會的訊息轉告給在愛丁堡的莫里茲。他回覆說：「我非常希望能夠利用紐約博覽會上大好的廣告機會，為法醫學帶來好處。」

莫里茲建議預計在公共衛生與醫學大樓舉辦的展覽可以包含一系列的展覽牆板，說明需要法醫師專業知識的常見情況。每塊展覽牆板上都要有幅圖畫——「精心設計得具有戲劇性但不觸目驚心。」莫里茲說，並且簡短描述假設的案例，包括：

1. 一場涉及兩輛車的車禍，其中一名駕駛在事故中死亡。事故之所以發生是因為死去的駕駛喪失某種能力嗎？駕駛是死於疾病還是車禍？
2. 槍傷致死。是自殺還是他殺？
3. 一氧化碳中毒死亡。是自殺還是可能患了某種疾病或酒醉引發的意外？
4. 被發現死在水中。是意外還是他殺？
5. 在可疑情況下的死亡。是死於自然原因、毒物，或是不明的機械傷害？
6. 不明原因的死亡。是死於健康問題，還是某種意外，抑或在工作期間遭受了某種特殊傷害？

莫里茲人在海外，對這項計畫幾乎幫不上什麼忙。他請李去研究世界博覽會的展覽。他告訴李：「如果您認為除非我們採取行動否則什麼都無法完成，那麼我想儘管我在大西洋這一岸諸多不便，但我們最好還是開始忙碌起來。」

李很清楚為了將法醫師引進全國各地需要改變法律和其他的改善，這些都亟需公眾的支持，因此她建議努力向外推廣，讓作家對法醫學產生興趣。

波維爾在某次與李談話後紀錄：「她提議了各種不同的活動方式讓外行人了解法醫學領域的重

要性，包括爭取寇特尼．庫柏的支持，他是位專業作家，可能會為《星期六晚間郵報》或其他雜誌準備一篇有關這領域的文章。」

＊＊＊

一九三八年十二月的某天下午，馬格拉斯偶然遇見老朋友羅伯特．布雷克，他是馬格拉斯的舉手同伴，一八九九年畢業於哈佛。布雷克告知馬格拉斯他們一位年長的共同朋友最近因為心臟病突發過世了。馬格拉斯雖然難過但是態度豁達。

他說：「時候到來的時候就是這樣，我好奇下一個會是誰？」

不到二十四小時後，一九三八年十二月十一日，馬格拉斯去世了，享年六十八歲。

李向莫里茲描述了他死亡的情況，莫里茲只在出發到歐洲前與馬格拉斯短暫見過一面。她寫道：「從你見過他之後，他的健康日益惡化，但是他並沒有停止平常的活動。在過世的那天，他像平常一樣打算去參加音樂排練，結果在浴缸裡病發。他立刻得到援助。他抱怨眼睛上方劇烈頭痛，不久就陷入昏迷，再也沒有醒過來。前後不過是八個小時左右的事。驗屍結果證明死因是腦出血。」

李對她的良師摯友馬格拉斯的過世感到深切的失落。馬格拉斯去世時或許並不知道，多年前他在菲利普斯之家所說的，那番有關人體內臟之美的評論對李的啟發有多大。那番微不足道的言論促成她長達多年的旅程，讓她負起從圖書館到博物館，從醫學研究到深奧晦澀學科的使命。

「我在十幾間圖書館如飢似渴地閱讀了好幾星期，不對，是好幾年，除此之外還積累了一間我自己的小型但特別有效的圖書館。我在博物館工作，僱用專門的攝影師，到任何找得到資料的地方收集資料。每樣東西都必須研究一點，包括解剖學和生理學（兩者對我來說都並非完全陌生）、醫學史，還有許多關於書籍製作與裝訂、泥金裝飾手抄本和刻字，以及聖人的一生等書，另外還有關於藝術、寶石、色彩、象徵主義、音樂、植物學、魚類的書籍，有關野蠻人的信仰習俗的記述，古老宗教文化的歷史，包括埃及、亞述、迦勒底、巴比倫、希臘、羅馬，再到歐洲的中世紀、美洲的印第安文明，一直到現代的時間與地點。」

在建立法醫學系的同時，李還花費好幾年的時間寫了一本書。她創作了一份令人驚嘆的四百頁手稿，打算送給馬格拉斯當禮物，由她親手書寫、繪圖、刻字，標題是《圖畫、詩歌、音樂中的圖解解剖學》（*An Anatomography in Picture, Verse and Music*）。

李在附函中解釋，「Anatomography 是個自家杜撰讀的新詞，因此想必是偽造的，意指 graphic anatomy（圖解的解剖學）」。她的書是對人體之美的讚頌，以詩歌及圖像表達出來。

這本書是以史詩的形式講述一個故事，採用奧瑪．珈音《魯拜集》的格律寫了一連串的四行詩，敘述「一位印第安神祇無緣無故地從遙遠的西部被派去波士頓懲罰印第安的東風神，在那裡遭到背叛，於公眾花園慘遭謀殺，屍體被送到你的北區停屍間」。她在信中說：「他的兒子前來指認、領回遺骸並以適當的印第安作風埋葬。遺骸消失，卻有部分再次出現在哈佛醫學院的容器裡，在那裡大家將遺骸聚集在一起並加以描繪。」

李的書與一般的書不同，必須以獨特的方式閱讀。每兩頁的版面得要放在一起看。閱讀她手稿的理想方法是先讀右邊頁面的標題（倘若有的話），然後再讀左頁的莎士比亞引文。接下來，讀者會被引導到旁註和相應的四行詩。在寫給馬格拉斯的信中，李說這樣的旁注在古代文獻中曾被用來當成一種索引。

打開腹部且發現
扭曲的腸子，內襯由天鵝絨般
扇形的腸繫膜覆蓋，繫住
井井有條纏繞在一起的混亂

汝等錯綜複雜的
問題

親愛可人的肺臟，藍黑的斑點滿布，
你們將陰暗骯髒的物質包覆在胸腔，
沒有你們我無法存活，我竭力
保護你們免受肺炎侵襲

汝等空氣的城堡

脛骨和腓骨合作無間
撐起人的頭部與心臟。
少了它們人體就無法連貫，
頭部與雙腳將會各自分散

汝等連結的
紐帶

皮膚，我們人類有非常多
滿是毛孔、皮脂腺等等
誘人、絲滑、柔軟甜美——
噢男人，承認吧！有些皮膚你喜歡
觸碰！

汝等觸覺的
策略

除了脊椎骨、髕骨、副甲狀腺、腎上腺、外生殖器之外，《解剖學圖說》描繪了人體所有的器官和組織。李為她的書挑選的藝術作品富含象徵主義、古典的標識，以及對馬格拉斯和她自己具有特別意義的圖像。

她寫道：「童年時期我從我們親愛的共同朋友艾薩克．史考特那裡受過非常多繪畫能力與設計的訓練，他是我所認識性格極為溫柔可愛的人。我相信你一定會在這些頁面各處認出唯有他才能啟發的線條。」

她聘請攝影師紀錄馬格拉斯生活的各個方面，例如查爾斯河上的聯合划船俱樂部、聖波托夫俱樂部、北格羅夫街停屍間裡的冰櫃，將其納入書中。每幅圖像中都隱藏著層層含意。在設計元素中她挑選了某些枝葉、花卉、動物，尤其是魚，她用魚當成她自己的「標誌」。例如，在書中某頁所畫的海草插圖是蔓藻，俗稱死者的繩索，而在手稿中反覆出現的橡樹葉代表力量與獨立。另外手稿中描繪了載送剛亡故的死者渡過冥河及悲愴之河的擺渡人卡戎，李說因為馬格拉斯是最早的槳手。偽裝成花卉，裝飾在某頁上的，是馬格拉斯和她自己的指紋。

書的最後幾頁以傑克遜港鯊的卵鞘開始（因為馬格拉斯出生於密西根州傑克遜市），最終頁則是一副魚骨架，她說明這表示開始與結束，誕生及死亡。整體說來，李的手稿是在深思生死以及不朽、靈魂消逝的偉大奧祕。

李在寫給馬格拉斯的信中說明她的手稿。「如同我做過的其他所有事情，這件事是無意中遇上的。這是件非常引人入勝又極為有趣的工作，帶領我走過許多在此之前從未踏足的小徑。」

李的《解剖學圖說》、法醫學系，及其餘生的使命，全都源自馬格拉斯那句述說人體內臟之美的評論。她寫道：「或許在這裡應該說，你隨意表達出來而我不經意接受的這個想法，成為哈佛醫學院法醫學系和喬治．馬格拉斯法醫學圖書館萌芽的微小發端。」

對李而言，創作《解剖學圖說》有療癒效果。她當時處於人生的低谷。彷彿一層遮蔽物被掀起，光線照亮了前方的道路，這條路會通往何處，她無從得知。但是她找到了需要發揮智慧全心投入的主題，以及重新燃起的使命感。

我想這書本身就是一種重生。它帶來健康快樂，以及更寬廣的前景和更寬大的包容力，並增進思考與學習的能力，為創造此書的人帶來內心的寧靜平和。你不相信你的想法真的宛如奇蹟嗎？我確信那就是奇蹟。所以且讓我表達欠你的感謝之情吧，首先是感謝你提出的想法，其次是由於這想法，我接觸到許多帶給我愉快滿足的和面目一新的事物，最後一點，也最重要的，是你的精神感召讓我每寫一筆或每畫一筆都感覺喜悅和受到激勵。坦白說，我將這點胡言亂語呈現在你面前時內心忐忑不安，因為你知識正確、品味完美、對細節一絲不苟，可是除了你以外沒有人會更和善地對待我的作品，或是更寬容地給予評斷。不過既然這是你自己隨口所說的話的產物，而且我了解實際執行的價值遠不如這想法本身，因此我膽敢以謙卑尊敬的態度將此書獻給你，確信你會抱著真誠的敬意和由衷的情感與我一起欣賞這個玩笑、讚許我的看法。

沒有證據顯示李曾經將《解剖學圖說》的手稿或這封信交給馬格拉斯。也許她覺得這本書不恰當，抑或者是她始終沒有完成。

＊＊＊

李說服莫里茲留下麻州本地人帕克．葛拉斯擔任他在哈佛的助理，帕克．葛拉斯是馬格拉斯在法醫室的兼職祕書。在莫里茲當研究員的期間，為了繼續僱用他，李安排葛拉斯在希考克斯祕書學校接受訓練，他在那裡磨礪聽寫、歸檔、醫學速記的技巧。

葛拉斯覺得有責任在馬格拉斯過世後繼續他的工作。他寫給李說：「儘管我們為（馬格拉斯）醫師所做的工作以及他自己開始的工作永遠無法完成，但是我們將竭盡全力實行從去年十二月接手的工作。即使只分擔了一小部分的任務我也感到很滿足。您在保護他這麼多年後，肯定覺得非常滿足吧。」

葛拉斯清理了馬格拉斯在波爾斯頓街二七四號的舊辦公室。保留馬格拉斯的一八一號車牌給莫里茲的汽車使用是他的主意。除了數字組合稀有之外，這車牌對李而言具有象徵性的意義，她必須運用她的影響力來阻止車牌重新流通。

李告訴莫里茲：「這是官方的車牌號碼，在他的時代所有的車子看到這車牌都會停下來，不是受到指示，而是出於禮貌。基於馬格拉斯醫師的名聲與地位，你想要的話我可以幫你拿到這個號碼。他的妹妹馬格拉斯小姐希望接替她哥哥在醫學院職位的你擁有這塊車牌。」

隨著成為訓練有素的法醫病理學家的莫里茲就任，李看見了機會，可藉由改變法律賦予法醫師獨立的管轄權，藉以改革麻州的死亡調查使其步入現代化。馬格拉斯逝世後不久，她在寫給席德尼．波維爾的信中概述了她的想法：「這是開始改進麻州法醫師制度的大好時機，麻州在法醫學事務上向來領先，但是現在紐約和紐澤西州的艾塞克斯郡已經超前，甚至有些中西部的州也走到前頭。」

李建議建立一個遍及全州的制度，在波士頓設立集中管理的法醫室，在那裡進行驗屍。另外總部也將成立集中控管的毒物和彈道實驗室，為全州各地的調查提供服務。李說法醫室應該設置在哈佛，任命一人——最好是莫里茲——擔任該州的主任法醫師，另有兩名助理和兩位副手。讓法醫室與哈佛醫學院保持密切關係，也可以解決為法醫學系學生和研究員提供遺體的問題。州內各地區現任兼職法醫師的職責將不會改變。他們的薪資與活動將會照舊，但是他們將可以自由獲取波士頓的專業知識。

這或許不是完美的制度，不過是朝正確方向邁進一步。更重要的是，李的計畫找到了減少引起政治紛擾的路徑。她對波維爾說：「這不需要比現在花費更多錢，也不會造成聲望損失，或者減少出於政治目的而委任的職位數量。」

李敦促波維爾和她一起拜訪列維瑞特．索頓史托州長與保羅．戴佛檢察長，以推行遍及全州的現代法醫師制度。李說：「因為需要立法，所以必須現在就著手。」

波維爾當時不願一起爭取，李富有遠見的提案毫無結果。麻州全州一直到一九八三年才採納法醫師制度。

＊＊＊

艾倫．莫里茲的進修之旅拜訪了英國、丹麥、德國、奧地利、瑞士、法國、埃及。他在愛丁堡、格拉斯哥、倫敦、巴黎、馬賽、柏林、漢堡、波昂、慕尼黑、維也納、格拉茲獲得第一手的法醫學經驗。莫里茲對於在埃及開羅的聯邦研究所學得的一切感到驚喜。他原以為會看到缺乏訓練的員工在簡陋的環境中工作，然而他卻發現這個設備齊全的中央機構主導埃及國內所有的驗屍工作。這機構一直很忙碌；當時開羅每天發生多達二十五起凶殺案。

他在給洛克斐勒基金會的進修報告中寫道：「中毒在埃及很常見，世界上不大可能有任何地方對毒物的研究比這間研究所還多。」

莫里茲在給席德尼．波維爾的信中，總結了他在開羅聯邦研究所的經歷：「我在埃及度過非常有意思的時光，看見比我想像中更多『信不信由你』之類的事物。尼羅河沿岸的犯罪非常興盛，他們對於如何犯罪有很多獨創的想法。除了丹麥以外，據我所知沒有一個地方將法醫活動的所有分支如此有系統地集中於一個聯邦部門中。他們的法醫專家受過良好的訓練，他們的工作表現比我見過最好的還要優秀。」

整體說來，從他調查歐洲及非洲各地的制度中，莫里茲發現法醫學實務的品質差異極大。有些城市還不錯，大多數制度則不然。

莫里茲寫給吳爾巴道：「我到目前為止的經驗，尤其是在歐洲大陸獲得的那部分經驗，有其價值，不是因為我學到了一些優點，而是因為我明白了很多應該避免的做法。我覺得自己走了漫長的旅程，花費過多時間研究那些根本不好的組織和方法。」

＊＊＊

李像個星媽一樣，設法將莫里茲介紹給她在哈佛的學系。一九三九年九月，莫里茲剛從歐洲回來，她就立即安排他在哈佛舉辦一連串法醫學的講座。她還敦促他接連拜訪索頓史托州長、麻州警察局長保羅·柯克、華盛頓特區聯邦調查局實驗室的負責人。九月下旬李還在岩石山莊為莫里茲舉行晚宴。她希望他在晚餐後就法醫學發表三十到四十分鐘的演講。她告訴莫里茲：「我希望你稍微談一下法醫學的整體情況，介紹一下法醫學的本質與起因，你在海外兩年做了什麼，這個國家的需求是什麼，在哈佛滿足這些需求的展望如何。在場會有很多醫生、一些律師，很可能還有一些新罕布夏州的醫學鑑定人，我們還請了本地的殯葬業者、副治安官、警察局長。這是倡導法醫學的機會，但是如你所知，演講內容不可太過技術性，也不能，容我說，過於『血腥』。」

李的朋友路德維希·海克頓邀請莫里茲對芝加哥醫學會發表演說，這是他第一次在波士頓以外的地區演講。芝加哥大學也希望莫里茲對他們的學生演講。李給了莫里茲一個商業建議：如果你希望別人認真看待，就要讓他們付費。她告訴莫里茲：「我堅信你應該為你的演講要求或收取酬金。在我看來，免費提供任何東西是很糟的策略，而且你一開始採取什麼策略就不得不貫徹到底。不要讓你自己或者你的情報和經驗變得太過廉價！」

李還建議莫里茲考慮為芝加哥報社寫篇有關法醫學的文章，其基本理由是最好讓一般民眾了解法醫師的工作及他們的目的。

一九四〇年一月，莫里茲帶了一個非比尋常的提案找李商談，問她是否願意接下《美國法醫學期刊》的編輯工作。讓該期刊與法醫學系有所聯繫並控制其編輯策略將有助益，但是莫里茲沒有時間投入這項工作。「據我所知國內沒有任何人同樣能夠勝任這份工作。」莫里茲說，另外補充說李將可以自由掌控編輯策略。

光是提出由李擔任專業期刊編輯的想法就令人十分震驚。她對法醫學文獻的了解固然無人可比，但是她並沒有大學學位。期刊編輯職位都是專門留給該職業的佼佼者，而李唯一的正式資歷是麻州法醫學會的名譽會員，以及新罕布夏州法醫學會的創始會員。至少可以這麼說，無論多麼的見多識廣，一個外行人執掌期刊是非常不尋常的事，尤其她又是個女人。

雖然這項提議讓李深感榮幸，但她拒絕了這份工作。她說她年紀太大了，沒辦法投注那麼多心力編輯期刊。

不久之後，法醫學系在一九四〇年二月開始運作。哈佛在系實驗室啟用時，於二月九日舉辦下午茶會向李表達適度的敬意。下午茶會的賓客名單包括哈佛各學系的系主任、法學院及醫學院的院長、哈佛大學校長和理事，還有來自塔夫斯大學及波士頓大學的院長與系主任、保羅・戴佛檢察長及索頓史托州長。

幾天後，李寫了封謝函給波維爾表示感激。她說：「我仍然會想起上週五的盛大宴會，依然想為此好好地對您表達謝意。您成為哈佛醫學院院長那天對法醫學以及艾倫・莫里茲和我而言都是無比幸運的日子。」

該學系的經費來自李捐贈的收益，她的捐贈每年可產生大約一萬五千美元的股利收入。這筆款項用於支付莫里茲、助理、支援人員的薪水。洛克斐勒基金會則提供五千美元給兩筆為期三年的獎學金，以培訓醫生成為法醫師。哈佛大學捐獻了一萬美元改建法醫學系的辦公室、五千美元購置設備。

兩名計畫從事法醫學工作的年輕病理學家獲選為該系最初的研究員，分別是赫伯特・隆德醫生，他畢業於賓州大學醫學院，以及艾德溫・希爾醫生，他在麻省理工學院拿到化學工程學位，並在塔夫斯醫學院接受醫學教育。

還有個持續存在的問題仍待解決，那就是需要穩定供應的「臨床材料」——屍體。李希望在哈佛附近設立法醫室的計畫短期內不會實現。

莫里茲寫信給波維爾說：「我能看出在哈佛任何一個真正學系的發展都有個絕對不可或缺的必

要條件，那就是對醫療法律工作積極盡責。我想在沒有引進臨床材料的情況下想要發展大學的法醫學系，就像教授外科手術卻沒有練習動手術，或是教授產科卻不接生一樣。」

儘管受聘為法醫學的講師，薩弗克郡的法醫師提摩西・李瑞醫生對於自己的職位非常有地盤意識。在莫里茲上任前，李瑞當了三十年的法醫師，不願意讓外人篡奪他的職權，包括李在內，儘管李和他的前同事馬格拉斯關係密切，他認為李是個沒受過正規教育的有錢老奶奶。李和波維爾說服索頓史托州長任命莫里茲當李瑞的助手，明確地由經驗豐富的法醫師負責。

莫里茲同時被任命為麻州警察局的法醫學顧問。法醫師與地方檢察官都接到通知說莫里茲將會回應州內任何區域的需求，提供諮詢或協助驗屍，不需要當局花任何費用。

然而始終沒有任何郡提出需求。

很快就明顯看出莫里茲和他的那組哈佛調查員並不受歡迎。當地警方不喜歡外來的大學男生告訴他們該怎麼做。有一回莫里茲不請自來地到達犯罪現場，發現有個男人忙著清洗牆上的血跡。當地治安官說他不希望他的屬下制服上沾到血。在當時，即使清理證據也無關緊要，因為發生死亡案件的住所擠滿了好奇的當地居民，汙染現場，到處留下指紋。當莫里茲抱怨犯罪現場遭到汙染時，治安官叫他閉嘴否則就離開。

有兩年的時間，法醫學系沒有什麼死亡案件可以調查。然後，在一九四〇年七月三十一日下午，莫里茲收到州警察局總部用電傳打字機所發的電報：「**新貝德福法醫師羅森醫生。請求莫里茲**

醫生協助檢查在達特茅斯發現的一具身分不明的屍體。」

五名公共事業振興署的工人在午休時間採藍莓時，發現了一具腐化得非常嚴重的屍體，藏在當地情人巷一棵樹下的灌木叢中。死者似乎是個年輕女性，衣著完整，腳踝和手腕遭到繩子捆綁，沒有明顯的外傷跡象。他們在屍體下面發現了一個紅色飛馬的小別針，那是美孚石油公司的紀念品。莫里茲將遺體和屍體下面的樹葉樣本帶回哈佛。三星期後，在仔細研究過所有的證據後，莫里茲能夠告訴新貝德福警方死者的姓名住址，以及她遭到謀殺的方法、時間、原因，還有凶手的身分。

她名叫艾琳·培瑞，二十二歲，六月份出門為兩歲的兒子買冰淇淋時失蹤了。她的遺體中有五塊小骨頭，顯示在培瑞死時已懷孕四個月。

在培瑞的屍體附近，調查員發現了一個打結的繩圈，似乎是用來勒死她的。哈佛調查員找了五十個和培瑞年齡、體型相同自願參加的女孩進行實驗，測量勒斃她們所需要的繩索長度。在試驗一百次後——沒有一位自願者受到實際傷害——平均長度和與屍體一同發現的套索相差不到半英寸。繩索的化學分析顯示這是種大量出售的繩子，用於磨坊、農場、工廠內的商店。他們在培瑞男朋友的地下室發現了一條相同的繩索，她男朋友是二十五歲的磨坊工人法蘭克·佩德羅。

培瑞死亡多久了呢？在培瑞的屍體上找到四組埋葬蟲，牠們會在腐肉上產卵。根據對幼蟲發育時期的分析，調查員推斷出她至少已經死亡一個月以上，不可能是七月一日以後才遭到殺害。她屍體下面的枝葉包括長葉花石楠和矮叢藍莓的樹枝，都是在當季生長直到遭屍體覆蓋為止。根據嫩葉的發育階段，這些植物是在六月十五日或之後被壓死的。這留下了兩週的空檔，與最後知道培瑞還活著的日期六月二十九日相符。

佩德羅因培瑞的死亡案被控犯了一級謀殺罪。儘管科學證據顯示他與犯罪有關，很可能令莫里茲和李深受挫折的是，佩德羅當庭獲判無罪。

＊＊＊

之所以要在哈佛設立法醫學系，一個令人信服的理由是極有可能與該大學夙負盛名的法學院合作。兩個學系間關係密切，可能發展出確實的法醫學課程，由法醫師為法學院學生講授醫學證據方面的課，為醫科學生開設有關法律問題的講座。

法醫學系計畫舉辦一系列的模擬法庭活動，讓醫科和法學院學生參加當成實務練習。醫師通常不擅長應付法庭的對抗場合。一般醫生敵不過精通修辭藝術的律師。毫無準備的醫生可能會受到引導，說出可觀察到的事實以外的猜測或懷疑，或者被搞得看起來像騙子、庸醫，或無能之輩。模擬法庭活動是仿效審判，是種實務練習。這方法有助於醫科學生學習如何回答問題，如何區分事實與看法，如何在受到言語攻擊時作證。

李強烈認為法醫學系也應該開始舉辦具有教育意義的會議。這些全國各地專業人士參與的會議，是學習最新方法和程序的重要管道。會議和研討會是讓專業人士跟上最新的研究與情報、得知該領域領先者的消息、與同事保持關係的傳統方法，因此李催逼著安排第一次會議。

一九四〇年五月十七日

李寄給莫里茲一份為期兩天的法醫學會議的大綱，該會議一年可以舉行一到二次。目標對象是醫師及來自哈佛、塔夫斯、波士頓大學的醫科學生、麻州州警、波士頓市警察、殯葬業者、聯邦調查局調查專員，以及媒體。那兩天要談論的主題包括：

死亡原因：

槍傷

切割傷與穿刺傷

灼傷

——電（閃電、電力）

——化學物質（酸、鹼）

——火焰（吸入、吞嚥、表面、中度，或毀滅性的）

——燙傷

- 日曬

窒息

- 溺死（淡水、鹹水）
- 絞死
- 勒斃
- 悶死

中毒

- 吸入
- 注射
- 吸收
- 吞嚥
- 酒精
- 一氧化碳

生病

- 冠狀動脈疾病
- 其他疾病

流產

死後屍體的狀況：

影響：

——浸沒
——冷熱
——焚化
——昆蟲或其他動物
——防腐處理
——埋葬
——破壞屍體與證據的藥劑
——自然腐化
——屍僵
——以屍斑區域確定屍體死時的姿勢
——檢查消化道以確定消化的階段

偵查不同類型案件的程序：

意外

謀殺

自殺

猝死

被人發現死亡

醫院死亡病例

避免破壞證據：

——該找什麼

——如何搜集屍體

——該從何處、如何尋找辨認屍體身分的方法

——管理及處置死者的所有物

——不要急於埋葬或處理屍體

每個主題都將從醫學、法律、保險業、警方的觀點來呈現。李的方案還包括一份詳細的可能出席的演講者名單。

李提議於一九四〇年秋天在波士頓召開這場會議，並將包含在麗思卡爾頓飯店舉行的宴會，在宴會上，來自緬因州、新罕布夏州、佛蒙特州、羅德島州、康乃狄克州、麻州的檢察長將會發表談話。至於主要演說，李建議由索頓史托州長或洛克斐勒基金會的艾倫·桂格來擔任演講者。李設想在會議上的展品包括對警察和法醫師有幫助的書籍、紀錄與報告的樣本，還有照片、X光、標靶、火藥痕跡、藉助牙科紀錄辨認屍體身分等展示。

儘管李十分熱心詳細地計畫，但是一九四〇年的秋天並沒有舉行這樣的會議。或許法醫學系要承辦重大的專業會議還為時過早，當時莫里茲並不支持這個主意。

李確實設法說服了索塞克斯郡南區的法醫師李瑞出席美國全國驗屍官協會在費城舉行的年會，該城市對於轉變為法醫師制度的辯論正開始成形。費城是美國國內人口第三大的城市，也是醫學教育的發源地，卻仍然採用驗屍官制度，李覺得非常不可思議，儘管費城至少有個像樣的驗屍醫生：威廉·「瓦迪」·瓦茲沃斯。瓦茲沃斯於一八九九年接下這個職務時，他是美國少數受僱的全職驗屍醫生之一。瓦茲沃斯是個饒有趣味的人物，他在十三街和伍德街的市立停屍間裡開設了一間「犯罪博物館」，裡面存放著各種武器和其他的職業用器物，大家公認他是精通醫學死亡調查的專家。十九世紀和二十世紀的美國驗屍醫生多半由庸醫以及與政治妥協的醫師擔任，他算是令人耳目一新的改變。

在一九四〇年的年會上，賓州醫學會的成員通過了一項決議，建議廢除驗屍官制度，改以接受過病理學訓練的法醫師制度來取代。雖然只是諮詢性質，但是立法者仍然認真考慮了醫學會的建議。預計在下一次驗屍官協會會議上的討論將會非常熱烈。

布里斯托郡的法醫師J．巴特謝爾醫師是麻州法醫學會的前任主席，他收到驗屍官集團的執行祕書P．齊施挑釁的邀請。齊施寫道：「我再怎麼向你強調來費城參加我們的會議將獲得多少好處都不為過，我說這話是真心誠意的。」

巴特謝爾無法參加費城的會議，因此把信寄給李，她當時長住在岩石山莊，正在那裡等待訪客，因此也無法親自出席那場會議。莫里茲和艾倫．桂格也沒辦法去。儘管如此，李還是認為波士頓應該要有人接受邀請參加會議。

她寫信給波維爾說：「我認為法醫師制度的未來可能處於緊要關頭，法醫師當然應該要有很好的代表出席這次會議，我想力勸合適的人去為法醫師制度發言是很重要的。」

李竭盡全力說服李瑞去參加會議。她採取恭維的手段，主動提出要支付他的旅費。她寫給這位法醫師說：「在所有與法醫學相關的人士中，沒有人比您更受懂這行的人的敬重與欽佩，也沒有人比您更適合除了代表此一職業外，同時代表麻州法醫學會。」

李瑞心不甘情不願地答應了李的請求。他回信給李：「在我看來努力想讓那群特定人士轉為相信法醫師將是浪費精力，不過，既然我知道他們將會討論法醫師制度，而且您認為我們應該派代表出席會議，那我很樂意參加……雖然我不是計畫成員，但我希望我可以代表這制度的發源地發聲。」

那次驗屍官協會的會議平淡無奇。李瑞的看法正確，沒有人改變想法。當時費城的驗屍官制度並沒有廢止。一九四〇年的辯論是該市朝法醫師制度發展所邁出極其微小的一步。

＊＊＊

在費城驗屍官協會的會議後，瓦茲沃斯寫信給李以採取後續的行動，並安排參觀馬格拉斯法醫學圖書館，那裡的藏書倍增到兩千冊。瓦茲沃斯似乎犯了個得罪人的錯誤，說錯了圖書館的名稱，顯然將該圖書館說成是「馬格拉斯的圖書館」。李迅速糾正他的想法。

她回信說：「我從您的來信判斷您相信法醫學圖書館是馬格拉斯醫師所成立，或者書籍的選擇可能是由他指導，我必須糾正這個印象，那間圖書館的成立完全與他無關，其命名是為了向他致敬。」她在寫給瓦茲沃斯的信中沒有提起那間圖書館裡所有書籍都是她的，並且是由她挑選購買。她為何突然打住沒說的原因並不清楚。

法醫學系在運作的第一年聚集了一群教師，包括莫里茲、李瑞、布里克利，以及麻州警察局實驗室主任約瑟夫．沃克醫師。兩位醫師正在接受研究員訓練，另外五位則兼職教書或參與研究，其中包括一名律師，他是醫科四年級的學生。該系為哈佛、塔夫斯、波士頓大學的醫科三年級學生開設一門法醫學課程，平均上課人數有兩百到兩百五十名學生。

在那一年中，該系的員工參與調查麻州七十二起死亡案件，解剖了五十六具屍體。在十六件案例中，莫里茲和他同事所檢查的驗屍材料是從其他管轄區送至該系的。

由法醫學系成員完成的五十六件驗屍當中，有十三起案件是在檢驗時揭露了新證據導致犯罪狀況完全改變。另外九起有他殺嫌疑的案件查出是意外、自殺，或是自然死亡。還有四起案例若非驗屍就不會發現是凶殺案。

莫里茲在該系第一年的年度報告中寫道：「令人關心的是，我們可以推測由於對原因不明的死亡案件調查得不夠澈底，每年有多少凶殺案沒被發現。」

除了調查麻州的死亡案件外，莫里茲還為緬因州、羅德島州、紐約州的謀殺案調查提供諮詢。另外他也繼續積極安排公開演講，到康乃狄克州、伊利諾州、密蘇里州、內布拉斯加州、新罕布夏州、紐約州、俄亥俄州、賓州、羅德島州對外行的聽眾、醫學會、律師發表有關法醫學的演說。

利用他在歐洲進修期間獲得的知識，莫里茲還寫了一本書《創傷病理學》，他將此書獻給法蘭西絲．格雷斯納．李。

8 李警監

李有個夢想：一間位在波士頓，現代化、集中管理的法醫室，調查麻薩諸塞州所有意外或可疑的死亡。這間設施裡有停屍間，以及配置了毒物學、顯微病理學、X光、攝影等相關設備的實驗室。麻薩諸塞州會有一名主任法醫師，總部有幾名助理法醫師和人數充足、可以到任何事發現場的副法醫師。這些工作人員將以公務員任用，不受政治與貪腐的影響。透過與哈佛法醫學系的關係，法醫室將成為培養一批批法醫師的訓練場，不斷地發展直到有足夠的合格專業人士為全國服務。

波士頓的法醫學專業知識將用於新英格蘭和全美國各地的案件調查。這個機構會發揮名副其實的國家法醫學研究所的作用，向全國各地的警察、驗屍官、法醫師提供諮詢，成為聯邦調查局在法醫學方面的對應機構。

羅傑・李醫師請李草擬出整頓麻州法醫師制度的計畫。他認識一些在索頓史托州長身邊說話有分量的人。李為麻州擬的計畫總共打了四頁，包括參考書目和一份二十多人的名單，可以從中選出顧問委員會。

身為她的私人醫生，羅傑・李醫師勸李開始放輕鬆一點。六十二歲的她患有心室肥大、高血糖、甲狀腺低能症、青光眼、聽力損失、雙膝嚴重關節炎，還有未經治療的橫膈疝氣。

羅傑・李醫師說：「我絕對相信妳不應該像現在這樣拚命工作；應該試著在兩小時內做完所有非做不可的工作；每天下午必須到戶外坐兩個小時、開車去兜兜風。」他的處方是：「妳應該喝最少量的酒。可以抽適量的菸。一星期應該做幾次按摩。」

儘管醫師提出警告，李幾乎沒有減少工作量。一九四一年她賣掉芝加哥的住所，長住在岩石山莊，因為更喜歡新鮮的空氣和鄉村的生活方式。她依舊保持活躍的行程安排，到新英格蘭及東岸各地旅行，經常回家鄉拜訪。在哈佛設立現代化、集中管理的法醫室一事始終縈繞在她腦中。

一九四二年十一月二十八日

椰林是位在波士頓海灣村附近大受歡迎的夜總會。這間夜總會供應音樂、舞蹈、歌舞表演、食物，及大量在禁酒令解除後可供暢飲的酒精。椰林夜總會曾經是間地下酒吧與黑幫聚集地，後來成為電影明星、運動員及各式各樣追求名聲的人去引人注目的地方。

椰林夜總會早先是由幾間倉庫和一間車庫組合而成，經過多次翻新和擴建，裡面是由走廊、餐廳、酒吧所組成的令人困惑的迷宮。要到達夜總會內最新開放、氣氛宜人的「旋律休息室」，得走過一條走廊，再走下一段樓梯。

旋律休息室的特色是有座旋轉舞臺，並以大量用紙葉子組成的人造棕櫚樹當裝飾。這裡與椰林夜總會其他的地方一樣，有著讓人聯想到熱帶度假村的裝潢風格，以藤和竹為特點，牆壁和天花板上垂掛著絲質布料。

週六晚上，椰林夜總會擠滿了人。旋律休息室突然起火。火焰可能是以第二次世界大戰時期被當成冷媒使用的易燃氣體為燃料，沿著裝潢材料迅速擴散。出口的數量不足，因而阻礙大家逃離火海。夜總會只在主要入口有一扇門，試圖逃跑的擁擠人群很快就堵塞了這道旋轉門。

莫里茲參與了找回、辨認椰林夜總會大火受害者的工作並負責驗屍。官員有條不紊地著手處理火災後找尋受害者的工作。現場設立一處指揮所負責協調掌控資源。屍體在現場先貼上標籤後才移至停屍間。

在椰林夜總會大火中喪生的有四百九十二人，比法律准許該建築物的容納人數多出三十二人。椰林夜總會大火的死亡人數是美國史上單棟建築物火災的第二高，僅次於一九〇三年芝加哥的易洛魁劇院大火。

在椰林夜總會大火後，莫里茲和李討論在大規模死亡事故後利用牙齒辨認死者身分的方法。「在受害者之中大約有兩百人燒得太過嚴重，無法依據外形特徵來識別身分。」他寫信給李說。「一大部分的死者曾經修補過牙齒，被他們的牙醫辨認出來，藉由這種方法確認身分，然而不可能找到牙醫識別每個死者的身分。「似乎應該有個簡單的方法讓牙醫可以在修補的牙齒上留下某種編號，以便輕易追蹤。」

＊＊＊

李在大大小小各方面對法醫學系都很慷慨。他們需要一千美元請人協助速記，或是五百美元支付研究員的薪水以完成他對精液汙漬的調查時，都可以仰賴她提供資金。儘管她經常樂意捐贈，但她在財務方面也十分精明，在繳稅時充分利用她的贈禮。

一九四二年，李的會計師提醒她，她已經為保管她母親的史坦威鋼琴支付了好幾年的費用。他問她是否想要繼續支付這筆帳單。這架D型客廳音樂會大鋼琴，是史坦威所製造第二大的平臺鋼琴。訂製的琴箱是用雕刻鑲嵌的桃花心木製成，由家具設計師法蘭西斯·貝肯特別為李的母親所設計。芝加哥交響樂團的創團指揮狄奧多·湯瑪斯到史坦威工廠檢查核准了之後，這架鋼琴才交給格雷斯納夫婦。這架鋼琴對李具有特殊的重要意義。她父母親是在一八八七年於紐約購入這架鋼琴，正是她接受痛苦的扁桃腺手術的那趟旅程。

李決定將鋼琴送給哈佛。她寫給她的朋友羅傑·李醫師說：「我不彈鋼琴，而且我住的小屋無論大小或性質都太過局限，不適合收藏這麼漂亮或這麼大的樂器。如果能將這架鋼琴送給哈佛大學放在校長家中，我會感到無比榮幸。」哈佛校長詹姆斯·柯南特和他的妻子葛瑞絲非常高興地收下這架鋼琴。

「你或許會有興趣知道那架鋼琴現在安全地在柯南特夫人手中，不過我沒辦法將『法醫學系』鑲嵌在那上頭。也許下次捐贈我可以做得更好。」李後來寫信給莫里茲說。

李以慈善捐贈的名目從個人所得稅中扣除那架鋼琴的價格，並且免除了保管鋼琴的成本。戰時，柯南特一家遷出哈佛校長的住所，將該房舍移交給海軍。柯南特一家暫時住在隔壁一間小很多的房子裡，他們沒有空間放置這架鋼琴，因此花錢保管李的鋼琴直到戰爭結束。

＊＊＊

教學機構需要教材。書籍是很好的開端，而李建立的圖書館是首屈一指。其他類型的教材，例如照片、插圖、影片、模型等，對教學也很有用。當時在法醫學，或者愈來愈常被稱為鑑識醫學的這門領域並沒有很多可用的教材，因此李自己承擔起創作教材的責任。

李決定她的法醫學系要擁有最新最好的教學工具。她幫該系取得有助於講課的照片和幻燈片。她與莫里茲之間往來的信件顯示他們計畫製作一部屍體解剖的影片供教學使用。她僱用了一位藝術家鑄造一名志願者的頭部，創作出三座模型描繪各種不同傷害死亡的情況以供研究。其中一個石膏頭像描繪的是太陽穴中槍的受害者。第二個顯示的是絞死的受害者，脖子上有明顯的勒痕，眼白上有稱為瘀斑的針尖狀血斑，這是窒息死亡的特徵。第三個頭像頸部的砍痕深到足以顯示底層結構，有充分的細節讓經過訓練的眼睛能夠看出受害者是遭人從左邊砍到右邊。

一名擔任研究員的年輕醫生羅素．費雪對教材有額外的貢獻，他用保存的樣本製作「分解動物群」的展品，說明在屍體附近經常發現的昆蟲的生命週期。認識這些昆蟲的發育階段可以幫助估計屍體的死亡時間。

莫里茲在愛丁堡大學進修時，曾向李介紹一系列對研究很有用處的槍傷照片。這給了李靈感。她提出在岩石山莊用多種不同口徑的子彈射殺豬，再將豬皮保存下來以示範子彈造成的傷口。最後演變成不必在岩石山莊射殺豬隻。李僱用一位藝術家製作了長方形的石膏板，以手繪模擬從不同距離發射的各種彈藥所造成的傷口。精細入微的模型顯示入口傷的擦傷與火藥痕跡，以及出口傷常見的鋸齒狀痕跡。四十四具槍傷模型的製造費用是每塊板子六十美元。這一系列將花費李超過兩千六百美元，用現今的支出計算大約是兩萬七千美元，以視覺化的教學工具而言是筆可觀的數目。

雖然她逐漸開始敬重莫里茲的能力與智慧，但是李有時會懷疑他們對於法醫學系的宗旨和目標是否有共同的願景。莫里茲本質上是位病理學家，他參與了燒傷的研究並發表研究結果，這是醫科學者典型的工作，李雖然認為這很重要，但優先順序相對較低。她更關心的是培訓、教育、推動法醫學領域的進展。

一九四二年十一月李在波士頓拜訪莫里茲時，問了莫里茲一連串有關法醫學系的問題，並且記下他即時回答的答案。她的目的顯然是想評估醫師對法醫學領域以及他所帶領的學系的理解，以確保他們的願景和目標一致。李回到岩石山莊寫下她自己的答案後寄給莫里茲，請他審閱後經過深思熟慮再進一步回應。

「我希望你能花時間給我一些較詳細的答案，」她寫給莫里茲說。「我不想惹人厭煩，但我想要收集一些日後可能派上用場的資料。」

問題一：整體的願景——最後想要達成的目標是什麼？

莫里茲的回答：「一所照應全郡並以權威立場為整個國家提供服務的法醫學機構。」

李的回答：「提供科學（含醫學、法律或其他）技能與知識，解決本來不明原因的死亡、意外，或者涉及人身傷害和死亡的犯罪，以確定不明的死亡原因、確認危及公眾健康與生命的可預防的危害、為無辜者洗刷罪名並揭發罪犯。」

問題二：要採取什麼措施來達成此一目標？

莫里茲的回答：「盡可能讓更多的一般民眾明白我們的服務很有助益，密切注意政策方面的機會。」

李的回答：「簡化並改善現存的法醫師制度，提供法醫師制度以取代盛行的驗屍官制度，改善提供給國家的醫學及其他科技服務的品質。方法如下：

增進知識多加訓練

提升更高的服務道德觀

積極參與通過管理此服務的新法和修訂現行法律的行動

宣傳與已經或可能提供給國家的科學服務有關的資訊和知識

促進並參與科學研究」

整體來說，莫里茲對李的問題最初的回答一張紙就寫完了，而李的回答超過三張單行打字的紙。很明顯地，李雖然是個沒有大學學位的婦人，卻比美國頂尖的法醫病理學家對法醫學系的使命有更全盤、更詳盡的想法。哈佛法醫學系幾乎是她獨自一人負責創辦，但是對於該系的發展和方向她卻僅能夠發揮有限的作用，這點肯定是讓李沮喪不已的原因。毫無疑問地，一個外行人冒昧要求莫里茲接受測驗令他感到難堪，無論對方多麼親切大方。

由於經常出現在哈佛醫學院，李在法醫學系擁有自己的辦公室，還有E1大樓電梯的鑰匙。考慮到她持續參與系上事務，莫里茲認為校方應該給予李一個正式的職位。波維爾寫封信給哈佛董事會祕書傑洛姆．葛林，建議任命李為法醫學系顧問。波維爾說：「我和莫里茲博士希望李夫人擁有的是一種證明，讓她能夠以跟哈佛大學及法醫學系有明顯關係的個人身分與國內某些機構和個人聯繫。」

這樣的建議非比尋常，因為李沒有任何學術文憑。波維爾在另一封信中對葛林說：「我們必須記住李夫人慷慨支持法醫學系，無論是在物質方面或是透過她本身的行動。」

一九四三年三月十八日，李獲任命為法醫學系顧問。還要再過兩年，哈佛醫學院才准許女學生進入就讀。

莫里茲告訴李，這個顧問職位與哈佛醫學院任何教師職位一樣正式。他對她說：「當然，這頭銜將賦予持有頭銜的人能夠使用大學文具，並且代表大學發言。」

李對波維爾給予她這個職位表示感謝。她告訴他：「我將盡最大的努力擁有值得人家向我請教的東西。」

一般情況下，像李這樣的任命會在哈佛大學的校報《哈佛大學報》上宣布，然而從哈佛董事會祕書室直接傳來的消息是：「恕不刊登。」

在醫學院名冊中並沒有確認李是法醫學系顧問，而是喬治．馬格拉斯法醫學圖書館的榮譽館長。她受到輕視可能是因為她是個沒有學術文憑的外行人，是因為她是全男性的醫學院教職人員中唯一的女性，或是出於其他並未解釋的原因。

＊＊＊

法醫齒科學是李持續感興趣的眾多項目之一，這是利用牙齒和牙科紀錄辨認屍體身分的一門科學。易洛魁劇院和椰林夜總會兩場大火的慘狀始終沒有遠離她的記憶。那些無名死者縈繞在她心頭。每當聽說有身分不明的屍體，她就十分同情。

牙齒是人體內最堅硬耐用的物質。牙齒可以忍受腐化或浸沒在水中，能夠承受高達攝氏一千度的高溫，經歷過爆炸和極端的身體力量後還能殘留。對受過專門訓練的眼睛而言，一顆牙齒就能提供識別身分的資料，包括死者的年齡、飲食習慣、性別，以及其他特徵。由於牙齒磨損的方式、缺失或損壞、經過修補等種種不同，牙齒就像指紋一樣獨一無二。

李想要將牙齒鑑定提升到具備國家牙科紀錄資料庫的層級，就像聯邦調查局的指紋檔案系統那樣。她推斷在全國任何地方發現的無名屍體都可以透過這個牙科紀錄交換中心確認身分。但是要讓集中資料庫發揮作用、將牙科紀錄有系統地分類歸檔，首先必須要有標準化的紀錄，這在當時並不存在。於是李自己承擔起設計這系統的責任。

一九四三年二月，李寄給莫里茲一份清單，她稱之為「統一牙科紀錄計畫」：

1. 主要牙醫學院或大學的名字及地址。其院長或負責人的名字和地址。
2. 從上述學校取得幾份他們保存牙科紀錄的空白表格樣本。

3. 從聯邦調查局取得幾張可以用機器分類（保存紀錄）的空白卡片。說明需要這些卡片的目的並徵求建議。

4. 將上述所有的卡片、資料，以及信件的副本（或原件）寄給法蘭西絲·格雷斯納·李。

同時，李提出一項牙科研究，目的是如何利用牙齒來估計死亡時間，找出死亡方式，協助辨認屍體身分。這項研究將包含以下內容：

1. 自然腐化的各個階段
2. 浸沒的各個階段
3. 焚化
4. 由酸或鹼造成的傷害
5. 創傷

網羅訓練有素、知識淵博的牙醫當工作人員，法醫學系就可以大大促進法醫齒科學的發展。李的提案再次遭到忽視，理由並未記載。

＊＊＊

到了一九四四年，儘管李竭盡全力教育一般民眾，但是由法醫師取代驗屍官的只有在東北部幾州：馬里蘭州、麻薩諸塞州、緬因州、新罕布夏州、羅德島州，以及紐約州和紐澤西州的部分地區。美國將近百分之九十的人口仍受驗屍官管轄。每年肇因於暴力或不明情況的三十萬件死亡案件中，僅有一萬件是在可以接受合格法醫師調查的管轄區域內。每年未被發現的謀殺案可能有數千起，至於有多少人被指控犯了他們未犯下的罪行則無人可知。在麻州，莫里茲的法醫調查其價值不言可喻。在他上任的前兩年，他的工作為至少六個人洗刷了殺人的罪名，並且在其他九起原本警方不會進一步調查的案件中確認了行凶者。

有幾個州稍微改進了他們的法律。例如在俄亥俄州，有關何種情況需要驗屍的法律已經修改到與法醫師制度較為一致，但是該州仍然由當選的驗屍官簽署死亡證明。

即使在法醫師執業的州，有瑕疵的法規也限制了他們的效力。有些州不許法醫師未經檢察長同意進行屍體解剖。許多州限定法醫師只能參與已知是犯罪或過失行為造成的案件。問題是有犯罪或過失行為發生，以及死因看來不明確需要進一步調查的情況，不一定顯而易見。

令李失望的是，自從一九二八年國家研究委員會的報告發表後的十六年內，只有一個州廢除了驗屍官，全州採用集中管理的法醫師制度，那就是馬里蘭州。馬里蘭州的驗屍官是出了名的腐敗無能。在像巴爾的摩之類的城市，驗屍官都是有政治關係的醫生，他們受命擔任官職獲得利益豐厚的副業。由於驗屍官隨著政治權力核心更迭來來去去，因此他們沒有動力去維持或提升自己的能力。不管做得好不好，只要跟對人就能保住工作。

眾所皆知巴爾的摩及安納波利斯的驗屍官不可信賴且濫用職權。死亡證明上列出的死因與死亡方式通常是編造的，並未經過調查，甚至沒有檢查過死者。驗屍官找到各式各樣有創意的方法從殯葬業者和悲傷家屬那裡獲得報酬。其中一種手法是拖延開立死亡證明，或是扣留死亡證明不交給生命紀錄部門。由於申請遺囑認證和其他各種用途都需要死亡證明，家屬或是喪禮承辦人不得不找到驗屍官，支付十美元以取得原本在生命紀錄部門只需花費五十美分的文件。

該州的醫學會 MedChi（馬里蘭州醫學外科人員的簡稱）毫不諱言，在州立法者前面作證時，該組織的領導人直說現行制度是在敲詐勒索。一九三八年，MedChi 把握機會提出立法廢止郡驗屍官制度，改以新穎、遍及全州的法醫師制度取而代之。這項法案設立了馬里蘭州的主任法醫師，以巴爾的摩為據點，他有權自行調查非自然死亡，不需要得到檢察官或警方的許可。

為了讓主任法醫師不受公眾壓力與政治權勢的影響，該職位設在獨立的驗屍人員委員會的管轄之下。這是在別的地方不曾有過的創新治理模式。委員會的成員包括巴爾的摩兩所醫學院的病理學系主任、馬里蘭州衛生部長、檢察長、巴爾的摩市衛生專員。

今天在馬里蘭州，主任法醫師不會受到威脅或恐嚇，或是因為不與政治官員合作而遭到報復使得部門預算被削減。只有驗屍人員委員會五名成員的多數人決議可以解僱他。馬里蘭州集中管理的法醫中心不受政治與公眾影響，或許是最完整體現了李對美國法醫學的願景。

李希望能複製馬里蘭州成功的制度，親自接洽了積極參與廢除或改進驗屍官制度的公務人員、醫學協會、法律組織、公民團體，遍及奧克拉荷馬州、俄亥俄州、北卡羅萊納州、紐約州、加利福尼亞州、華盛頓州、科羅拉多州、路易西安那州、密西根州、印第安納州、內布拉斯加州。如同馬格拉斯，李孜孜不倦地倡導法醫師制度。她讓司機載她到新英格蘭各地的俱樂部和婦女協會演講，傳播科學死亡調查的福音。李的信件列出她演講的地點，包括康科德同濟會、拉科尼亞婦女會、梅勒迪斯婦女會、多佛婦女會、桑威治婦女會，以及位在新罕布夏州普利茅斯的普利茅斯師範學院的科學俱樂部。她無疑對形形色色的聽眾講述法醫師的主題不下數十次，希望讓其他人明白她的理想的重要性。

一九四三年維吉尼亞州長委任一個專門小組研究廢除驗屍官制度的問題，並草擬一項有關法醫師制度的法案。李前往里奇蒙會見維吉尼亞醫學院院長威廉・桑格博士和維吉尼亞州警察局局長查爾斯・伍德森總警監。雖然不清楚李是否有辦法安排與科爾蓋特・達頓州長見面，但是她曾多次嘗試直接和他交談。

李為維吉尼亞提出的法醫師制度準備了五頁的評論。她建議法醫室由獨立的委員會來授權，如同馬里蘭州的做法。她說，委員會成員應該包括該州的檢察長、維吉尼亞州警察局局長、維吉尼亞聯邦大學醫學院和維吉尼亞大學醫學院的院長，以及該州醫學會主席與律師協會主席每隔一年輪流擔任。她的建議包含將擬議的委員會任期從三年改成五年，闡明特定的用語，提議管理驗屍紀錄的方法。她建議的每處改動都附有註釋。

另一處李認為她可以有所作為的地方是哥倫比亞特區。在她看來，一國的首都擁有幾所非常優異的醫學院卻沒有現代化的法醫師制度，實在說不過去。

第二次世界大戰將華盛頓特區變成一座熙熙攘攘的城市。備戰需要人員湧入。從一九四〇年到一九四三年，華盛頓的人口從六十九萬激增到超過九十萬，而且看不到增長的盡頭。住宅供不應求，甚至在國家廣場上建起了臨時宿舍。就在波多馬克河對岸，戰爭部為新的五角形總部舉行落成儀式，那是當時世界上最龐大的建築物。哥倫比亞特區的樣貌就此改變。

李想要在這座人口稠密的城市推展她的理想並不容易。要廢除哥倫比亞特區的驗屍官實際上需要國會採取行動。在一九七三年採用「地方自治」前，特區的治理是由國會管轄。國會控制著預算，對華盛頓擁有至高無上的權力。

李開始努力遊說新罕布夏州的民選官員：參議員史泰爾・布里基與查爾斯・托比，眾議員佛斯特・史登及契斯特・莫羅。她謀求小富爾頓・路易斯的協助，他是互通廣播公司（其總部設在華盛頓特區的WOL電臺）的廣播名人。獲得公眾支持對於通過法醫師法來說非常重要。「我相信你的聲音是廣播中所聽到最具影響力的聲音，我懇求你討論如何處理這個問題。」李寫信給路易斯。

最後，國會終於在一九四五年提出於哥倫比亞特區設立法醫室的法案。李採取行動敦促民選官員：

我再怎麼強烈呼籲你們支持這項法案都不為過，這法案對哥倫比亞特區的重要性無法估量。毫無疑問地，在所有地方當中，華盛頓尤其應該立即能夠採用最科學的技術來判定無法解釋的死亡原因，不必先經過驗屍官辦公室笨拙費力又昂貴的例行程序。

該法案始終沒有進入投票程序。儘管遭遇挫折，李仍然不屈不撓地努力推動改革。她從來不曾表現出氣餒或受挫的樣子。李不能接受的是面對制度慣性時無所作為地屈從。重要的是向前推進，一次一步地逐漸前進。當她想方設法在她投入心血的州推動議程時，也同時密切注意全國各地的情況。

例如，伊利諾州在她關注這問題的十年間並沒有朝法醫師制度發展。李意識到倘若建立法醫師制度的目標不切實際，那麼必須藉由提高驗屍官及驗屍醫生的知識與專業技能從內部改革現行的制度。那麼還有什麼比成為他們其中一員更好的方法？

雖然不再長住芝加哥，但是在一九四一年十二月，六十四歲的李被任命為庫克郡的諮詢副驗屍官，管轄範圍包括芝加哥市。她獲得象徵性的一美元酬勞，以賦予她的職務合法性。

她點名批評奧斯卡．舒茲，認為他似乎放棄嘗試改革伊利諾州。舒茲「是那種還沒開始就被擊敗的人」。李向莫里茲透露：「雖然這話不對外公開，但我認為他花很多時間和精力去解釋為什麼他沒有做某件事，可是只要花一小部分時間和精力就可以完成那件事了。」

全國各地有其他人知道李的看法和行動主義。當奧克拉荷馬州出現驗屍官問題時，奧克拉荷馬市臨床學會的重要會員及病理學家W・凱勒博士就聯絡李尋求建議。現行的奧克拉荷馬州法律要求一名欠缺醫學或科學訓練的保安官充當驗屍官去處理死亡案件。要廢除驗屍官制度就必須改變那條法律。李力勸凱勒無論如何都要堅持到底。

我誠摯地希望你們的法律在一月時通過，但是倘若沒過，你也別因此停下來……根據我們所知，在其他州的經驗顯示，要實現這個改變的努力必須堅定地堅持到最後一刻，可能的話，甚至要更加努力。我相信在這種情況下必須讓所有可能受影響的團體積極支持你的陣營……

在試圖將驗屍官改成法醫師的其他幾州，為此拚命努力的醫務人員在第一次努力嘗試失敗後就變得灰心喪氣。他們覺得無法再繼續將忙碌的日子奉獻給這個理想，這想法不無道理。因為失望，所以他們放棄了，想著以後在更合適或方便的時機再重新開始活動。但是實際發生的情況是，由於間隔了這段時間，他們無法利用已經建立起來的東西。在提出建議改革的必要性、好處、優點時，即使只是暫時停頓，支持者的熱情都會消失，基礎瓦解，等到適當時機似乎再度來臨時，表示一切從零開始，所有的工作都要重新再做一遍。

奧克拉荷馬州的改革努力失敗了。不過在奧克拉荷馬市，市政府和郡官員以及奧克拉荷馬大學附設醫院之間達成了一項協議。他們創立了一個全郡的凶殺案調查小組，也就是《奧克拉荷馬人日報》所稱的「謀殺線索偵查小組」，處理所有可疑和暴力造成的死亡，不再採用由驗屍官審理死因的做法。保安官依舊充當驗屍官，但是每個案件都有奧克拉荷馬大學附設醫院的醫師陪同，在任何東西被搞亂前檢查死者和現場。

＊＊＊

改革法律的工作持續進行。醫學方面則由哈佛及隨後的其他醫學院處理。法醫學三腳凳剩下的另一腳是警察。

一九三〇年代後期李逐漸對警員產生好感，尤其對於和州警察機構合作感興趣。州警察局涵蓋整個司法管轄區，不像市或郡的警察範圍有限。州警察往往受過較正規的教育、紀律比較嚴明，並且定期接受訓練，李認為州警的素質、能力、組織都優於地方的執法單位。

李在岩石山莊的小屋裡安裝了警用無線電接收器。她在夜晚花費無數的時間聆聽警方的通訊交流。由於大氣條件意外符合，她能夠接收到維吉尼亞州警的無線電廣播，而且因為經常收聽，所以她能夠分辨不同警局的特性和行為。這些警用無線電裡不見其人的聲音幾乎就像是家人一般。

李寫信給維吉尼亞的總警監伍德森說：「我完全迷上了維吉尼亞州警察局，從你和你美麗的妻子與兩個可愛的小女兒開始。接下來是總部以及從第一到第五的所有警隊，我必須坦承雖然第五大隊仍然具有『寵兒』的資格，但是總部和第一大隊緊追在後！」

她與警方的關係有助於她制定改善他們在犯罪現場辦案技巧的計畫。她先從新罕布夏州警察局的拉爾夫・卡斯威爾總警監開始。卡斯威爾是名務實嚴肅的警察，土生土長的新罕布夏州斯塔福郡人，於一九二二年被任命為該州執行禁酒令部門的執法機關負責人。禁酒時期結束後，卡斯威爾受命為檢察長辦公室的調查員。當調查員時，他建立了該州的指紋資料庫，新罕布夏州警察局於一九三七年成立時，他是第一批警探之一。

卡斯威爾也是州烈酒委員會的成員，該委員會負責監管新罕布夏州酒類的零售。有一次，他在自家門廊上發現了幾箱烈酒，那是酒商打算博取他支持的禮物，卡斯威爾因此召開了記者會。他宣布自己打破了每一瓶酒，並警告說今後任何試圖賄賂他的酒商將禁止進入該州的酒類專賣店。

李是透過她哥哥喬治認識卡斯威爾，喬治在新罕布夏州政界相當活躍。一九三七年卡斯威爾獲任命為州警察局局長，他超乎尋常地高度重視訓練州警。

李開始舉行一些會議，讓警察督導人員和哈佛法醫學系的成員聚集在一起。這些為期一、兩天的會議是在哈佛的馬格拉斯圖書館及位於康科德的新罕布夏州警察局總部舉行，還有很多次是在李的岩石山莊家中舉辦。會議包含武器和彈藥、暴力及中毒造成的死亡、保存犯罪現場證據，及相關主題的講習會。莫里茲經常主持講述屍體解剖過程的講習會。

在李會議上所接受的訓練讓警察準備得更加充分，在犯罪現場效率更高。為了表彰她對新罕布夏州警察局的貢獻，卡斯威爾任命李為該機構的教育處長。一九四三年卡斯威爾任命李為新罕布夏州警察局的警監，她是美國第一位獲得此官階的女性。她當時六十六歲。李的職權授予她「一般警察的權力，可以施行該州所有的刑法，執行刑事程序，在合乎規矩拿到拘捕令的情況下可以在所有的郡逮捕犯人」。

有些人認為李在新罕布夏州警察局的角色只是榮譽性質，但是事實遠非如此。卡斯威爾後來說：「這不是榮譽職位，她是位具有充分資格的警監，擁有這職位全部的權力和責任。」

在她的警官生涯中，她從未逮捕過任何人。但是從那時起，李總是在手提包裡帶著一枚金徽章，自稱是李警監。

隨著她對執法領域的興趣漸濃，李設想在警察工作中發展新的專業。就像醫學有心臟病學、神經病學等各科專家一樣，執法也有些領域有專門的技能，例如指紋辨識和檢查問題文件。她相信凶殺案應該是門專業領域，該由接受過特定專業技能訓練的專門人員負責。

她稱她設想的那個職位為「法醫調查員」，就是今日所知的凶殺案警探。儘管在某些警察局有凶殺案小組，也有稱為凶殺案警探的警官，但是沒有人受過李提出的先進法醫學訓練。隨著李對法醫學系職掌範圍的看法愈來愈明確，她認為該系在訓練專門執法員警方面的目標包括：

1. 創立法醫調查員一職，並規範從事這職業的必要條件。
2. 讓法醫調查員對自己的職業以及對公眾都有正確的態度，並培養他對這兩者的責任感。
3. 向他介紹其職業的歷史背景以及跟政府其他分支部門的關係。
4. 訓練他基本技能以及他工作所需的特有能力。
5. 讓他熟悉他將被要求填寫的一般類型的表格和報告。
6. 讓他意識到需要和其他共事的政府部門充分、大方地合作。
7. 激發他的求知欲。
8. 教導他法醫學應該脫離政治。
9. 教導他是個追求真相的人，他的職責是陳述真相，毫不畏懼地堅持真相。
10. 灌輸他具備改進自己職業的欲望與能力，不僅是改善工作方法，並且要提升該職業在外行人及專業群體心目中的名聲。
11. 培養他對自己的職業忠誠並感到自豪，明瞭該職業的科學價值與基本尊嚴。

然而一九四四年四月，醫學院院長波維爾寫給李一封令人不安的信，讓法醫學內部這股逐漸高漲的氣勢戛然而止。

波維爾寫道：「發生了令人擔憂的可能情況，莫里茲醫師獲得了極具吸引力的機會，有可能到別間醫學院任職。這機會非常誘人，他必定會認真考慮，我相信他現在正在考慮。」

忽然間，李辛辛苦苦在哈佛建立的一切似乎面臨崩塌的危機。

9 微縮模型

一九四四年五月十五日

「五年前這個學系只有一位新任的教授和E1大樓三樓的幾間空房間。包括教授本身在內，沒有人明確知道該做什麼或者該怎麼做。如今經過五年的運作，我們該退一步評估這項實驗，討論法醫學系是否有最終成功的希望。」莫里茲在給醫學院院長席德尼．波維爾博士的報告中寫道。

該學系在很多方面都表現得很有成效。莫里茲為麻州各地進行驗屍、提供死亡諮詢。系上成員都參與研究、發表論文，並且對哈佛、塔夫斯、波士頓大學的醫科學生授課。但是原本期望與哈佛法學院的合作卻始終沒有實現。四位接受研究基金計畫培訓的醫師中有兩位到別所大學任職，開設他們自己的法醫學課程。由於美國捲入了戰爭，找不到具備接受研究基金培訓資格的人選。其中一名研究員被徵召入伍，只剩一名留在哈佛做研究。

莫里茲在報告中寫道：「預計在戰爭結束時，申請法醫學研究基金的人將多過所能接受的人數。」迫切需要更多教職人員以應付戰後男性退伍時預期會增加的系務。

沉重的工作量對莫里茲造成傷害。身為系上唯一全職的教師，他發覺自己遭到多方拉扯。代表法醫學及哈佛參加醫學會議是職業義務，另外莫里茲還被要求在奧克拉荷馬州、伊利諾州、維吉尼亞州，和其他州的州立法者前面就法醫學問題作證。他也為開設法醫學課程的大學提供諮詢，包括華盛頓大學和加州大學洛杉磯分校。同時莫里茲需要在解剖室指導學生和研究員驗屍。當然他的很多案子都是刑事案件，最終要上法庭，那意味著得花額外的時間準備及作證。最後他還跟李有密切關係，參與了她為法醫師、驗屍官、驗屍醫生、檢察官、警官、保險公司主管所舉辦的法醫學會議。

最重要的是哈佛醫學院需要增加到至少三名全職教師，除了他自己以外還要有一名病理學家和一名毒物學家，所需的薪水似乎是筆龐大的支出，但是在麻薩諸塞州各地，以提供屍體解剖服務的形式帶給社會的回報相當可觀。塔夫斯和波士頓大學也將受益，因為哈佛同意為波士頓所有醫學院提供法醫學講座。

莫里茲在報告中寫道：「這所大學可能沒有充分明瞭自己在承擔法醫學系發展中需要投入的程度，與其堅持如此殘缺不全、註定失敗的嘗試，不如完全放棄這項計畫。」

倘若莫里茲的報告是為法醫學系爭取資金和關注的一記險招，那麼這策略奏效了。洛克斐勒基金會答應在十年間給予該系額外的七萬五千美元。而李在過去三年每年捐贈一千美元給該系以支付開銷，現在要連續五年將她每年的贈禮提高到三千美元。莫里茲決定留下來。

李很滿意他的決定。但是她不由得注意到他們關係表面的裂痕，因為莫里茲持續以他認為合適的方式領導該系，有時候直接與她的希望和建議相牴觸。

儘管哈佛大學的其他學系，尤其是法學院，對法醫學系的反應冷淡，但李相信哈佛能夠對執法機關有更大的貢獻，如同他們享有盛譽的商學院對企業界做出的貢獻一樣。哈佛企管碩士幾乎管理了整個國家，那個學位的卓越遠遠超過一紙文憑的價值。

包括加州大學和芝加哥大學在內，有好幾所大學為警察開設了學位課程。然而當時提供給警察的課程中並不包含法醫學方面的資料。在美國沒有一個地方可以把人訓練成凶殺案警探。李和莫里茲花很多時間討論如何解決警察缺乏訓練的問題。他們都不確定警察想要什麼或需要知道什麼，也不曉得警察局是否有興趣報名哈佛的教育課程。

新罕布夏州警察局局長卡斯威爾總警監派李去調查新英格蘭的警察局。李搭乘由一名州警察駕駛的巡邏警車，拜訪了新罕布夏州、麻薩諸塞州、緬因州的州警察局與法醫師。李警監一路上都獲得同行的禮遇。

李詢問警方領導階層有關法醫學培訓的問題，評估他們對這主題領域的熟悉程度，就課程中應該涵蓋的主題徵求他們的想法。她寫了一份長達九頁、詳細的調查報告。李深入了解的一點是在警察局內，不同的人需要了解不同的事。調查不明原因死亡的警察應該知道實務方面的法醫學。但是在與這些警察交流之前，需要先教育所有警察局的「高層」，讓他們知道法醫學是什麼，以及法醫學如何能夠協助他們調查。李在報告中建議：「簡而言之，為了讓州警察局的領導人充分明白、願意派遣州警察去上下一門課，必須先向他們宣傳法醫學。」

很顯然地法醫學教育必須由上而下地教導。李建議為警察局長和高階調查警官開設為期一、兩天的非技術性課程，說明利用法醫學可以查明什麼，需要什麼資料和訊息，州警察將學到什麼，以及這麼做將如何幫助警察局。

至於警員，莫里茲和李考慮在哈佛開設為期一年的課程，提供法醫調查方面的深入訓練。莫里茲傳了一封信給新英格蘭各地的警察局，估量他們對此提案的興趣，並且招募第一批的十二名學生。由於很少有人選符合讀過兩年大學、修過物理和化學課程的基本必備條件，因此這項提案胎死腹中。

作為替代方案，李提議開設一門密集課程——在馬格拉斯圖書館舉行為期一週的研討會。課程內容不應該過度專業，只要教授州警察絕對需要知道的知識就好。李說：「這課程的對象是那些受過一般教育、沒有專業醫學知識的人。要用淺顯明瞭的語言教導他們從醫學觀點偵查犯罪的實際做法，讓他們能夠有效率地將材料帶來檢查……倘若在哈佛上課成為州警察引以為豪的事，他就不會因為害怕這件事超出自己的能力而被嚇跑。」

＊＊＊

正如李所深知的，沒有任何調查比犯罪現場更重要。以正確方式處理犯罪現場的機會僅有一次。現場的一個錯誤或疏忽就可能改變調查的軌跡，因此必須在警察到犯罪現場犯錯、擾亂事實之前教他們運用觀察力。他們需要知道如何識別可能重要的證據，以便將證據保存、紀錄下來。該如何教導人怎麼觀察？李陷入沉思：

「提供學生現場觀察的第一手經驗這件事變得至關重要。」莫里茲和李討論時她說道。利用真正的犯罪現場非常理想但不切實際。

「教導一群學生的問題難以克服，因為無法帶他們到不明原因死亡的現場，等他們閒暇時研究。為什麼不能？因為時間很重要，條件會改變，成群『好奇的旁觀者』會礙事，但主要原因是在案件通過法庭審理前，不應該成為自由公開討論的事情。而一旦通過法庭審理，臨床材料經歷了種種變化，對教學目的來說變得毫無價值，另外現場和周遭環境也幾乎已經全毀了。」

可以給學生看犯罪現場的照片或影片，但那個過程是牽著他們的鼻子，向他們指出證據。這與在真正犯罪現場尋找證據的過程迥然不同，在現場沒有攝影取景來引導注意力。

李說：「我們發現視覺教學最有價值，但是幻燈片和電影固然重要，卻無法提供立體感，也無法給予所需之長期研究的機會。」

突然間，李想到了她為母親所創作的芝加哥交響樂團的立體透視模型，以及岩石山莊閣樓裡一盒盒的娃娃屋裝備與陶瓷零件。她對莫里茲說：「何不讓我來製作一座模型，裡頭將包含現場的環境和擺在原位的屍體。你能不能利用那個來教學？」

＊＊＊

李聯絡了她的木匠拉爾夫．莫雪，他住在麻州莫爾登市。莫雪在岩石山莊做過木工工作和其他各式各樣的雜活，最近的一件是建造葡萄酒窖。她寫信給莫雪說：「我有些特殊的工作要做，我只能說是製作一種獨特的木箱，大約十八英寸見方，還有一些細部工作我以後會再解釋。」

莫雪回信請求說明：「如果您能寄給我詳細資料，我會很樂意為您效勞。倘若您能讓我稍微知道我會需要什麼工具，那會對我很有幫助。我可能得搭火車前往，不想帶些不必要的工具。」

岩石山莊裡有間工作坊，幾乎具備所有莫雪會需要的重型木工和金屬加工設備。李告訴莫雪：「我想做的工作是建造一些模型的迷你房間，所以你需要準備最小、最精細的工具。」

李想創造一系列的立體透視模型來呈現犯罪場景，這些場景會故意模擬兩可，好強迫學生去觀察思考。她認為讓這些立體透視模型看起來盡可能逼真很重要，以免警察以為他們是被要求玩娃娃屋。她很早就決定要用熟悉的比例來做，將一英尺縮成一英寸，這是她用來製作芝加哥交響樂團及弗朗傑利四重奏模型的比例。李的立體透視模型是為大約六英寸高的調查員所設計。

李製作的第一座立體透視模型是根據馬格拉斯調查的一件案子，是一名男子在不尋常的情況下上吊自殺。死者是個惹人討厭、有控制慾的傢伙，他一再以威脅要自殺來脅迫妻子，直到達成他的目的。

她對莫里茲說：「照馬格拉斯的敘述，這個老人手裡拿著一條繩子到地下室去，他把繩子放到頭頂上的管路上，將一端繫在管子上，另一端有個套索。之後他就近站到一個箱子、桶子還是板條箱上，脖子上套著套索，等人哄他下來。」有一天，他站的臺子壞了，意外導致他被勒死。

為了在立體透視模型中隱藏死者的真實身分，李決定讓這起死亡案件發生在典型的新英格蘭穀倉中，而非地下室。為了建造穀倉，李讓莫雪從一座舊穀倉回收舊木頭，那間穀倉是格雷斯納家購得岩石山莊時就在那塊地產上的。莫雪用鋸子小心翼翼地除去自然褪色磨損的木材表面，製造出一張張十二分之一英寸厚的木片。然後將這些木片切割成半英寸的木條，再用膠水黏在一起，製成兩面都是舊木頭、按比例縮小的二乘六英寸的木板。

莫雪的穀倉從底部到風向標是二十七英寸高，每邊大約兩英尺。李在穀倉內部放滿麥稈和各式各樣的農具，包括一把用生蠔刀製成的大鐮刀。透過後窗可以望見從伯利恆聯絡車站看到的法蘭科尼亞山脈，伯利恆聯絡車站是李宅當地的火車站。在穀倉門上掛著一個馬蹄鐵，開口朝下，那是會招來厄運的掛法。一個一英寸高的大黃蜂窩藏在屋簷下，掩飾得非常好，很容易被忽視。

穀倉內，艾本・華勒斯（李為這小小死者編造的名字）的屍體掛在起重機上，一個脆弱的木條箱被壓碎在他腳下。

立體透視模型是在第二次世界大戰期間開始製作。許多材料都是定量配給或是短缺，例如鋼鐵和其他的金屬，某些種類的木頭，甚至連製作立體透視模型必需的用具也不例外。在莫雪可以製作立體透視模型的迷你零件之前，得先製作迷你的工具——打磨木頭的小型鑿子和鉋子。李想要從佛蒙特州聖約翰柏立市的西爾斯羅巴克公司購買一部十三塊九五美元的玉工車床，但是對方告知她電動馬達在戰時是限量供應，她必須向戰時生產局申請許可。為了得到玉工車床，李填了ＰＤ１Ａ的表格，即「優先等級申請表」。在填寫要求優先配給的用途之處，李寫著：「製作用於科學研究及教學的立體透視模型。」李費時兩個月終於拿到了玉工車床。不過她在為莫雪也需要的鋸子和馬達爭取優先號碼時，運氣就沒有那麼好了。

戰爭讓大家都過得非常艱難，取得材料和備用零件都可能很困難。即使找國際收割機公司索取材料，身為受人愛戴的共同創辦人的女兒也證明沒有任何優勢。當李需要更換岩石山莊上的國際收割機公司A6卡車的排氣管，該公司告訴她要等舊的排氣管退回他們才會寄替換的過來。李並不接受這個安排，因為在等待更換的零件時需要暫停使用卡車幾天。「我們正在製乾草，三、四天無法使用這輛卡車對我們來說極為不便。」她寫信給該公司說，她仍持有他們相當多的股票，但是沒有用，沒有什麼可以勝過政府的戰時配給。

金屬板、釘子與螺絲、鉸鏈、金屬絲等各式各樣的金屬物品全都短缺。就算弄到一顆螺絲，尺寸或顏色也可能不對。由於李的立體透視模型所需要的小尺寸釘子市面上買不到，莫雪只得自己製作。對李的計畫來說，即使是半軸金屬絲都很珍貴。一九四四年的冬天，一個劍橋的朋友寄了一段金屬絲給李。她回信寫道：「你寄來的裝著金屬絲的包裹已經收到了，我萬分感激你設想周到、慷慨大方的禮物。我為哈佛醫學院法醫學系製作的**微縮模型**的重要性遠超出你所能想像，因為我的計畫非常需要這個，而且如你所知，這是無價的稀有品。」

要用比例正確的五金器件安裝迷你門，必須用到四分之一英寸的黃銅鉸鏈，卻無處可買。李到處找遍了五金貨品店和供應商都徒勞無功。她所能找到最細微的黃銅鉸鏈是半英寸，因此得將它們逐一磨成合適的大小，以呈現三英寸的鉸鏈。

李想要製成模型的其中一個場景是車禍，一名女性駕駛死在方向盤前。觀者不知道的是，這個女人是遭她丈夫毆打致死，撞車是為了掩飾罪行的演出。學生的挑戰是要辨別駕駛人是死於車禍，還是在車禍發生時已經死亡。

由於鋼鐵和橡膠限量配給，李無法為模型找到大小合適的真實車輛。第二次世界大戰期間玩具汽車與卡車的生產暫停，有些公司倒閉了。李以驚人的毅力找到了一輛1：12比例的紅色敞篷跑車，但是重新考慮後決定不用她寶貴的玩具來模擬真實的車禍。

另一次，李需要用透明塑膠路賽特[3]來做窗戶，八分之一英寸厚，十三小片不同尺寸的路賽

3　一種透明壓克力樹脂的商標名。

特。她告訴波士頓的供應商她要購買一塊八分之一英寸厚的路賽特，任何尺寸都行，只要她能切割下一片片零件。供應商告訴她：「路賽特是重點物品，不能購買。」該公司只有一塊十四英寸、四分之一英寸厚的路賽特，因為太容易刮傷所以海軍拒收。

她在下無頭釘的訂單中寫道：「我非常樂意買下那塊路賽特，因為我可以好好利用它。謝謝你為我取得這些珍貴的物品。」

還有些模型李被迫使用相框上的玻璃來做窗戶。等戰爭結束後，她就可以拿到壓克力薄片來當窗玻璃。

李不遺餘力、不惜任何代價將她的立體透視模型做得逼真。為了拿威士忌酒瓶來裝飾模型，她從國家釀酒公司取得小鎮酒館及蟹果園等品牌酒的商標，用來製作微縮模型。她還僱用一位藝術家畫背景，另一位則創作岩石山莊小屋裡的迷你油畫，一英寸高兩英寸寬，掛在客廳的壁爐上。為了廚房的場景，李購買了一個金製的可手持攪拌器，這本來是掛在墜飾手鍊的小玩具，她將它塗成灰色好看起來像鋼鐵。這件首飾只是個道具，在當時可能比普通工人一天的薪水還要貴。

李不像她的朋友及草原大道上的鄰居娜西莎．索恩，把創作出擁有豪華房間的美麗立體透視模型當成業餘愛好，李希望她的模型看起來真實，好像長期有人居住般破舊凌亂。李選擇描繪的死者都是那些收入不多的人，與她生長的社交圈相去甚遠。她的立體透視模型中有妓女、囚犯、窮人、社會邊緣人。事實證明要為如此簡陋的環境尋找家具和其他陳設物品非常困難。李曾寫信給麻州丹斯德柏的微型家具製造商說：「我從未見過比你的作品更精緻忠實的複製品，就連索恩夫人的也比不上。」但是他的作品太好了，不符合她的目的。

她寫給工藝師說：「我不是要展現最精美的作品或是具有時代特徵的作品，而是想要呈現中低階層家庭、極端貧困的棚屋，或者廉價公寓裡的典型陳設。大多數是毫不起眼的家具，除了在二手店外想不出還能在哪裡買到的那種。」

許多家具是莫雪手工製作的：按比例縮小的衣櫥、床頭櫃、椅子等。為了確保成果盡可能逼真，李向耶魯大學的林木學教授要了一份清單，列出紋理夠細、做成1：12比例看起來較真實的各種木頭。

李的死亡場景中需要的逼真人偶在市面上也不存在。娃娃屋供應目錄上可買到的人偶都擺出固定的姿勢，兩腳放在底座上站得筆直。這一點也不適合李的用途，因此她自己動手做。頭部是她幾十年前製作模型所剩餘的，她加上假髮或是塗上灰漿來模擬頭髮。軀幹和四肢視需要填滿鋸木屑、棉花、沙子，或鉛粒，賦予身體適當的重量和外觀。堅硬的金屬絲用來固定身體姿勢，並且展現死後僵硬。李小心翼翼地在人偶的陶瓷皮膚上作畫，顯示出屍斑、一氧化碳中毒、腐化、遭受暴力的跡象。

為娃娃製作衣服是非常講究的事。李說：「最困難的是所用材料的質地，尤其是男人西裝的材質，大概是最難模擬的。材料必須滿足許多要求：必須薄而柔韌，但是不透明，必須能夠禁得起皺褶，不能夠輕易鬆開，而且為了垂掛的效果，必須能夠弄溼也不會損壞，當然顏色和花樣必須正確，然而儘管有時在一件商品上面可以找到這所有的特質，倘若紋理的比例不對還是可能無法使用。」

李沉迷於最微小的細節。她寫道：「大多數家具和小物品都可以使用，門和梳妝臺可以開，爐蓋可以掀起，瓶子的軟木塞可以拔起，石磨是真的可以轉動，籠頭和皮帶扣可以用，有些書打開裡頭有印好的頁面，編織物也是真的。」這些人偶衣著完整，裡面還穿著內衣，少了就不得體。

李小心翼翼地塗上紅色指甲油，模擬飛濺在牆上的血跡、血泊、地板上血淋淋的腳印。電燈開關周圍的牆壁沾滿了手印。李在指尖上纏了一塊布，花數個小時磨擦一塊油地氈上磨損的地方，好讓油地氈看起來真的很舊。她還放入了一些觀察者永遠不會看到的東西，例如在酒館裡有一張郵票大小的拳擊賽海報，只有走進裡面的六英寸高的老主顧才看得見，還有牢房牆壁上潦草塗寫的塗鴉。

李對莫里茲說：「我發覺自己不斷地想要添加更多線索和細節，擔心我可能在過程中變得太過『愛搞小玩意』。我希望你能盯著我，在我做過頭的時候阻止我。」

在幾個月內，李和莫雪製作了一座穀倉、一間臥室、一間廚房、一間客廳，還有至少其他三座立體透視模型。為了紀念艾薩克．史考特，莫雪根據這位設計師為幼年的李所蓋的遊戲室建造了一座小木屋。另一座模型的靈感是來自於她父母親在草原大道家的車庫。她還計畫了更多的立體透視模型。她告訴莫里茲：「我預期或是已完成的有兩個絞死的場景；兩個槍殺；兩個遭鈍器襲擊；

一個因自然原因死亡；一個溺死；一個被發現死亡；一個縱火（我還不知道那位紳士是怎麼遭到殺害，很樂意聽聽你的建議）；還有一個毒殺。我還需要更多的交通事故——肇事逃逸、碰撞和非碰撞的情況要有充分的證據（例如衣服碎片等等，但是不要太常見或是太明顯），另外還要再一、兩個槍殺，一個刺殺，再多一些中毒、一氧化碳中毒，還有兩個令人費解的被發現死亡狀況。」

李所建造最精巧複雜的立體透視模型，是由兩間幾乎一模一樣的並排房間組成。左邊的場景顯示一名男子遭槍殺後的瞬間。他四肢伸開倒在客廳地板上。右邊的房間布置得和另一間完全相同，顯示的是州警察熱心地將受害者搬到長沙發上的情況。州警察站著記筆記，死者的妻子則在清理丈夫倒下時打破的瓷器碎片。警員手中的鉛筆是用牙籤做成，有真正的鉛芯。筆記本上有微小、難以辨認的筆記。在他脖子上有條非常細的白金鍊子掛著真的可用的哨子。雖然乍看之下幾乎一模一樣，但是兩個現場之間有超過三十個不同之處，等待觀察的學生發現。

這些立體透視模型的貨幣價值很難準確訂定。李並沒有給每座模型逐條記帳，而且有些材料用在不只一座模型上。據估計，製作每座立體透視模型的材料及人力成本從三千到六千美元不等，相當於現今四萬到八萬美元的花費。

李早期的模型之一是鄉村的兩房小木屋，其居民顯然並不富裕，瀝青油紙的屋頂曾經修補過，但是仍有基本的必需品：靠近燒柴火爐旁的溫暖位置有張舒適的椅子、一張寬敞的鐵架床，一個簡單的廚房，裡頭有煤油爐和儲備充足的食物。在用盡心思花費無數個小時和數千美元製作了精緻複雜的立體透視模型後，李拿起噴燈燒她的作品。受到菲得利克·史莫謀殺縱火案的啟發，李小心翼翼地燒掉小屋一隅的大部分地方，直到床開始從地板掉落。在前景的五斗櫃上有個被煤煙弄髒的鬧鐘。

＊＊＊

第一次為期一週的警察命案調查研討會於一九四五年舉辦。每年還有兩次講習會，於四月和十月在馬格拉斯圖書館的會議桌邊舉行。李稱讚這次研討會是警察科學辦案的新篇章。

李說：「我堅信了解情況的警察效率才會高，因此（我）盡一切努力提供警察學員可能得到的最先進、最現代化的科學訓練。「當個城市步行巡邏警察需要『粗皮皮鞋和發達肌肉』的時代已經過去了，現在的警察是富有知識、受過良好訓練的紳士。」

李精心將命案研討會安排得像社交活動。唯有接到邀請的人才能出席研討會。她在拜訪各間警察局時記下具有潛力的學生。她找尋的是聰明、上過大學、職業生涯才剛起步，可以充分利用這項專門培訓的警察。倘若是將在幾年內退休的警察，李就判定他沒有資格參加研討會，認為他在警隊的剩餘時間無法充分利用所受的訓練。李還親自面試候選學生的主管和長官，確保他們承諾會充分利用這些培訓。倘若畢業生之後會被分派到辦公室或證物室，她就不想浪費教室的位子。

她堅持所有執法機構支付研討會的全部費用，而且是由執法部門並非警察來支付。這是為了讓各機關「投資」這項計畫，字面上與實質上皆如此。

在一週的研討會中，警察聆聽鈍傷和穿刺傷、窒息、中毒、火燒、溺死，及各種不同死亡原因的講座。他們觀察莫里茲解剖屍體，當然也與李的立體透視模型互動，她將這些模型稱為「死亡之謎微型研究」。

在研討會第一天結束時，警察分配到兩座微縮立體透視模型來研究。他們有大約九十分鐘的時間觀察每座模型。這週稍後，每位警察要站在全班前面做口頭報告。經過一番討論後才對學生公布每座模型打算說明的要點。

這些模型安裝在一間昏暗陳列室裡的黑色櫥櫃後面。大多數的照明來自立體透視模型內的迷你燈泡。學生做作業時李就坐在房間裡，回答一般的問題但是從不給予提示。

她告訴學生立體透視模型的用意並不是要像真正的刑事案件那樣解決。模型中的資訊並不完整——沒有屍體解剖的結果，也不能詢問目擊者問題，而且在大多數案例中，死者的正面從來沒有顯露出來。

李說：「必須明白的是這些模型並非『偵探小說』，不可能光憑觀察就能解決。這些模型的目的是用來練習觀察、闡釋、評估、報告。」

最重要的是，這些微縮模型是為了教導觀察者不要過早下結論、倉促判斷，只注意符合有利假設的證據。李說：「研究這些微縮模型的其中一個要點是，學生應該抱持**開放的心態**來對待。調查員經常『有種直覺』，於是尋找——發現——支持自己直覺的證據，忽視其他可能存在的證據。在調查實際的案子時這樣的態度將會造成災難。」

李鼓勵學生把微縮模型想成是凍結在時間裡的剎那，「彷彿電影就停在那一刻。」一連串未知的事件發生了，而立體透視模型描繪的是警察抵達現場的那瞬間。

李說：「應該提醒學生，他們必須將自己的觀點盡可能縮小，以免忽略了相關的細節。需要向他們說明，模型裡的許多細節與實際問題完全無關，而是當成布景，也就是戲劇場景，目的是表現出處在這些場所的是什麼樣的人或是他們的心理狀態。」

李建議學生緩慢、有條不紊地觀察立體透視模型，從左邊的某一點開始，然後以順時鐘方向環視房間，從外圍一直觀察到房間中央。她敦促他們抱著開放的心態、不加評判地觀察一切，讓證據暗示的真相自己浮現。

* * *

假如這領域要成長茁壯，那麼在警察命案研討會上播下的法醫學種子就需要照料。在研討會中介紹的知識和技能必須不斷更新。李希望在她研討會中受訓的警察能夠繼續維持動力，維繫他們在那一週裡形成的工作關係，建立關係網交換情報，必要時在重大案件上互相合作。為了達到這個目的，在開始舉辦命案研討會的同時，她成立了一個名為哈佛警察科學協會的非營利組織。研討會的畢業生將獲得哈佛警察科學協會的會員資格，該組織會舉辦進階的命案研討會促進專業發展。根據其組織章程，哈佛警察科學協會的宗旨是：

組織並聯合完成哈佛醫學院警察法醫學研討會的人員。
鼓勵擴展與改進用於犯罪偵查的醫學科學。
鼓勵科學犯罪偵查的研究工作。
促使負責犯罪調查的執法人員達到最高標準。
舉行大會並將犯罪預防及偵查的準確數據分發給會員，全力投入任何以減少犯罪為目標的活動。
提供警方實驗室及其他犯罪偵查的科學輔助工具之最新發展。
讓警方與醫學科學更密切合作。

＊＊＊

李對待參加命案研討會的警察非常好，盡可能確保他們過得舒適。她為這些人購買香菸，大約一星期供應他們八條香菸，而且用精明的行銷手法在火柴包裝上印著「法醫學」的字樣。她希望警察將火柴帶回家，促使他們談起法醫學。

每次研討會的第二天晚上，李都會在波士頓的麗思卡爾頓飯店舉辦奢華的晚宴。她在這些晚宴上毫不吝惜地揮霍，對最細微的細節都非常講究。李親自草擬晚宴的座位表，安排來自最遠城市的警察坐在一起以促進友誼與交談。李堅持提供最好的食物、飲料、服務，一場四十名賓客的晚宴要花費差不多兩萬五千美元。以現在的貨幣計算，單是餐桌中央的花卉擺飾就花了超過六千美元。李堅持讓她的警察用全套金箔餐具用餐，因此飯店花了相當於六萬六千美元購買瓷器，專供命案研討會使用。

麗思飯店總經理查爾斯．巴尼諾回憶道：「這些活動非常棒。她像對待皇室般地款待她的客人。只要他們表現得像紳士，他們想要什麼、想要多少都可以。」

經典菜單包括布拉布拉湯（boola-boola soup）、起司棍、芹菜心、小蘿蔔、橄欖、烤菲力牛排佐波特雷斯紅酒醬、烤小豌豆、法式安娜馬鈴薯派、菊苣和水田芥沙拉、火焰瑞典煎蛋捲、咖啡、薄荷糖、雪茄。對許多參加研討會的警察來說，這是他們畢生吃過最棒的一餐。巴尼諾說：「李大概是我們遇過最挑剔的顧客，我們非常喜歡她。」

這奢華的餐點是李希望全面給學生留下深刻印象，明白他們能接受國內最傑出人才的專門訓練是種榮幸。這些警察現在屬於菁英部隊，應該有相應的表現。他們在所受的教育中獲得了贈禮，有責任將他們新學到的知識運用在工作上。

上完研討會後，每個學生都獲得由哈佛警察科學協會頒發的證書。李認為他們擁有一張寫著哈佛的文憑很重要，讓他們明白自己完成了一件很有意義的事。每個學生還會得到一枚哈佛警察科學協會的西裝領針和一張全班的團體照當成紀念品。

研討會結束時，李站起來向警察發表演說。

不論是哪種警務工作都不容許臆測，尤其是凶殺案調查。調查員要找出真相，整個赤裸裸、無可爭辯的真相，盡可能結案。他不是在保護任何人或為任何人復仇，而是透過耐心、認真嚴謹、精確、辛苦的工作查明發生了什麼事，而不是先猜測再找尋證據來支持自己的臆測。耐性、無止境的吃苦耐勞的能力、絕對的精確、認真仔細，這些都是無可替代的。倘若你不能抱持這些信念來處理案子，那就應該立刻辭職。警務工作也沒有你容身之處。反覆對自己說：「警務工作絕對不容許臆測」，或許你就能學會。

＊＊＊

李打算將這些微縮模型捐贈給哈佛法醫學系。她寫給波維爾說：「我正透過我的稅務顧問安排，以確定這些模型在法醫學系要如何安置才能對所有相關人士最為有利。等決定好之後，我會依照您和我討論過的內容，寫封正式的提議給您。」

幾個月後，李向哈佛發出正式的提議：「我不喜歡在贈禮上附帶條件，但是為了澄清起見，我想說我明白這些模型將會被好好安頓、保護。我不希望這些模型公開展示，而是保留給參加研討會的人使用，我希望能夠讓那些人因而受益。」

一九四六年一月二十三日，哈佛舉辦茶會感謝李承諾捐贈。賓客名單包括哈佛校長詹姆斯・柯南特和他的夫人、羅傑・李醫師夫婦、波維爾院長與他的夫人、艾倫・莫里茲和他的夫人、洛克斐勒基金會的艾倫・桂格、李的兒子約翰・格雷斯納・李、李的女兒瑪莎・巴徹爾德。

儘管表面上表現得慷慨大度，但是李對哈佛和法醫學系日益不滿。莫里茲在日常工作外又接下了彼得・班特・布里根醫院的首席病理學家職位，更沒有時間和注意力關心系上事務。李感覺哈佛容忍她只是因為她承諾贈與遺產。說句公道話，她也是為了自己的好處而利用哈佛，利用這所大學的聲望來推動法醫學領域的發展。可是她覺得自己的貢獻沒有受到認真對待。

波維爾在備忘錄中寫道：「李表示她在法醫學系沒有得到她想要及渴望獲得的熱情接待，她比較像是位尊貴的客人，而不是名參與者。」

10 哈佛謀殺案

一九四六年春天，維吉尼亞州的立法者通過了第六十四號參議院法案，廢除驗屍官制度，成立法醫中心來調查不明原因的死亡。為了保護法醫師不受公眾壓力與政治權勢的影響，他將隸屬於獨立的五人委員會，與李大力推薦的安排十分相似。為了確保維吉尼亞州的制度一開始就很順利，李立即主張他們應該聘請一名前哈佛法醫學研究員擔任首位主任法醫師。她最為推薦的有兩名人選——赫伯特・隆德醫生和赫伯特・布瑞佛格醫生。他們兩人都很年輕、聰穎，能夠勝任這份工作。

第三名人選是羅素・費雪醫生，他是在維吉尼亞醫學院接受醫學教育。維吉尼亞醫學院院長威廉・桑格博士請莫里茲讓費雪參加哈佛的研究基金計畫，抱著他有一天可能回到維吉尼亞州擔任法醫師的想法。李認為儘管費雪聰明能幹，但他還要再過幾年才能勝任如此重要的任務，因為他尚未完成病理學的訓練。李向桑格以及維吉尼亞州警察局局長伍德森總警監分享了她的看法，他們兩位都是監管法醫室的委員會成員。最後委員會全體一致決定任命布瑞佛格為維吉尼亞州首任主任法醫師。

成立法醫中心的法案也批准維吉尼亞醫學院設立法醫學系。布瑞佛格受聘為助理教授，新學系從一九四八年開始運作。

＊＊＊

沒多久報社記者便聽說了哈佛大學為警察舉辦的科學命案研討會，以及用於教學的奇特犯罪現場模型。謀殺與娃娃屋的出人意料組合是現成的專題報導。《波士頓環球報》、《普羅維登斯週日報》和其他許多家報社，都報導了哈佛法醫學系與新一代科學法醫師的英勇事蹟。

這些報導倘若提及李，往往將她描寫成外圍人物，一位製作病態娃娃屋的富婆，沒有如實陳述她是這領域的領導人物，並且是法醫學系背後的推動力量。李很樂意接受這樣的低調，只要這樣對促銷報導有用、有助於宣傳法醫學。莫里茲向李道歉說她的姓名不為人知，她的創舉也沒有獲得讚揚。

她告訴莫里茲：「就『我的姓名完全不為人知』這件事而言，根本不存在這回事。我從一開始就獲得各式各樣的報導。我們還是盡一切努力將法醫學這個主題介紹給大眾，讓人理解、重視，而且歡迎法醫學。這件事對任何人其實都無關緊要，只除了少數支持法醫學的人之外，而那些少數人心裡明白，所以我們的討論就到此為止吧。」

至今為止成績最好的一次是發生在一九四六年春天，《生活》雜誌聯繫李想寫篇報導。《生活》雜誌是美國國內首屈一指的畫報週刊，擁有大約一千三百萬名讀者。這本大開本的雜誌以優越的攝影著稱，他們迫不及待想要特寫「死亡之謎微型研究」。

一位《生活》的攝影師在哈佛花了好幾天拍攝立體透視模型。該雜誌想要如研討會上展示給學生那樣將微縮模型呈現給讀者，並且給每座立體透視模型分配一篇簡短的初步報告。但是有個問題：雜誌社想要每個現場背後的答案。

雜誌採訪記者傑夫．懷利告訴李：「《生活》還是非常有興趣採訪報導，但是認為『解答』不可或缺。我解釋過，您說我們可以自由下自己的結論，我告訴編輯我想您會確認我們推演出的結論是否正確。編輯現在以他們愛找碴的態度，想知道為什麼您願意確認我們的猜測，卻不答應給我們完整的解答。換句話說，《生活》不想玩猜謎遊戲。」

參與報導是將法醫學介紹給全國廣大讀者的機會。可是如果每個人都知道解答，那麼微縮模型的教學價值就會降為零。最後李妥協了。她允許《生活》使用目擊者的口供，但不能使用命案研討會中使用的完整報告。她准許雜誌透露一些線索，不過拒絕提供解答。

微縮模型於一九四六年六月三號出版的《生活》上初次在全國亮相。一篇沒有署名的特別報導刊登在雜誌的前三頁，是給編輯的信之後第一篇附照片的特寫，占據最佳位置。報導中提到李是法醫學系的創始人，不過她沒有出現在照片中。有四張微縮模型的照片：客廳、黑暗的浴室、兩個房間、條紋臥室。唯一一張有人的照片是四個男人看著穀倉。

＊＊＊

參加哈佛研討會的州警察很樂意向李回報他們如何將培訓應用在調查中。在一次研討會後，印第安納州警察局實驗室的R．伯肯施坦警督告訴李，在最近一件案子中，有個男人被發現浸泡在水中大約三個月，屍體嚴重腐爛，當地的警察與驗屍官放棄了透過指紋確認男子身分的可能性。

由於在命案研討會上學過皮膚滑脫和撕脫，也就是表皮與底層皮膚分離的狀況，於是伯肯施坦想到要查看死者被發現時所戴的手套內側。手套和死者的衣服一起被丟棄了，不過尚未銷毀。手套內側的皮膚有清晰可辨的指紋，死者的身分因此得以識別。

伯肯施坦告訴李：「驗屍官是個殯葬業者，他不清楚手部皮膚在這種情況下會分離。由於沒有驗屍，所以大概永遠不會知道死亡原因。我點燃火炬以對抗這樣的情況，希望將來會有成果。」

在命案研討會上傳授的知識在學生返鄉後再散播出去。一名德拉瓦州的州警察根據他在哈佛的經驗主持了一場培訓講習會，內容包括觀察屍體解剖。其中一名受訓者根據這一手的資訊，打斷了正要打開死者頭骨驗屍的驗屍醫生。州警察告訴醫生：「那樣做是錯的，在打開頭骨前應該先切開腹部。他們在哈佛都是這麼做。」鋸開頭骨會損害腦膜上的靜脈，掩蓋顱內出血的跡象。先割開腹部可以讓頭部和頸部血管的血液流入軀幹，如此一來大腦表層的血就不會是鋸子造成的。

驗屍醫生並不樂於接受這主動提出的勸告，轉身走開。主管將這名州警察叫進辦公室解釋。州警察說：「我以為您讓我們去上課，是因為您希望我們學點東西再加以應用？事情有正確的做法和錯誤的做法，您這是錯誤的做法。」

一九四七年四月十六日

一九四七年四月第一週的命案研討會上，莫里茲主持了一場講習會，介紹他和波士頓法醫人員如何找回、辨認椰林夜總會大火的四百九十三名受害者，以及針對可能導致許多人死亡的煙霧所做的化學分析。德克薩斯州警察局實驗室的化學家J．阿爾內特出席聆聽莫里茲的演講。在他回到德克薩斯城一星期後，該城港口一艘載滿兩千噸肥料的貨船爆炸了。剛參加完研討會的阿爾內特確切知道開始尋找與識別傷亡人員的程序。他在現場設立了一處指揮中心集中放置遺體，再取得辨別受害者的標籤後才將遺體移出現場。

那場事故中至少有五百八十一人喪命，包括德克薩斯城義勇消防隊二十八名成員，除一人以外其他全部罹難。超過六十名受害者的身分始終沒有確認，還有許多受害者一直沒有找到。這是美國歷史上最嚴重的工傷事故，要不是受到李研討會的影響，其後果將會令當地執法人員難以招架。

＊＊＊

哈佛法醫學系設立後的第一個十年，共有十八人通過研究基金的進修。到一九四七年，這十八人中有一半仍在麻薩諸塞州、維吉尼亞州、佛蒙特州從事法醫師工作。其他人要麼回到一般病理學要麼在其他領域工作。

到這時候，法醫師已經在十個州取代了驗屍官。李的目標有了些進展，然而四分之三的美國人仍然活在驗屍官的管轄之下。

透過莫里茲和李的努力，法醫學系積極參與各州改革法律的活動，包括麻薩諸塞州、羅德島州、佛蒙特州、緬因州、康乃狄克州、紐約州、俄亥俄州、路易西安那州、奧克拉荷馬州、密西根州、北卡羅萊納州、加利福尼亞州、科羅拉多州、愛荷華州。在莫里茲和他的哈佛團隊協助下，華盛頓大學、辛辛那提大學、科羅拉多大學、維吉尼亞醫學院、加州大學洛杉磯分校開始設立法醫學課程。

儘管如此，法醫學系仍然離達到充當麻州各地死亡調查資源的目標很遠，更別提成為全國性的法醫學研究所了。從統計的角度來看，考慮到當時麻州每年有五萬人死亡，應當有大約一萬件案子由合格的法醫師進行調查。這之中大約有一半，也就是一年五千件案子左右，會需要法醫驗屍。可是在一九四七年，法醫學系的成員只參與了一千四百件調查。他們進行了三百八十五件的驗屍，其中包括為薩弗克郡法醫師所做的一百二十一件，還有由州公共安全部指揮調查的兩百零四件。這樣的屍體解剖量僅夠法醫師維持對驗屍步驟的熟練程度。

李告訴洛克斐勒基金會的艾倫．桂格她懷疑莫里茲對法醫學的投入，並暗示將減少她對該學系的財務支援。桂格在日記中提到：「她認為（莫里茲的）心仍然在病理學上，而且將永遠如此。李夫人相當直截了當地暗示，她的下一筆大額捐款很有可能是寫在她的遺囑中而不是其他地方。她希望哈佛能夠『如他們為商人所做的那樣對警察有更多貢獻』，可以理解的是，她覺得最近的事態距離此目標有點遙遠。」

儘管法醫學系表現得不如預期，李的命案研討會卻一直很成功。每年有兩組約三十名學生接受培訓。到了一九四九年，參加研討會的有來自美國十九個州和加拿大兩個省的警察、聯邦調查局特別探員、美國陸軍憲兵。

整個命案研討會都是李獨力舉辦，哈佛沒有提供任何財務或行政上的協助。她的私人祕書卡拉．康克林處理所有的信件。李安排演講者，他們大多數人都與法醫學系有關聯，李並且為那些外地來的演講者支付旅費。每次研討會前她都會在波士頓待上一週，親自監督教室的布置和宴會的準備工作。李款待所有人在麗思卡爾頓飯店享用精緻的晚餐，提供香菸和火柴，支付證書及西裝領針的費用，個人承擔了所有與命案研討會相關的費用。同時研討會的收益以註冊費的形式歸於法醫學系，李仍然繼續資助該系。

儘管研討會非常成功，但哈佛不是每個人都支持警察命案研討會。有些人認為警察不適合出現在常春藤聯盟的校園裡。因為在惡性貧血方面的開創性研究獲頒一九三四年諾貝爾獎的喬治．米諾特博士，在給波維爾的信中匆匆寫出他的想法。「為什麼哈佛醫學院要牽扯上培訓警察或他們夥伴的課程呢？」米諾特對波維爾說。「醫學院似乎變成提供課程或指導給那些根本沒打算拿到學位的人。當然，毫無疑問地，在所謂的警察實驗室裡受過良好訓練的人值得花時間栽培，但不管怎樣我只是自問為什麼哈佛要跟這件事扯上關係。」

李認為警務工作並不次於常春藤聯盟，因此運用她的影響力確保命案研討會繼續在哈佛舉行。而且她在一九四九年開始邀請女警參加命案研討會。一九四九年四月第一組出席的女性，也是康乃狄克州警察局第一批女性州警：艾芙琳．布里格斯和凱薩琳．哈格蒂。從那以後，每次研討會都至少有兩名女學生參加。

李費盡心思確保這些女性在命案研討會上感到賓至如歸。雖然女警在當時並非聞所未聞，但是人數少到讓男學生以為她們是祕書或是誤闖進教室。「有些男性成員告訴我們，我們第一天進來時他們有點困惑。」州警露西．波蘭德說，她是一九四九年十月第二組參加命案研討會的女性之一。「當李警監介紹我們是女州警時他們都大吃一驚。」

波蘭德敘述了一件在實驗室練習時發生的事，學生在實驗中觀察毒藥對老鼠的影響。在向李保證她不怕老鼠後，波蘭德被周邊視覺裡的突然動靜嚇到，往後一跳撞到了李。波蘭德說：「我為撞到她感到尷尬，而且在誇口說自己不怕之後卻又後退非常丟臉。不過李警監立刻消除我的困窘，她告訴我她不怕老鼠，但是非常怕青蛙，因為她永遠不知道青蛙會往哪裡去。」

與女警互動對研討會的男學生有益。在休息時間，男士聚集在女警周圍，談論她們的警察工作做得如何。波蘭德說：「很多代表州參加哈佛研討會的人沒有接觸過女警，非常驚訝地發現康乃狄克州的警源如此健全。他們之中有很多人說多年來一直在爭取讓女性加入他們部門卻徒勞無功，但是在跟我們談過之後，他們覺得彷彿帶著充足的彈藥回去之後可以找局長、長官等人爭取。」

一九四八年二月九日

李更大的目標——向一般大眾介紹法醫學——依舊難以實現，她有另一個雄心勃勃的想法：拍一部有關法醫學系的戲劇性電影。透過一位在紐約市出版界的朋友，李引起薩繆爾·馬克斯的興趣，他是米高梅電影公司主管編劇部門的編審。馬克斯告訴李：「我們覺得可以拍一部半紀錄片性質的有趣電影，以妳在犯罪領域的工作為題材。」他派遣一名年輕的作家艾爾文·約瑟菲到波士頓。

回到岩石山莊時，警用無線電讓李在漫長寂寞的日子裡與她的執法大家庭保持聯繫。「我懷著日益增加的興趣和感激之情收聽維吉尼亞州警察的廣播，直到我覺得彷彿你們每個人都是我私人的朋友。」她寫給詹姆斯·南恩警司道。戰爭期間，他在伍德森總警監服役時擔任代理的州警察局局長。

李對她在維吉尼亞州及新罕布夏州的這些男性友人相當寵愛，不但寄送個別特製的耶誕信函，並贈送煙燻火雞和一箱箱新鮮柑橘，以及勒摩恩・史奈德（LeMoyne Snyder）醫生的書：《命案調查：給驗屍官、警官，與其他調查員的實用資料》（*Homicide Investigation: Practical Information for Coroners, Police Officers, and Other Investigators*）。史奈德在哈佛接受醫學教育，是密西根州警察局的法醫學主任。他曾參與組建密西根州立大學行政警察學系（現在是刑事司法學院），以及密西根犯罪實驗室。

《命案調查》於一九四四年出版，是警察學校和大學刑事司法課程三十多年來的權威教科書。第一版出版時，李寫信給史奈德稱讚他的文字。史奈德用奉承的口吻回信道：「您的評論實在令我感到非常高興，尤其您是全國公認，關於這項主題的真正權威。」

一九四八年，史奈德向李傳達他的朋友厄爾・賈德納（Erle Stanley Gardner）提出的詢問。賈德納是佩瑞・梅森系列小說（the Perry Mason novels）的作者，是當時美國的暢銷作家，他定期為全國各大雜誌撰稿。身兼執業律師和作家的賈德納最近展開了一項計畫，重新調查那些宣稱遭到當局捏造罪證，被判決冤枉他們犯了謀殺罪的案子。賈德納找了警察、調查員、鑑識科學家，和其他專家來協助他稱之為「法庭最後手段」的計畫。最後賈德納為《Argosy》寫了一篇有關這計畫的專題報導，《Argosy》是本廉價雜誌，想要藉由從虛構文章轉成真實犯罪報導來重整形象。

過一段時間後，賈德納在《洛杉磯時報》上讀到一篇介紹哈佛警察命案研討會的報導，很有興趣為自己在該堂課上爭得一席位子。這研討會前所未有、不同尋常，可能會帶給他的寫作一些想法。史奈德是賈德納的「法庭最後手段」專家小組的一員，他將這位作家介紹給李警監。

李起初猶豫不決。她告訴哈佛警察科學協會的理事會成員：「我思量了很久，因為我一直極力避免邀請外人。但是，我想他可能會帶來益處。」

一九四八年十月，賈德納受邀參加命案研討會。學習現代化的科學死亡調查方法令他大開眼界。李說：「他興味盎然並且深受遇到的那群人感動。」

李向作家質疑他的佩瑞．梅森系列小說。她對賈德納抱怨：「你的故事非常公式化，警察被刻畫成缺乏教育的傻瓜，比一個依據根本不該發生的錯誤為其當事人脫罪的辯護律師還不如。你為何不寫一些正確描繪警方的故事呢？」

賈德納說：「我如果照實寫，那麼書只寫一頁半就結束了。」

「我只是不敢相信州警察是由研討會上這群人組成的。」他告訴李。

她說：「的確是這些人。你愈早寫完佩瑞．梅森和警察繞著他團團轉的故事愈好。」

在命案研討會那週，賈德納剛好正要完成一本佩瑞．梅森系列的小說《可疑的新郎》。在休息時間，賈德納透過電話對他在加州特梅丘拉的祕書口述小說內容。

賈德納對李的印象十分難忘，說：「她無論從哪個角度來說都是個完美主義者。舉辦宴會時……

她花好幾個鐘頭仔細考慮座位安排、花卉裝飾與節目。在我看來，沒有一個細節是微不足道或不重要到她可以忽略的。

「她的思緒很有條理、邏輯，所以她能夠充分理解警務工作，讓她可以精明準確地估量個別的案件，也能夠全面規畫目前正在進行的事，精確評估未來應該做的事。」

賈德納贊同法醫學的重要性，打電話給《Argosy》的發行人及「法庭最後手段」專家小組的另一名成員哈利．史迪格。史迪格從紐約市到哈佛參加最後一天的命案研討會。之後，賈德納與史迪格討論寫書，也許是一系列以採用最新科學工具解決謀殺案的州警察或法醫師為主角的故事。

賈德納將《可疑的新郎》獻給李警監，在前言中寫道：

本書是在相當不尋常的情況下撰寫的，最後一部分是我在波士頓參加哈佛醫學院法醫學系的命案調查研討會時以口述完成。

我聽說這研討會有一段時間了，這些研討會是由新罕布夏州的法蘭西絲．格雷斯納．李所贊助，她是新罕布夏州警察局的警監。在警察圈子裡，參加這研討會的邀請函廣受歡迎的程度，就如同好萊塢的邀請函之於渴望成為演員的女孩一樣。

在這一切背後的指路明燈是法蘭西絲．格雷斯納．李警監。我相信她從不曾忽略過生活中的任何一個細節。李警監以縮小的比例（一英尺縮成一英寸）重建了一些警方所遇過最令人費解的犯罪案件……

李警監所做的工作非常了不起……我將這本書獻給她，在某種程度上是為了表達我的謝意；並且欽佩她的頭腦如鐵路鐘錶般準確精密地運作，創立了全面的培訓課程計畫，這課程有助於讓能幹的州警官成為像醫生或律師那樣專業的人士。

賈德納在印刷機剛印好的第一本《可疑的新郎》上簽名後寄給李。他也把親筆簽名的書送給每一位參加命案研討會的警察。李寫信給賈德納在威廉．莫羅出版社的編輯，提出一個不尋常的請求，要求從印刷業者那裡拿到一張未裁切過的全版印刷紙（稱為「一台」），上面印有《可疑的新郎》的前三十二頁。她解釋道：「我想要把它拍成照片縮小成我的尺寸，用在我的微縮模型中的一本小書裡。我希望這要求不會太過分。另外我還希望獲得許可複製這本書的大半內容，當然不是為了銷售！還有請不要告訴賈德納先生。」

由於狂熱地改信法醫學，賈德納答應李要寫一本書，「書中將展現州警察機構的優點」。這本計畫中的書可以用他的本名出版，或是以他使用的眾多筆名之一，包括查爾斯．肯尼、卡爾頓．肯德瑞克、A．菲爾。但是他要請李幫個忙，請她協助取得州警察真實的背景經驗。他想要花時間跟警察相處，為他的故事搜集現實的細節，追蹤實際謀殺案的進展。他會更改姓名和其他細節，避免侵犯隱私或者面臨訴訟的危險，並且編成小說以符合他的故事目的。他告訴她：「我真正想做的一件事情，是看某個州警察機構偵辦一件棘手的謀殺案，觀察整件事的處理方式，藉由觀察體制運作來了解我的背景資料。」

李相信賈德納會對法醫學的發展很有幫助，因此培養與他的關係。以賈德納的名氣，一本真實、有利於警察的書，對介紹法醫學給一般大眾將會非常有價值。她告訴莫里茲：「我和厄爾・史丹利・賈德納之間開始十分熱絡地書信往來，我想我們可以讓他寫出任何我們想要的事。」

李聯繫她在麻薩諸塞州、新罕布夏州、康乃狄克州、賓夕凡尼亞州、馬里蘭州、維吉尼亞州的州警朋友，為賈德納安排了一趟巡迴旅行。她告訴維吉尼亞州警察局局長伍德森，賈德納承認他一直以來「對警方的態度不恰當，經常輕視警察、支持某個業餘的偵探英雄，他現在打算寫本以州警察為主角的書。我相信倘若他能夠從警察的角度來寫會對警方大有好處，前提是他得到完整、準確的背景資料，這點最為重要」。

賈德納第二次參加的命案研討會是在一九四九年四月的最後一週舉行。這回，與他同行的有《Argosy》發行人哈利・史迪格和「法庭最後手段」小組的其他成員：勒摩恩・史奈德、私家偵探雷蒙・辛德勒、測謊專家雷納德・基勒。命案研討會一結束，李和賈德納立即花兩週的時間一州一州地拜訪，從波士頓到里奇蒙，由李的私人司機駕車。賈德納帶著相機和聽寫設備在旅途中工作。

在巴爾的摩時，李和賈德納在埃爾克里奇鄉村俱樂部與馬里蘭州驗屍人員委員會的成員會面。自從該制度於十年前建立以來就一直擔任主任法醫師的霍華德・馬爾德斯醫生意外染病，於一月去世。馬里蘭州需要一位新的主任法醫師。

馬里蘭州的法醫師是受獨立委員會的管轄，有法律確保他們的獨立自主權。巴爾的摩有兩所備受推崇的醫學院：約翰・霍普金斯大學和馬里蘭大學。這座城市擔負著發揮領導作用的法醫學核心角色。

李告訴委員會成員，羅素・費雪是莫里茲身邊最聰明、最有希望的候選人。費雪已經完成病理學訓練及三年的研究進修。年輕而雄心勃勃的費雪錯失了回到里奇蒙擔任維吉尼亞州主任法醫師的機會。李極力推薦費雪擔任馬里蘭州的這個職位。賈德納也為費雪擔保，向委員會成員保證這位病理學家聰明又有骨氣，能夠抗拒任何企圖影響的政治勢力。

一九四九年九月，費雪被任命為馬里蘭州主任法醫師。不到一年，他就展開一項研究員訓練計畫。馬里蘭州法醫中心的最終願景是建立法醫學研究所，如同哈佛那般。

回到哈佛，馬格拉斯法醫學圖書館剛成立時有上千本書，是世界上同類型圖書館中規模最大的，在李勤奮地收購下收藏增加到三千本書與期刊。圖書館的收藏中包括許多稀有珍貴的版本、馬格拉斯的案件卷宗、獨一無二的文件，以及全美最完整的薩柯與范澤蒂案件的相關紀錄。

一九四九年初期，醫學圖書館館長再一次找莫里茲商量，提出將該系藏書與中央圖書館合併的想法。莫里茲回覆：「我不願意將李夫人於一九三八年十一月十五日寫給我的私人信件中有關馬格拉斯圖書館的那部分逐字照抄給您。然而，我可以向您保證她那時堅決反對轉出本系的任何藏書，我沒有理由認為她改變了主意。」

＊＊＊

米高梅電影公司有興趣拍一部不同類型的電影，一部以紀錄片風格拍攝的電影，講述改編成小說的真實故事。第二次世界大戰後美國電影觀眾的口味已經改變。他們希望電影更真實地反映日常生活，而不是那麼理想化。犯罪故事和懸疑作品一直都是受歡迎的類型，但是法醫學展現了尚未開發的一條路。

米高梅的報告中寫道：「我們的看法是這素材可以發展出令人印象非常深刻的故事。最有意思的是本案裡的偵探不是一般狄克·崔西的那種類型，而是醫生，一名法醫師，這改變會令人耳目一新。事實上，法醫師參與了真正的警方辦案，但是因為某些原因，在電影中從來沒有用過法醫師，至少很罕見。」

米高梅與莫里茲達成協議要拍攝一部電影，片名暫定為《哈佛謀殺案》。故事創作的任務交給雷納德·史匹格蓋斯，他最近剛與人合寫《戰時新娘》（*I was a Male War Bride*）的電影劇本。電影公司同意支付哈佛大學一萬美元以換取法醫學系的合作與協助。莫里茲將有權決定最後的腳本，以確保專業方面的內容正確。

校方高層不確定將哈佛的名字出借給大眾娛樂的嘗試是否妥當。醫學院院長波維爾竭力向哈佛董事會爭取。他主張法醫學一直受到過時法律及缺乏資金支援的阻礙，這種情況要到一般大眾明白需要改進才會改變。波維爾在寫給哈佛董事會祕書的信中寫道：「我認為一部好的電影對於讓大眾明白改進法醫學實務的必要性大有益處，可能勝過為醫學期刊寫上數千頁，以及在醫學會和律師協會前面演講數千次。」最後，哈佛董事會允許米高梅使用哈佛大學的名字。

史匹格蓋斯為《哈佛謀殺案》草擬了一份十頁的大綱，開場是參與調查可疑暴力死亡案件的眾多專家圍坐在馬格拉斯圖書館的會議桌旁。史匹格蓋斯寫道：「李夫人在此時加入了這群人，會議暫停，然後我們轉到李夫人最近對『死亡之謎微型研究』教學系列的貢獻。到目前為止李夫人出現在會議上的原因並未解釋。她顯然是演員陣容中異乎尋常的人物。到目前為止故事還沒有主角，也沒有具有凝聚力的情節。這是大學與州執法機構之間合辦事業的紀實報導，描寫不明原因死亡所產生的問題的性質和規模，以及當運用專業知識解決此問題時會帶來的驚奇。」

依照史匹格蓋斯的想像，攝影機將會特寫燒毀小屋的立體透視模型，然後畫面漸漸消失，開始倒敘喬治．馬格拉斯對芙蘿倫絲．史莫謀殺縱火案的調查。從那之後，電影將會講述從法醫學系創立到今日的故事。李告訴史匹格蓋斯她不想要個人知名度，希望大眾的注意力集中在法醫學領域。她建議他的故事以艾琳．培瑞謀殺案為基礎。

史匹格蓋斯去掉李在故事中的角色。由於她希望將公眾的注意力集中在法醫學領域而不是她本身，因此李在鑑識科學發展中所扮演的角色被邊緣化。她身為改革家、教育家、積極分子所做的貢獻，大多埋沒在歷史的長河中。

在李審閱過電影腳本後不久，美國科學促進會出版的刊物《科學月報》聯繫了莫里茲，說要寫一篇有關科學犯罪偵查技術的文章。莫里茲建議雜誌社去請李撰寫這篇文章，他們照做了。像美國科學促進會這樣的組織竟然考慮找一個根本沒有高中文憑、更別提專業資歷的人來寫稿，令人非常驚訝。

李自己也這麼認為。她回答他們的詢問：「我很願意接受你們的提議，不過……我完全不具資格撰寫你們提議的那種文章。」

她也沒空做這件事。除了排滿日程表的會議及對社群團體的演講外，李還忙著幫查爾斯・湯瑪斯編輯根據命案研討會上的報告所寫出的論文集，查爾斯・湯瑪斯是出版史奈德《命案調查》的發行人。

一九四九年一月三十一日

霍華德・卡斯納從西儲大學病理學研究所所長職位退休後，莫里茲抓住機會接下他嚮往已久的職位。李並不意外他選擇離開哈佛。莫里茲是一路受到誘哄督促地踏入法醫學界，從不掩飾他對臨床病理學和研究的偏好。法醫學仍在發育成形的階段，尚未被認可為正統的醫學實務領域。這是個骯髒、惹人反感的行業，是醫生玩警察抓強盜的遊戲，在哈佛校園優雅的環境裡始終沒有受到熱烈歡迎。

李說：「哈佛醫學院的教職人員瞧不起法醫學。當莫里茲博士這位知名的病理學家願意接下法醫學系主任一職時，他們覺得那是退步，甚至是退好幾步。」

莫里茲認為他已經完成人家要求他的任務：建立一個學術性的法醫學系，應該將注意力轉回他自己的興趣上了。他在一封給李的信中說明了他的動機：

我並沒有忘記自己對您、對哈佛大學及洛克斐勒基金會的義務。我並非未曾注意到系上有許多人可能因為我的離去而或多或少感到不安。然而，我已經奉獻給法醫學十二年的光陰，這近乎我人生最富有生產力時期的三分之一，如今我面臨一個至關重要的決定：在人生最後的十五年中我想要做什麼。我決定轉向一件從社會福祉的觀點來看或許不那麼重要、但無疑會帶給我更多樂趣的事。

在那時，莫里茲和李之間的關係已經冷靜下來，不過仍有強烈不滿。莫里茲對於李干涉系上事務，且不斷為她的研討會提出要求感到生氣。就李而言，她覺得莫里茲總是關心他自己的職業生涯勝過法醫學領域。最後，李逐漸醒悟到他可能是個雙面人，一方面將她的工作成果歸功於自己，一方面在她背後說三道四削弱大家對她想法的支持。

緊接在莫里茲離去之後，醫學院院長席德尼．波維爾也宣布退休。一切如李腳下移動的沙子變得十分不確定，包括李正在寫的書、電影《哈佛謀殺案》、命案研討會，甚至法醫學系本身。

11 衰退與沒落

一九四九年二月二十八日

莫里茲的離開讓法醫學系陷入混亂。在他以李為後臺領導了十年後，迄今為止建立起來的一切都受到威脅，除非可以找到強有力的繼任者來繼續推動法醫學系的使命。沒有如莫里茲般富有聲望的系主任，大家擔心其他的人員可能會離開去找更穩固、更有回報的工作。

李對她擔任內科醫師的朋友羅傑．李說：「假如他們任何一位或所有的人在這時候出於自我保護的理由離開我們，我們就麻煩大了。請和我一起思考我們處境的嚴重性吧：倘若我們失去了唯一為他們所做的特殊工作受過訓練的人，我們會遭受嚴重的挫敗，因為外面沒有地方可以招募到其他的員工。」

莫里茲推薦理察．福特醫師接替他擔任法醫學系主任。福特畢業於哈佛醫學院，接著到波士頓市立醫院的外科實習，然後於第二次世界大戰期間在太平洋待了三年半。他在戰鬥中於機動外科醫院服役，在戰爭的最後一年半，負責管轄一間空中醫院，在一九四五年返鄉前升任少校。在法醫學系接受完研究員培訓後，福特受命為李瑞的繼任者，擔任薩弗克郡南區的法醫師。福特是一流的法醫病理學家，專心一意地投入法醫師的工作中。在病理學當中，他主要的興趣是創傷，也就是他在戰爭期間治療的各類型傷害。

戰爭似乎影響福特極深。他有黑暗的一面，動不動就大發雷霆。到他辦公室的人經常因為那裡展示的恐怖犯罪現場及屍體解剖的照片而深感不安。撇開性格問題，福特身為法醫病理學家及法醫師的能力無庸置疑。李願意姑且相信福特，與他在法醫學系共事。她告訴羅傑・李醫師：「我愈了解福特醫師，對他評價愈高。」

***

一九四九年春天，米高梅製作人法蘭克・泰勒寄《哈佛謀殺案》的腳本給莫里茲，病理學家認為這劇本可以接受。由於他已不在哈佛，這電影能否繼續進行取決於幾個因素，包括法醫學系代理系主任福特的同意。福特答應與米高梅合作。

莫里茲寫信給波維爾，鼓勵哈佛為了法醫學允許米高梅拍攝這部電影。莫里茲說：「過去十年間，我在國內各處旅行，試圖引起大眾對改進法醫學實務的必要性的興趣。在我看來，一部由米高梅電影公司之類的機構所籌畫、發行的合適電影，在幾個月內達成的目標可能比用其他任何方法多年下來所能實現的更多。」

哈佛對這部電影有一點異議，那就是片名。哈佛大學不希望電影以「駭人聽聞或是在其他方面令人不快」的片名發行，於是《哈佛謀殺案》改名為《謎街》（*Mystery Street*）。

按照李的建議，《謎街》的故事大致上是根據艾琳．培瑞的案件，但是更改了細節，將事件虛構化。在電影中，里卡多．蒙塔班飾演巴恩斯特波郡的警官彼特．莫拉雷斯，他正在調查鱈魚角海岸發現的一具已成骸骨的屍體。莫拉雷斯帶著僅僅一盒骨頭的證據尋求哈佛法醫學系協助。亞瑟．麥克杜醫生，也就是演員布魯斯．班內特扮演的莫里茲／福特系主任，運用出現在頭版標題的最新科學方法來幫忙解決案件，包括身分辨識、彈道學，以及曾經在魯克頓謀殺案中成為關鍵證據的鑑識攝影。麥克杜利用法醫人類學確定了死者的年齡、性別、職業，以及死亡原因——槍傷。莫拉雷斯自認為抓到了罪犯，然而麥克杜冷靜、堅持不懈地遵循科學事實，讓警察羞愧得進一步調查，終將真正的凶手逮捕歸案。簡而言之，科學洗刷了無辜者的嫌疑，證明了罪犯有罪。

《謎街》是第一部在波士頓拍外景的大型電影，於一九四九年十月、十一月拍攝，哈佛廣場、燈塔山、哈佛醫學院校園為片中的特色。描繪法醫學系的場景，包括李取得的槍傷模型及人體模型頭部的鏡頭，不過「死亡之謎微型研究」並沒有出現在影片中。

根據與米高梅的協議，電影在十月開拍後，米高梅就該立即支付一萬美元給哈佛法醫學系，可是直到十二月，哈佛都尚未收到這筆款項。

在生意方面向來精明的李，要求米高梅履行他們約定的承諾。她堅持要福特站出來擔負起系主任的責任，向電影公司收款。福特轉而向接續波維爾成為醫學院院長的喬治·貝瑞博士尋求指示，因為這項協議是在他到哈佛之前談定的，他並沒有參與電影公司與大學之間的協議。

福特對貝瑞說：「李夫人一再問我那筆錢進來了沒，她強調說這部電影最初的約定只和她有關……我從幾次與李夫人的談話中猜想這整件事關係到她的所有人權益。」

無法收回欠哈佛的錢可能會危及將來李的捐贈。福特說：「我……十分肯定倘若（這筆款項）沒有付給法醫學系，不僅將危及最終承諾的二十五萬美元，同時會切斷過去十年來我們的特種基金持續收到的慷慨捐贈。」

之後哈佛拿到了那筆錢。

《謎街》廣獲好評。《紐約時報》的評論說：「在這部警察對凶手的電影中，科學多過謎團，然而這影片令人難忘。儘管預算低，但是予人的感受不差，而且對技術細節、背景、合理性都非常注意，十分具有真實性。」史匹格蓋斯因為這個故事獲得奧斯卡金像獎的提名。

今天，《謎街》是部鮮為人知的黑色謀殺懸疑電影。對鑑識科學迷來說，《謎街》是公認的首部現代疑案犯罪劇。作為《神勇法醫官》、《CSI犯罪現場》及同類節目的前驅，《謎街》建立了一套公式，成為影片、書籍、網路及有線電視節目、podcast、實境節目裡大受歡迎的類型。對鑑識科學的興趣普及於一般大眾，產生所謂的CSI效應，造成大家現在對科學證據有不合理的高度期待。

* * *

大家很快就清楚福特的性情並不適合領導法醫學系。他對研究、教學，或是隨著系主任職位而來的行政職責都沒什麼興趣。李直截了當地向福特提出她認為很嚴重的問題。她對他寫道：「我必須坦承，對我來說法醫學系為什麼會奄奄一息是個謎，但是法醫學系目前確實是停滯不前，我不敢想像要恢復從前絲毫稱不上完美的活動力是多麼艱巨的任務……你對如何能讓學系恢復活力有什麼建議嗎？」福特沒有提出任何建議。

李向洛克斐勒基金會的艾倫．桂格吐露她對自己鍾愛的學系目前的狀況感到沮喪。她告訴桂格：「我必須承認我對福特醫師大失所望，雖然他看來是個訓練有素、技術嫻熟的人，對法醫學非常有熱情（對此我的看法依然不變），但是出於某種我無法理解的原因，當大好機會到他手中，他似乎沒辦法辨認出來。我不想和他討論這個情況，因為我已經領教過他性急暴躁的脾氣，覺得我已經體驗過從系上人員能夠領受到的種種不愉快了。」

李和莫里茲的意見不一定一致，但是至少莫里茲會把事情做好。福特似乎滿足於坐等事情發生。在他的領導下，法醫學系幾乎沒有做什麼研究或是其他值得注意的事。

尤其是李收到反對命案研討會的意見。允許州警察進入醫學院校園已經超過限度，哈佛拒絕讓市警察跨入。即使會議完全由李安排並提供擔保，哈佛大學仍然不允許波士頓警察參加命案研討會。

李告訴桂格：「在我看來，這個學系正迅速衰敗。再這樣持續低迷一年，我應該就不再有興趣提供經濟或精神上的支持了。」桂格建議李減少對哈佛的投入——無論是她本人或是在經濟上。

李做了一些決定。她會繼續利用哈佛舉辦命案研討會，但是取消對該學系的其他任何支援。在她有生之年不會再有任何捐贈。「死亡之謎微型研究」也不會毫無保留地交給哈佛醫學院。她在一封寫給銀行家、討論她一九五〇年稅金的信中表明了意圖。李詢問銀行家，扣除付給細工木匠奧頓．莫雪的三千七百二十美元薪資是否合法。李寫道：「雖然一九五〇年沒有贈送哈佛模型，但是每次研討會都出借兩座模型。我之所以提醒你注意此項目，是因為霍維先生提出這個問題：既然這些模型不再成為哈佛財產，那麼扣除這筆款項是否恰當。」

＊＊＊

作家賈德納信守諾言，在一九五〇年出版的《音樂牛探案》書中再度寫到鑑識科學。這本小說獻給莫里茲，是根據這位病理學家在蘇格蘭接受研究員訓練期間參與的一件案子所寫。令許多購買此書的讀者懊惱的是，主角並非佩瑞．梅森，而是一名州警，他利用警方的犯罪實驗室為無辜的嫌疑犯洗刷罪名、證明犯人有罪。賈德納也向馬格拉斯致敬，將後來在一九五五年出版的佩瑞．梅森系列《豔鬼》獻給喬治．馬格拉斯。

在一九五二年出版的著作《法庭最後手段》中，賈德納單獨稱讚了李和法醫學系，專門用一章來描寫哈佛命案研討會。他寫道：「法蘭西絲・格雷斯納・李警監是位了不起的人物，一位年約七十歲的女士捐了一大筆錢在哈佛大學建立起法醫學系。」

在《生活》雜誌的附照片特寫後，李和「死亡之謎微型研究」立體透視模型就刊載在許多報紙報導和全國性的雜誌上，包括《週六晚郵報》、《冠冕》、《洋基》、《大眾機械》，和許多其他的雜誌。一位製作死亡娃娃屋的富有老婦人的觀點令人難以抗拒。李覺得像賈德納之類的作家和《Argosy》發行人哈利・史迪格都是在利用她來吸引讀者。她希望把焦點放在法醫學而不是在她身上，至少在她有生之年是如此。

李告訴她的顧問委員會：「我有時候不得不遏止他們的渴望，因為他們似乎想在宣傳中利用我來引人注目，但我認為這主題本身就夠引人注意了，排除個人傾向給人的感受會比較好。不過一旦我安然死去，對此就無能為力了，如果能夠促進工作的發展，而且你們覺得恰當的話就讓他們利用我吧，否則別把我扯進去。在我有生之年我會盡一切努力留在幕後。」

儘管她討厭引人注目，但是由報章雜誌報導所積累的名聲帶給李不必要的關注。那些聽說過這位百萬富翁及她對警察科學感興趣的人不斷來信轟炸她。人們寫信給她請求幫助、要錢、找她代言廣告。有些人述說不公正的悲慘故事和令人困惑的謎團。她推辭各種求助，包括已定罪的殺人犯、失蹤者絕望的親人、生活在收容機構裡的人，以及用潦草字跡寫給李長達數頁請求的精神病患。

「我在絕望中寫這封信給您，希望您能夠幫忙或是給我建議，我要如何做才能擺脫這個地方，因為我並沒有發瘋。」一名住在梅維州立醫院的人寫道，他宣稱自己被故意接種了梅毒。

一封以「親愛的女士」為開頭的信，地址只寫了「給麻州劍橋哈佛大學法蘭西絲・格雷斯納・李夫人」，不過李顯然忽視了這點。「我對我在《週日星報》上讀到有關您的〈哈佛謀殺案〉的文章很感興趣，相信您可以解決一些事情，這些事情從我在一八九七年到九八年間頭一次實際知道以來就一直令我困惑不解。」

有人主動提供李調查及鑑識藝術的服務，並且千方百計地試圖與她接洽。汽車安全協會設法引起她對交通安全的興趣。一位來自長灘的企業家想請李幫忙推出全國的扒手小偷資料庫，供零售業使用。

小約翰・克洛克是在波士頓科普利廣場三一教堂任職的年輕牧師，他代表查爾斯頓監獄裡的終身監禁囚犯查爾斯・沃倫寫信給李。克洛克寫道：「他在史丹利・賈德納伯爵[4]的《法庭最後手段》一書中讀到您對刑罰學的興趣及工作成果。他本人正在寫一本關於他自己和查爾斯頓監獄的書。我完全沒讀過那本書，不過他待在那所監獄的時間比目前在那裡的任何人都來得長。他非常希望讓真正有名望的人對他的案例感興趣。」

李的回答客氣但直接：「雖然我完全同情您代表查爾斯・沃倫先生的行動，但是很抱歉我無法給他任何協助。我只對法醫學的問題感興趣，對犯罪學的問題一無所知，而且我也無法在已經背負的包袱上再增加一丁點額外的負擔。我很欣賞並且喜歡厄爾・賈德納先生，但是他過分熱情的友誼卻讓讀者對我的工作有錯誤的印象。」

唯一讓她破例的是一位心煩意亂的母親，她的十幾歲兒子死於自慰性窒息。這種危險的做法是在手淫時利用勒住或窒息來增強性興奮度。用繩子或皮帶懸吊或勒住身體局部，讓自己達到近乎失去知覺的門檻。死亡可能是意外的結果。

這位母親名叫萊特太太，住在加州安那罕市，她請教李有關她兒子被發現時令人震驚不安的情況：她兒子一絲不掛，身上纏著一條細繩。警方判定他的死亡是自殺。萊特太太想知道是否可能是謀殺？這種事情發生過嗎？

李帶著問題去找哈佛的專家，然後回報給萊特太太，以母親對母親的身分解釋死因，充滿同情心，但是堅定、客觀，坦白地說清事實，讓這位悲傷的母親可以消除揮之不去的疑慮。

李告訴萊特太太：「這看來是起意外死亡，與青少年性實驗的情況完全相符。這類型的案例並不常見，但是發生的頻率足以讓人輕易辨認出來。」

她以執法單位使用的格式回答了萊特太太的問題：

4 史丹利・賈德納全名原文是 Erle Stanley Gardner，該囚犯顯然是將 Erle（厄爾）與 Earl（伯爵）搞錯了。

問題一：靠懸吊的話，氣管軟骨會斷裂嗎？尤其是當全身的重量並不在脖子上的套索上時？

答案一：通常不會，但是有可能發生。在某些情況下頸部器官移位有可能導致這種斷裂。

問題二：如果死者在懸吊時還有意識，兩眼會完全閉上嗎？

答案二：這沒有定論。兩種情況都有可能。

問題三：有沒有可能死者在懸吊時已經失去意識？

答案三：有可能，但是可能性不高。這無法證明，而且似乎沒有證據暗示有這種可能性。

問題四：您聽說過男人將自己的陰囊綑綁起來嗎？

答案四：沒有，但是我聽說過其他同樣不可理解或甚至更離譜的行為。人在性實驗中往往發揮極大的獨創力。

＊＊＊

一九五〇年，李在七十三歲時面臨迄今為止最大的挑戰：被診斷出罹患癌症。她住進波士頓的菲利普斯之家，數年前她曾經和馬格拉斯在這裡共度許多時光。她憂慮自己的大限將至，李採取措施以確保法醫學的火焰不會隨著她的死亡熄滅。她成立信託，建立法蘭西絲・格雷斯納・李基金會，繼續贊助警察命案研討會以及哈佛警察科學協會。

為了確保她的指示能受到確切遵循，李成立了一個顧問委員會，由她認為最值得信賴且充分了解她對法醫學願景的五個人組成：她女兒瑪莎・巴徹爾德；前美國軍法官、波士頓的拉爾夫・波伊德；維吉尼亞州警察局局長查爾斯・伍德森，前空軍犯罪調查員及聯邦調查局特別探員法蘭西斯・麥加勒基；她的銀行家艾倫・哈珊德。

李告訴委員會成員：「顧問委員會的每位成員都是我挑選的，主要是因為我對其能力和良好的判斷力有絕對的信心，同時也是因為我相信他們理解並贊同我的目標。」

一九五一年，李寫了一封信給顧問委員會，標明為「最高機密」。

> 在我看來，你們應該知道我在哈佛醫學院創立法醫學系時遭遇到的一些問題。首先，我是個單打獨鬥的人，向來都是如此，而且我從來不滿足於從事別人反覆做，直到將原先的意義和精神全都消磨殆盡的事。因此當我有機會在醫學界開創全新的領域時，我欣然地接受了。我從小就對醫學和護理有濃厚的興趣，很樂意接受這兩方面的培訓，然而這在那時卻是不可能的事，因此法醫學，包括醫學和普通常識，再加上少許的警探工作，立刻吸引了我。但我發現，遺憾的是包括

我自己在內，沒有人清楚法醫學到底是指什麼，而且在一九三〇年左右，我最初積極參與法醫學的發展時，幾乎沒有什麼資料可以幫助我，所以有必要大多憑藉毅力和笨拙來進行，但是幸運的是有馬格拉斯博士的技術、知識、訓練來指引我（他才是真的從零開始），我才能夠完成很多事。考慮到在一九三〇年整個世界，尤其是醫學界，特別是我自己，對「法醫學究竟是怎麼一回事」都了解得不多，我覺得從哈佛開設這個學系以來的二十年間有長足的進步。

首先，我認為是因為時機成熟；其次，我想是因為大約在那時候當上院長的席德尼・波維爾博士，他意識到法醫學是醫學院多年來第一個全新的學系，因此決定依靠它邁向個人的成功；第三我想是因為莫里茲醫師，第一位積極的系主任，他渴望個人的名聲，認為可能透過法醫學獲得。

對我而言，這是場令人洩氣的漫長鬥爭，我要對抗狹隘的嫉妒、愚昧無知、頑固地不願學習，需要我可以鼓起的所有熱情、耐心、勇氣、機敏。由於天性和後天的培養，我有點害羞膽怯，因此過著孤單且相當嚴峻的生活。在我必須面對的困難中，最主要的是我從來沒上過學，我的名字後面沒有動銜，我被歸入「無事可幹的有錢女人」當中。此外，身為女性有時候很難讓男人相信我正在推動的計畫，雖然有時候，我必須承認，身為女性也有其優勢……儘管令人洩氣的事情很多很嚴重，可是我仍然覺得自己克服了大多數的困難，並達成了我的目的，或許比我應得的要多，但是不及我的主題應獲得重視的程度。

首先，必須教導每個人法醫學是什麼及其潛在的價值，包括那些可能支持和可能實踐法醫學的人，還有可能從中受益的一般大眾。必須教導的人有哈佛大學校董委員會、哈佛醫學院院長、醫生、律師。還有警方必須接受教導，他們大多數人都不願意學習、與法醫學保持距離。警察局長也必須教育，不過他們幾乎無一例外都很願意學習，派遣他們的人來參加我好不容易說服系主任勉強允許我提供的課程，還有令人高興的是警察學生本身，他們從一開始就熱心參與支持……

在我漫長的一生中，有非常豐富的經驗將各式各樣混雜群體的人混合在一起，我希望讓我們的講習班並非「只是另一所學校」，因此選擇採取小班制並且增添明確的社交性質。出於這個原因，我堅持為講習班舉辦晚宴，違背系主任的意願，他再三說：「那些晚宴非常花錢；這些錢在系上可以有更好的用途。」但是即使在晚宴存在的這幾年中，我也能明顯看出這些晚宴所促成社交關係的價值。建立名為哈佛警察科學協會的小組織，是通往友誼之路的另一塊墊腳石。我堅信這個協會可以變得強大有益，改善警察的訓練，改進醫學調查……

雖然我知道有人說世界上沒有人的位置是無法填補的，但我還是相信等我死後法醫學多少會有點衰落，因為——雖然是我自己說的——我有熱情、意願、勇氣、耐心、毅力，相信一直以來，我的性格對於我試圖達成的目標發揮了作用。我非常喜愛我們的畢業生；為他們的成功感到驕傲和快樂，當他們運氣不佳時，我體諒並同情他們。他們一直對我很好很親切，為我晚年帶來美好的幸福。我一直很嚴謹，從不要求或尋求恩惠，我懇求你們也這麼做……

我整個目標是改善司法，讓執法方式標準化，加強現有的工具，讓執法警官更容易「做好工作」，給予一般民眾「公平的待遇」。

哈佛對待法醫學系的態度不是非常開明或寬厚，比起來洛克斐勒基金會要支持多了。莫里茲醫師只要對他有好處就願意「合作」，不過總是要經過一番爭吵；福特醫師也差不多，雖然莫里茲醫師積極，福特醫師怠惰。假如從一開始就真正合作，法醫學可能會比今日要先進得多，但是或許會成長過快。

但是無論如何，我們走到了這裡。請不要讓這一切衰退消失。你們五個必須學會勇往直前，無論被擊倒多少次。不過，你們知道的遠比我學過的多，而且你們有五個人可以互相比較瘀傷。

在給顧問委員會的信中，接下來是超過五頁密密麻麻的詳細指示，說明如何籌辦為期一週的命案研討會、挑選審查學生、規畫研討會的時間表，以及安排講座的演講者、聚餐的座位安排和團體晚宴的菜單。沒有遺漏研討會的任一方面。依照李的指示，晚宴「必須顯眼高雅、大方、舒適。」

接著她又回來繼續說明她的工作：

我懷疑由於你們大多數是男性，因此可能不會遭遇到我從一開始就碰到的困難，不過我在此還是提醒你們，你們會發現系上人員根本不了解研討會的價值或意義。他們認為沒有理由將這些主題照一定的順序安排，照他們的看法，倘若要在研討會週討論某個主題，那在什麼時候提出來都沒有差別。實際上，差別非常大，凡事都有先後順序，整個班必須做好準備才能上某些主題。必須記住的是這些人不是科學家，我也不打算讓他們成為科學家。他們沒有接受過實驗室技巧的訓練，不過他們應該要知道某些測試很容易辦到，如此一來他們可以在組織中安排人手，在需要時幫他們做這些測試，這對法醫學的發展有益。此外，化學示範實驗適合用來結束過度集中精神、動不動就太過漫長的一天。這些人是成年人，有些已經離開學校好幾年了，朝九晚五地坐著不動將近一星期對他們來說很困難。這是提供香菸的原因之一，也是在課程中有些地方安插某些特別吸引人的東西的主要原因……

無論我做什麼，目的都是為了提高美國警察的能力，將他們由此提升到獲得他們理應有的尊重與榮譽的地位，我吩咐你們繼續遵循這些做法努力，直到改善這個國家的司法為止。倘若我隻身一人都能夠完成這麼多事，那麼你們五人以更豐富的經驗和沉穩的男性判斷力，應該能夠達成奇蹟……我在此將一把點燃的火炬交給你們帶走，絕對信任你們不會讓火焰熄滅，所以請接受我由衷的感謝與感激，謝謝你們對我的工作顯示出興趣和信賴所給予我的幫助，感謝你們讓我感到安慰，因為我知道當我不得不離去時，我的工作將會繼續，而且比我自己能做到的走得更遠更寬廣。

至於哈佛，李毫不保留她的看法：

過去二十年來，我將我所有的時間、精力、思緒，更確切地說是我所有清醒的時間，全都用來努力牢固地建立美國的法醫學，而不僅是建立哈佛醫學院的法醫學系，雖然那一直是整體情況中最主要的部分。哈佛以守舊、忘恩負義、愚蠢著稱，我確實發現這名聲當之無愧。因此我並沒有特別希望持續推動哈佛，但是我的確覺得哈佛已經有個學系加上圖書館和其他的設備，其中有許多是獨一無二、無法複製的東西。更何況，哈佛非常明確地被公認為是國內第一所法醫學系。因此我向委員會和基金會建議盡可能支持哈佛，但是我對哈佛施加了某些限制……我警告你們每一個人，哈佛既聰明又狡猾，需要經常留心，否則她會利用你們，將你們給予的任何資金都用於她自己的目的上。這種傾向在我一生中非常明顯，因此我寧願自己花錢去獲得我想要的東西，再將結果交給哈佛。我建議你們盡可能也照著做。

李在這封最高機密的信件結尾向顧問委員會提出了最後的幾句忠告：

不要忘記，我們要發展的是法醫學，不是哈佛醫學院。同時要注意稅的問題。

＊＊＊

儘管隨著年歲增長，她的病痛也增加了，包括心臟病和多次骨折，但是李在生命剩餘的十一年中，日程表始終安排得很忙碌。她積極參與各種專業協會，出席了美國鑑識科學協會的第二次會議。她是國際警察局長協會的第一位女性成員，經常參加他們的會議，還有麻薩諸塞州與新罕布夏州法醫學會、新英格蘭女警協會，及許多其他組織的會議。

李和拉爾夫．莫雪的兒子奧頓一起繼續做了更多「死亡之謎微型研究」的立體透視模型。奧頓製作了李住處的瑞典式門廊的比例模型，一個有壁爐的封閉石砌露臺。模型裡使用的每塊迷你石頭都和實際瑞典式門廊的形狀一樣，複製真實到最微小的細節。李還做了一座有數個房間的立體透視模型和一個公寓大樓的大型模型。

岩石山莊也仍然是執法人員拜訪的聚會地點。李的兒子約翰，描述了他母親的屋子在週末人家來訪時的活動情形：

當該出席的人只剩康乃狄克州警察施瓦茲警監與其妻子的時候，我們才來了不到幾個小時。不用說，在那個週末剩下的時間裡，談話內容大多落在警務工作和法醫學的事情上，很有意思，但是我無法貢獻太多，因為我自己的罪過不能公開討論。最近的一次罪過是開車到兩百二十哩外的利特頓只花了五個半小時整，還包含吃早餐。包括早餐的平均時速是四十哩，代表我大多數時間的時速至少有六十五哩或更高，以佛蒙特州彎彎曲曲的道路來說速度過快。因此當走同一條路的警監開始討論行車時間時，我支吾其詞是可以理解的。

一九五一年十二月二十一日

李再次拜訪聯邦調查局，試圖安排與胡佛會面，討論建立全國牙科紀錄資料庫的必要性，此資料庫對於辨識全國各地不知名的屍體將極為有用。胡佛告訴李很遺憾地他有公務在身，無法在她拜訪華盛頓特區的期間與她見面，將她介紹給他的一名雇員。根據一份傳聯邦調查局副局長克萊德·托爾森手中的局長辦公室備忘錄所寫：「知道胡佛先生不在時，李夫人拒絕與其他人交談，聲明她想和胡佛先生約時間，討論她寫過的事。」

這一回，李沒有見到胡佛。

＊＊＊

一九五〇年代中期，哈佛高層開始考慮小心地送李出門。一九五四年李即將七十六歲，到達哈佛強制退休的年齡。哈佛董事會在她生日前幾週注意到了這個事實。在四月時董事會祕書與醫學院院長貝瑞聯繫，討論是否該終止李的馬格拉斯圖書館榮譽館長的職位。

那時，李與哈佛的往來有限。她到醫學院大多只是為了一年兩次的警察命案研討會，而大學給她的頭銜也多半是禮儀上的。除了偶爾要求命案研討會的講師外，她對大學造成的負擔極小。貝瑞質疑，無論動作多麼小心，忘恩負義對她反咬一口是否明智。

貝瑞對董事會祕書說：「哈佛又不需要支付薪水，李夫人對我們的工作有極大的貢獻。除非從她告訴我們她處理遺產的計畫後，她的財務隨著時間變化出現問題，我相信法醫學系將會發現她在遺囑中留了可觀的金額。鑒於這些情況，我希望董事會同意這樣破例是合乎情理的。」

董事會祕書大衛・貝利告訴貝瑞，李可以保留她的榮譽頭銜。「我和普希校長再次談過這件事，他同意在這種情況下不動李夫人目前的職位是很得體的想法，儘管她已將近《聖經・詩篇》所說的八十歲了。」

貝瑞向福特透露了這個好消息：「我相信你會同意我的看法，說服他們繼續讓她擔任這個榮譽職位對我們最有利！」

隔年，李「退休」的問題有了永久的定論。「為了讓你的檔案中可以有書面紀錄，所以我寫信來告訴你，雖然李夫人超過了強制退休的年紀，我們仍然希望她繼續留在大學的名單當中，擔任法醫學系喬治・柏吉斯・馬格拉斯圖書館的榮譽館長。此外，可以合理假設的是，我們將會無限期讓李夫人繼續擔任這個榮譽職位。」

* * *

維吉尼亞州警察局局長伍德森總警監收到李透過基金會發出的誘人邀請，有機會在英國待兩週、德國一週，目的是研究這些國家的警察制度。

身為執法界的重要成員及國際警察局長協會的幹事，儘管他認識李多年，並且是她顧問委員會裡的成員，但伍德森認為應該謹慎地向聯邦調查局確認看看該機構是否知道李和個人顛覆組織有沒有聯繫。一九五五年是冷戰的高峰，與共產主義扯上關係可以毀掉職業生涯。

負責波士頓辦事處的聯邦調查局特別探員提交了一份報告給胡佛，提到在岩石山莊為全美州檢察長協會年會所舉辦的招待會上與李見面的情況。報告中說：「這次招待會據傳聞花費了**李警監**大約三千五百美元，她還從紐約市請來酒席承辦人員負責所有的準備工作。關於李警監的背景先前向局裡報告過，她年約七十五歲，幾乎是體弱多病，多年來一直對犯罪學和法醫學有濃厚的興趣。」

這個警報解除信號由波士頓辦事處用電傳打字機發給聯邦調查局總部，再轉發給伍德森：「**波士頓檔案中沒有涉及她的詆毀資料**。」

* * *

一九五〇年代後期，新罕布夏州公路部門的工程隊打擾了岩石山莊的寧靜。他們正在勘測一條新的高速公路，這條路將會橫切過格雷斯納的莊園，把大約三分之一的土地和其餘的地產分隔開來。

年近八十，幾乎又聾又瞎，但李仍然一如既往地願意挺身奮戰。「我一直在跟公路部門抗爭，叫他們到別處開那條該死的路，但是完全沒用。」她在給兒子約翰的信中寫道。

根據李的說法，公路工程隊告訴她：「一旦我們決定好究竟需要您多少土地，就會出個公平的價格給您。」

她回答：「哦不會的，絕對不會是公平的價格。你們會給我你們認為可以勉強應付過去的最低數字。如果你們沒有那麼做就表示你們不是出色的商人。」

工程隊和李分手時已經如朋友一般。她告訴他們：「倘若我非得失去我的農場不可，你們會發現我是個輸得起的人。我不會製造不必要的難題，反而會盡我所能與你們合作。」他們也同意這麼做。

李邀請工程隊共進午餐，並且在飯前提供他們雞尾酒。她寫給兒子說：「兩星期前我請他們上來吃午餐，給他們吃了豐盛的一餐。午餐前我們喝了點酒，我分別向他們敬酒，叫他們的名字，並加一句『打倒公路部門！』」

工程隊鑽取岩芯的樣本以評估該地區深層的地質情況。「我祈禱是流沙，但他們鑽到堅固的花崗岩。」李說。他們給了李兩塊從她的地產取出的花崗岩岩芯，灰色圓柱狀的沉重岩石，大約有兩英尺長。她將花崗岩磨光做成桌燈。

工程隊勘測的那條道路成為九十三號州際公路，如今從波士頓穿過康科德和白山，到達佛蒙特州的沃特福德。李繼續住在岩石山莊的小屋，直到隨著時間推移，走路困難限制了她的行動。一九五七年，李購買了一輛組合式住屋拖車，擺在小屋後面。反光的鋁面飾以白色及淡紫色的琺瑯，這間活動房屋在岩石山莊鄉村式的環境中看起來像太空時代的組件。李對她縮減版的新家很滿意。在拖車裡，她不需要輪椅或助行器就可以四處走動。所有東西都嶄新好用。裡頭燈火通明，有充足的熱水供一個人使用，插座也多到李都不知道該怎麼用。奧頓．莫雪在一扇大窗戶前擺了一張桌子和一把舒適的椅子，窗外可以看到華盛頓山，李打算在那裡開始寫她自己的書。

儘管健康一直出問題並且屢次骨折，李的精神與精力卻從未衰減。一九五八年夏天，她靠在扶手椅上撿拾掉落地板上的信件時斷了一根肋骨。無論遇到什麼障礙，李總是在一天結束時喝杯冰涼、美味的馬丁尼將其拋在腦後。她在寫給家人的信中說：「雞尾酒時間對我來說變成一段重要的時光，不是因為酒，而是因為暫時歇息、放鬆，以及這儀式的優雅漂亮。在日復一日的生活中，讓生活變得只講求實用並不明智，還是必須有一些優美和莊重雅致的生活方式，否則人會變得完全不修邊幅。」

在另一封寫給家人的信中，李認真思考她的人生。她說：「我這個老婦人靜靜地坐在這裡反思自己的人生，體認到我的生活是多麼的精采豐富。最近我在某處讀到：我們年輕時不懂老年人的問題，因為我們自己還沒有經歷過，而等我們自己年老時，我們又多半忘記了年輕人的問題。但是我沒有忘記，我相信我比年輕人所想的更同情理解他們的問題。無論如何，這是個美好的世界，我很感激自己有機會在其中發揮作用。」

＊＊＊

一九六一年二月，福特在法醫學系的助理帕克·葛拉斯寫信給李，告訴她一個令人心碎的消息。由於E1大樓屋頂積了雪和冰，導致水漏到「死亡之謎微型研究」上。好幾座立體透視模型因而遭到破壞。葛拉斯寫道：

「受損最嚴重的是擺在房間中央的大模型，屋頂的水直接漏進那座模型裡，等到發現時，那座模型的許多皮革和布料零件都長了霉，我想是因為過於潮溼的緣故。那景象讓人看了十分惋惜。」

李檢查那些微縮模型，盡可能做些必要的修補再送回陳列櫃裡，及時趕上一九六一年秋天的警察命案研討會，那是她最後一次參加研討會，即使當時她的癌症已經復發擴散。

12 死後

一九六二年一月二十七日

法蘭西絲・格雷斯納・李在八十四歲生日的一個月前，於岩石山莊的家中逝世。李的直接死亡原因是腸阻塞，與乳癌轉移過來的肝癌有關。由於肝衰竭和失償性心臟衰竭引起的腹水，也就是腹腔積液，導致她渾身腫脹。

追思李的彌撒在利特頓教堂舉行，出席的人包括岩石山莊的大多數員工、法醫學系的大多數職員、六位身穿制服的新罕布夏州警官、八到十位其他州的警官。她安葬在新罕布夏州伯利恆鎮的楓樹街公墓。

李過世的消息讓全美各地和海外都傳來對她的讚譽。從馬格拉斯時代就一直擔任法醫學系祕書的帕克・葛拉斯說：「李夫人毫無疑問是世界上非常精明的犯罪學家。她認識世界各地頂尖的犯罪學家，並受到他們的敬重。」

蘇格蘭警場鑑識科學實驗室的創始人西里爾・克士伯特說李是「世界上唯一一位費盡心思教授警察法醫學的人」。

厄爾・賈德納為李寫的訃聞出現在《波士頓週日環球報》的頭版。他心甘情願地寫這篇訃聞免費奉送給報社。

她是……我私人的朋友，因為我欣賞她不屈不撓地持續追求目標，毫不妥協地堅持做到最好，並且忠於她支持的奮鬥目標和她所有的朋友。

李警監擁有強烈的特質，獨特、令人難忘的性格，她是位驍勇善戰的鬥士，也是務實的理想主義者。

隨著她的去世，法醫學與執法的理想將會遭受沉重的打擊，不過這個國家將受益於她多年來頑強的決心，她實事求是地理解所面臨的問題，堅定地決心用毅力、手腕、魅力找出解決之道，倘若其他方法都不奏效，那就用攻城槌直截了當地進擊。

她是位了不起的女性。

在她一生中，李獲頒許多榮譽和獎項。一九五六年新英格蘭學院授予她榮譽法學博士學位，兩年後卓克索大學給予她榮譽法學學位。李是緬因州警察局、佛蒙特州警察局、麻州警察局、維吉尼亞州警察局、康乃狄克州警察局、芝加哥警察局的榮譽警監，也是肯塔基州警察局的榮譽警長及美國海軍的榮譽上校。為了表彰她對法醫學及法醫病理學的非凡貢獻，芝加哥醫學會為她創立了新的類別：醫學會公民會員。

李從未獲得的一項讚譽，對她來說肯定具有最深遠意義的讚譽，是哈佛的榮譽學位。

＊＊＊

少了李的支持，哈佛醫學院法醫學系陷入死亡漩渦。

一九六三年，哈佛估計每年為近四百起的驗屍案件提供諮詢服務大約要花費大學五萬美元，認為這個金額對醫學院來說是難以承受的負擔。委員會向哈佛校長內森・普希及醫學院院長喬治・貝瑞建議將法醫學系併入病理學系。

福特在與同事發生多次衝突後學術職務遭到解除，他在法醫學系的職位也於一九六五年六月終止。他繼續擔任薩弗克郡的法醫師。哈佛在一九六七年六月三十日中止了法醫學系的運作。馬格拉斯法醫學圖書館的所有書籍和其他資料都納入醫學院圖書館的收藏中，現在稱為康特威醫學圖書館。

李留給哈佛的遺產以設立法蘭西絲・格雷斯納・李法醫學教授一職來紀念。在撰寫此文時，該職位由一名兒童麻醉科醫師擔任，他是生命倫理中心的主任。哈佛醫學院的教職人員中並沒有法醫病理學家。

＊＊＊

身為凱斯西儲大學的病理學龍頭，艾倫．莫里茲參與了法律醫學中心的建立，該中心的目標是成為國內首屈一指的法醫學教育機構。在一九五八年《真實》雜誌的一篇報導中，莫里茲當時估計美國每年有多達五千起凶殺案未被發現。他說：「令人吃驚的真相是，在美國大多數地區，官方對不明原因死亡的醫學檢驗非常隨便、不專業，因此聰明的凶手經常逍遙法外。」

一九五四年七月四日，莫里茲以專家證人的身分參與了俄亥俄州海灣村的瑪莉蓮．薛帕德謀殺案。此案由卡雅荷加郡驗屍官薩繆爾．葛柏醫生負責調查，他是位備受推崇的醫師，他的調查結果指向受害者的丈夫，神經外科醫師山姆爾．薛帕德。山姆．薛帕德被發現時受了點輕傷，宣稱是一個「頭髮濃密的男人」殺害瑪莉蓮並且襲擊他。

調查從一開始就處理得很糟糕，首先是沒有嚴密保護犯罪現場。薛帕德的屋子開放給旁觀者，包括克里夫蘭布朗隊四分衛奧圖．格拉罕，他是這家人的朋友。當地的報紙將矛頭指向薛帕德。此案的新聞報導過於熱烈，導致美國最高法院裁定，過度的關注剝奪了薛帕德獲得公平審判的機會。

薛帕德在一九六六年的再審中獲判無罪。到那時他已開始酗酒，無法再行醫，後來成為職業摔角選手，扮演「凶手」山姆．薛帕德。電視影集《法網恢恢》及其後翻拍的電影《絕命追殺令》就是以薛帕德謀殺案為基礎。

莫里茲一直活到一九八六年，於八十八歲時自然死亡。

＊＊＊

一九七〇年八月三日，理察・福特醫師舉槍自盡而死。

＊＊＊

李過世時留下價值將近一百萬美元的遺產。在她的遺囑中，大多數遺產都分給她兩個健在的孩子——約翰・格雷斯納・李和瑪莎・巴徹爾德。還有一份遺產留給法蘭西絲・格雷斯納・李基金，用於法醫學的研究。李的遺囑中始終沒有提及哈佛，她什麼都沒有留給這所大學。

一九七八年，約翰・格雷斯納・李與瑪莎・巴徹爾德將岩石山莊捐給新罕布夏州森林保護協會，以延續他們外祖父約翰・雅各・格雷斯納在一個世紀前開始努力的保育復育工作。他們的贈禮附帶了一項條款，岩石山莊的田地裡必須永遠都有作物。三十多年來，這項作物一直都是耶誕樹。岩石山莊對公眾開放，一年到頭舉辦各種活動，從維護完善的步道網到讓孩子學習製作楓糖漿的校外教學。

二〇一八年八月，新罕布夏州歷史資源部為岩石山莊的三〇二號公路歷史地標揭幕，向身為鑑識科學之母以及「死亡之謎微型研究」創作者的李致敬。

多年來，格雷斯納家的草原大道宅第的所有權轉手了好幾次。格雷斯納家財產繼承人將這所宅第轉讓給阿莫理工學院，現在是伊利諾理工學院，學校將其租借給石版印刷技術基金會。這間屋子由該職業學校使用，一直到一九六五年以七萬美元放到市場上出售。由於無人接手，建築師亨利·霍布森·理查森設計的標誌性宅第預定要拆除。

後來一些當地建築師和文物保護者聯手成立了芝加哥建築學派基金會，草原大道宅第才免於拆除。一九六六年十二月該基金會以三萬五千美元購下這棟屋子。在一年內開始籌畫、展示，一九七一年開始有定期的參觀節目。

一九九四年，基金會將格雷斯納故居博物館分離出來，成為獨立的非營利機構。格雷斯納故居博物館開放給一般民眾參觀，並且供芝加哥南區的草原大道歷史街區舉辦特別的活動。由於原始的建築平面圖完整無缺，這棟宅第經歷了大規模的整建，以恢復原本的外觀與室內陳設。格雷斯納家族的成員送回許多家具和裝飾物品，好讓宅第回到全盛時期的樣貌。三代的格雷斯納家人負責讓這棟草原大道宅第倖存至今。

二〇一九年三月，格雷斯納故居博物館宣布重建李童年時期的臥室，包括艾薩克·史考特為她設計的床。

* * *

李主持每一場命案研討會，無一例外，一直到她過世前不久。在她晚年，要和她說話，必須對著她高舉著如一包香菸大小的助聽器大喊。在她女兒瑪莎．巴徹爾德的監督下，研討會繼續在哈佛舉行，直到一九六七年哈佛終止了這個警察培訓研討會。

馬里蘭州的主任法醫師羅素．費雪曾接受莫里茲的培訓，是李喜愛的學生之一，他找哈佛商量在巴爾的摩繼續舉辦命案研討會。徵得李的繼承人同意後，哈佛大學校董委員會投票表決將「死亡之謎微型研究」立體透視模型借給馬里蘭法醫學基金會，用於在改名為法蘭西絲．格雷斯納．李命案調查研討會中培訓警官。

一九六八年五月六日至十日那週，第一屆法蘭西絲．格雷斯納．李命案調查研討會於巴爾的摩舉行，由費雪將微縮模型的案例分配給參與者。案例審核人是法醫學系祕書帕克．葛拉斯，他負責保管李的立體透視模型的機密解答，除了李之外，他在立體透視模型上花費的時間比任何人都要多。檢查微型研究超過二十年，葛拉斯不禁注意到有些東西不在適當的位置上，可能是從波士頓運來的途中推撞造成的。

他在給費雪的祕書桃樂絲．哈特爾的信中寫道：「有兩件小物品可能變動了。在女孩被割斷喉嚨死於櫥櫃裡的場景中，那把小刀不見了。原本應該在她手邊的地板上。另外在妻子死於樓梯上的客廳場景中，長沙發椅旁邊的地板上有個花瓶。那不應該在那裡。其中一個（參加研討會）的人堅持說這是房間裡有人打鬥過的跡象。如果我受邀參加下一次研討會，或許我可以檢查一下在新家的模型是否有任何誤導的變動。」

現在，法蘭西絲．格雷斯納．李命案調查研討會在馬里蘭州巴爾的摩的法醫學中心舉行。研討會依照李定下的傳統進行，不過入場條件比她僅限邀請的嚴格規定要來得開放。學生仍然可以獲得一張寫著「哈佛警察科學協會」的證書和一枚哈佛警察科學協會的西裝領針。每次研討會都會拍一張團體照。

＊＊＊

第二天晚上，參加研討會的人會到巴爾的摩一家上好的牛排館享用豐盛的晚餐。雖然食物不是用全套金箔餐具盛裝，但仍然是相當不錯的餐點。

二〇一七年，在研討會於巴爾的摩舉行了半世紀後，一家律師事務所代表哈佛大學校董委員會寄了一封信給哈佛警察科學協會。律師說他們的委託人對於「研討會暗示哈佛醫學院與貴機構有關聯感到困擾」。應哈佛大學校董委員會要求，為了避免學生誤以為他們獲得了哈佛的學位，因此現在哈佛警察科學協會的網站及命案研討會結束時所頒發的證書上都加上了「與哈佛大學無關」的否認聲明。

「死亡之謎微型研究」的立體透視模型仍然依照李的意圖，用來訓練警察觀察並報告他們的觀察發現。一九六〇年代主題為「兩個房間」的立體透視模型遭到無可挽回的損壞或摧毀，剩下現存的十八個仍用於教學。「兩個房間」最後如何處理不得而知。

雖然已有七十多年的歷史，但「死亡之謎微型研究」所發揮的作用是其他任何方法都無法複製的。就連最先進的虛擬實境也無法達到觀看立體場景的體驗。

儘管這些模型一直很有幫助，但是經過七十多年，李用來製作微縮模型的材料飽受時間的摧殘。有些材料裂開變形。多年來暴露在高溫和紫外線下導致表面受損。有幾座立體透視模型中含有石棉片，某些石棉片已經逐漸碎裂，可能對那些維護模型的人造成危險。老化的電力系統構成無法預知的火災風險。

二〇一七年，自從李將模型組裝好以後，這些模型頭一次由史密斯森研究學會美國藝術博物館的專家進行大規模的修護。在藝術品修復師艾麗兒・歐康納的指揮下，這些立體透視模型經過悉心地清潔、整修、補強以減緩或阻止老化的影響。

史密斯森照明總監史考特・羅森菲爾將模型裡的白熾燈泡換成用電腦控制的訂製發光二極體，他將發光二極體裝在小玻璃燈泡中以模擬老式的照明。現在的電力系統消耗的能量、產生的熱度和有害波長都比較少，引起火災的風險較小。

等到這個由修復師、藝術家、模型師、照明專家組成的團隊完成立體透視模型的修復時，這些「死亡之謎微型研究」已經保存了好幾世代。

連續三個月，「死亡之謎微型研究」在華盛頓特區白宮對面的史密斯森倫威克美術館舉行了首次、可能也是唯一一次的公開展示。有超過十萬人參觀了這個名為「謀殺案是她的嗜好」的展覽。在當時，是該博物館史上參觀人數第二多的展覽。

在倫威克的展覽結束後，立體透視模型被小心翼翼地裝進訂製的箱子，送回巴爾的摩法醫學中心的櫥櫃裡，繼續在命案研討會上使用。並不對一般大眾開放。

＊＊＊

今日，美國有兩千三百四十二種形形色色、不同的死亡調查系統，有些遍及全州，有些只限於郡，有些是按地區。對於如何調查不明原因的死亡沒有聯邦法律或國家標準。在由誰進行死亡調查、那個人需要什麼資格，以及在何種情況下有必要進行法醫調查與如何進行等方面，各地幾乎都不一致。死亡調查的方法取決於死亡的地點。自從一八七七年波士頓採用法醫師以來，全美各地法醫師制度的發展極為緩慢。在美國三千一百三十七個郡中超過三分之二仍然是由驗屍官服務。美國有大約半數的人口依舊歸驗屍官管轄。

每年美國大概有一百萬件突發和暴力造成的死亡案件交由法醫調查。這些不明原因的死亡案件當中，至少有五十萬起從來沒有經過合格法醫病理學家的澈底調查。我們無法估計全美每年有多少件謀殺案未被察覺。

在撰寫本書時，採用法醫師制度的有哥倫比亞特區和二十二個州：阿拉斯加、亞利桑那、康乃狄克、德拉瓦、佛羅里達、愛荷華、緬因、馬里蘭、麻薩諸塞、密西根、新罕布夏、紐澤西、新墨西哥、北卡羅萊納、奧克拉荷馬、奧勒岡、羅德島、田納西、猶他、佛蒙特、維吉尼亞、西維吉尼亞。最近一個從驗屍官改為法醫師的州是一九九六年的阿拉斯加。

採用驗屍官的二十八個州裡，只有不到三分之一的州要求驗屍官接受鑑識科學的訓練。有十一個州只採用驗屍官制度（科羅拉多、愛達荷、堪薩斯、路易西安那、內布拉斯加、內華達、北達科他、俄亥俄、賓夕凡尼亞、南達科他、懷俄明），另外十七個州同時有驗屍官與法醫師。例如加州的洛杉磯、凡圖拉、舊金山、聖地牙哥有法醫師，其他地區則由驗屍官服務。

儘管在一九四〇年代及更早期，李與奧斯卡・舒茲和其他許多人不斷地努力，包含芝加哥市在內的庫克郡一直到一九七六年才有法醫師。由於是伊利諾州唯一的法醫室，因此這機構的管轄範圍涵蓋了該州一半的人口。伊利諾州的其他地區則由不同背景的一百零一位驗屍官管轄——有些是經由選舉，有些是經由任命。依據法律規定，他們在就職後必須接受一星期的基本驗屍官培訓課程。

只有南卡羅萊納州查爾斯頓市這個管轄地區從法醫師改回驗屍官制度。一九七二年，該市實施了由法醫師與驗屍官分擔責任的雙軌制。正如大家所預料，這種方式深受衝突困擾。公眾對死亡調查的信心低落，因此採取政治行動抽走法醫室的所有資金。從二〇〇一年以來，查爾斯頓市一直是由當選的驗屍官來提供服務。

各地不願意採用法醫師制度的理由和李那個時代一樣：由於政治因素而反對，拒絕放棄地方勢力，建立設備齊全的法醫室的初期投資成本相當高。要讓法醫師制度獲得更廣泛接受的最麻煩障礙是嚴重的人力短缺，根本沒有足夠的法醫病理學家能夠為全美國提供服務。

根據美國法醫師協會的資料，美國有四、五百位法醫病理學家從事法醫師的工作。國內需要兩到三倍的法醫師才能夠服務所有的人，然而醫學院培養的法醫病理學家並不多。

每年從醫學院畢業的一萬八千名年輕醫師中只有百分之三，也就是大約五百五十個人，選擇接受病理學的訓練。住院實習三年後，這些病理學家大多到醫院或臨床實驗室工作，只有不到百分之十的人選擇再接受一年的研究員訓練以專攻法醫病理學。

自從李在哈佛法醫學系開設第一個培訓課程後，美國的法醫病理學研究員訓練課程數目增加到三十九個。目前，經畢業後醫學教育評鑑委員會認可的法醫病理學研究員職位有七十八個。這些職位當中只有五十四個真的有資金資助，另外大約有百分之二十的職位無論哪一年都空缺，因為缺少合適的研究員人選。

近年來，每年平均有三十八位通過資格認證的法醫病理學家進入職場。這數量不足以取代即將退休離開工作崗位的病理學家，更不用說要在全國各地擴展法醫師制度了。美國的合格法醫病理學家一直以來都短缺。

要吸引醫生從事法醫病理學職業很困難。因為法醫師通常是政府雇員，薪資一般說來比在醫院或私人部門任職的病理學家要來得少。而且工作內容往往令人不舒服，又經常要在老化且資金不足的設施中完成。這些趨勢是否能夠改變還有待觀察。

＊＊＊

儘管李始終相信法醫師制度比驗屍官制度優越，但是聲稱法醫師制度沒有問題並不精確。搜尋近幾年的新聞報導就會揭露在波士頓、康乃狄克州、洛杉磯、芝加哥、德拉瓦州，及其他許多法醫室發生的醜聞和危機。

美國司法部的一項研究發現，在移交給法醫調查的案件當中，調查員檢查過犯罪現場的案子只有百分之六十二左右。謹慎處理可疑死亡案件的方式，是每一次、每一個現場都有訓練有素的調查員在場。不到一半的法醫調查涉及屍體解剖，而且無論疑案犯罪劇引導觀眾相信什麼，只有大約百分之五的調查會按程序處理死亡現場尋找犯罪證據。

根據美國法醫師協會前任會長藍迪・漢茲利克醫師所說，美國有大約三分之一的法醫室缺少毒物學實驗室。另外有同樣比例的法醫室缺少組織學實驗室，或缺少內部X光技術服務。缺了這些基本工具可能導致偷工減料、不必要的延誤，和其他意料之外的悲劇情況。

二〇一三年，一個十一歲的男孩在北卡羅萊納州布恩鎮的最佳西方汽車旅館裡死亡。他被發現死於一氧化碳中毒。游泳池幫浦排放的廢氣經由通風系統進入受害者的房間。兩個月前有另外兩個人死在同一間汽車旅館的房間裡。然而，揭露一氧化碳中毒的血液檢驗是由法醫師送到州立實驗室。檢驗結果花了六個多星期，在孩子死前一星期才收到。如果法醫學中心內部設有毒物學實驗室，應該可以在一星期或更短的時間內驗出一氧化碳的結果。倘若及時警告可能有一氧化碳漏進汽車旅館的房間內，或許能夠避免失去一條人命。

在許多例子中，影響法醫學中心的問題是缺乏資源和資金，缺少訓練及對工作標準的堅持，以及缺乏支持。

＊＊＊

鑑識科學的技術日新月異。DNA「指紋辨識」就是很好的例子。根據冤獄平反協會的資料，自從一九九〇年代DNA證據出現在公眾意識中以來，有超過三百六十位被宣判有罪的人藉由DNA證據證明無罪。有多少無辜的人遭到處決或死在監獄中將永遠不得而知。

DNA證據的問題在於結果可能會遭到曲解。有些著名的新聞報導凸顯了濫用DNA證據牽連無辜者的問題。美國國家標準與技術研究院最近一項研究顯示，在該機構考查的一百零八間犯罪實驗室中，有七十四間錯將無辜者牽連進假設的犯罪當中。DNA指紋辨識是屬於必須重新審視科學可靠度的領域，其他還有咬痕、縱火證據，以及嬰兒搖晃症候群之類的狀況都是。

李警監提醒我們，追求真相必須堅持不懈。無論科學事實指向何處都必須遵循，以洗刷無辜者的嫌疑、證明罪犯有罪。

後記

二〇一二年某個冬日的早晨，我和十來位編輯一起參觀位於巴爾的摩的馬里蘭州最先進的法醫學中心。我們都是為 Patch 工作。Patch 是個製作「超地方新聞」網站的機構，當時隸屬於美國線上的赫芬頓郵報。透過在我的網站上報導新聞，我結識了一個在我的社群非常活躍的人：麥克．伊格，他是法醫中心的資訊科技部門主任。我請麥克帶我們參觀本州的新設施，他很好心地答應了。

我們會晤了主任法醫師大衛．佛勒醫生，在四樓會議室進行了一場非正式且不便公開的談話。在隔壁房間貼著「四一七室病理學展示」標籤的門後，就放著被稱為「死亡之謎微型研究」，那著名的十八座精細得不可思議的立體透視模型。

我熟知微型研究和其創造者法蘭西絲．格雷斯納．李的一切。至少我自以為熟悉。我第一次撰寫有關微型研究的文章是在一九九二年，為美國醫學協會的週報《美國醫學新聞》所寫。當時，《美國醫學新聞》給予從醫生趣味角度寫成的專題報導的稿酬相當豐厚，例如有獨特嗜好的醫生。我寫了一些介紹醫生摩托車俱樂部的文章，這是由醫師和其他醫事人員組成的相當友好的機車幫，還介紹了一位研究古埃及醫療文獻的外科醫生。

在我多年來寫過的數千篇報導中，微型研究讓我始終難以忘懷。在再度拜訪去看微型研究時，我認識了前任主任法醫師約翰．史米亞雷克醫生和其他幾位法醫中心的人。知道我有這層關係的親戚朋友，偶爾會請我安排參觀這些立體透視模型。每次細看這些模型，我都會注意到新的東西。微型研究永遠能讓我感到驚奇。

在那個冬日早晨與佛勒醫師見面後，麥克帶領我們一行人參觀了占地十二萬平方英尺、讓人眼花撩亂的法醫學中心。我們看見燈光明亮的雙層解剖室——每間都規模龐大、光潔閃亮、空間寬敞——附有較小間負壓解剖室的生物安全室，配有電腦斷層掃描儀與低劑量全身X光機的放射室，以及組織學和毒物學實驗室。一切都給人留下非常深刻的印象。馬里蘭州的法醫中心是公認美國頂尖的法醫中心，擁有與其名聲相符的一流設備。

麥克帶我們到史卡佩塔[5]屋，這是位在法醫中心四樓，一間如套房般的法醫調查員訓練設施，由小說家派翠西亞．康薇爾所贈與，參觀時他向我們提起他們機構有個新職位的空缺，要徵一名主任法醫師的行政助理，此人將擔任法醫中心的公共資訊官。他們要找有媒體背景的人，最好還具有醫學背景，並且對法律有基本的了解，能夠輕鬆自如地和警察、律師、一般民眾打交道。法醫中心以前不曾有公共資訊官，所以這是新的職務。

我的背景似乎符合這些標準。我曾經當過高級救護技術員，甚至在進入新聞業之前完成了護理學校大半的學業。我在醫院內部和周邊工作了好多年。警察和律師嚇不倒我。我想和微型研究在同一棟大樓裡工作嗎？想，請讓我來吧。

我得到了那份工作。從新聞業跳到法醫學的距離並不像看起來的那麼遙遠。兩個領域都致力於查證事實：何人、何事、何時、何地、為何、如何。兩邊都需要慎思明辨、抱持懷疑的態度。從某種意義上來說，法醫師寫下一個人生命的最後一章。

沒過多久，各式各樣與立體透視模型相關的任務都加入我混雜的職責中。傑瑞．D負責保管微型研究的機密解答，請我更換立體透視模型內燒壞的燈泡，告訴我櫥櫃的鑰匙放在哪裡。立體透視模型沒有手冊也沒有用法說明，因此我學了很多關於立體透視模型的事。當影片製作人和攝影師請求拍攝微型研究時，他們都直接來找我，因為我是唯一願意花時間提供他們協助的人。我在法蘭西絲．格雷斯納．李的家人來拜訪時見過他們，並且很榮幸地在法蘭西絲．格雷斯納．李命案調查研討會期間，與她兩個孫子約翰．麥克辛．李及珀西．李．朗斯塔夫共進豪華晚餐。由於和芝加哥格雷斯納故居博物館館長兼執行長威廉．提爾接洽，我對法蘭西絲．格雷斯納．李的了解也逐漸加深。

雖然沒有正式頭銜，但我成為微型研究實際上的管理者。我收集與這些模型相關的影像、圖片、文件。當有七十年歷史的脆弱工藝品面臨無法修復損害的風險，歷經史密斯森美國藝術博物館

5 史卡佩塔（Scarpetta）是派翠西亞．康薇爾（Patricia Cornwell）法醫系列小說的主角。

的專家修復，準備第一次也是唯一一次公開展示這些立體透視模型時，每一個步驟我都在場觀察。修復師艾麗兒．歐康納和她的團隊在檢查立體透視模型時，揭露了大量先前不知道的資訊，包括李使用的材料成分以及她建構模型的方法。

大家看到微型研究時經常問同樣的問題。李怎麼會涉入鑑識科學？她如何選擇立體透視模型中描繪的案件？她為何沒上大學？她是個什麼樣的人？儘管我知道李的事已經二十五年，也許比世界上任何人都要了解她，我仍然不知道這些問題的答案。

李曾經是一部紀錄片、一本大開本精裝圖片書、至少兩本詩集的靈感來源，甚至啟發了一部大受歡迎的鑑識科學電視劇的情節架構，但是從來沒有人述說過她的人生故事。我在出版品及網上讀到關於李和微型研究的文章，都充斥著謬誤和錯誤資訊，將李描繪成製作病態娃娃屋的有錢老婦人。我知道她遠不止於此。她是變革的推動者：是改革家、教育家、倡導人。

講述李的故事的必要性變得愈來愈明顯。我們能夠相信誰可以公正、誠實、用心、完整地述說這個故事？能夠信賴誰會陳述事實而不會試圖利用李來推進某個議程？我唯一信任的人就是我自己。因此我出於敬意以及對李遺物的義務接下了這項任務。

李要求調查員堅持不懈地追查事實以確定真相，並且遵循證據指引的方向走。講述她本身的故事也理應如此。我以記者報導歷史事件的態度著手處理這個題材。我盡力陳述事實不妄加猜測或潤飾。我不知道自己是否能夠達到李對完美的嚴格標準，但是希望我已公道地評價她。

致謝

這本書並非獨自完成。封面上只有一個名字，但是有許多人參與這個目標才得以實現。有些人提供回饋或鼓勵，有些人在更實質的方面提供協助。我對這一切都心懷感激。

好幾個人分享了在他們自己工作過程中產生的文件和其他資料。我特別感謝紀錄片製作人Susan Marks、Virginia Ryker，及館長 Katie Gagnon 的慷慨。

倘若沒有格雷斯納故居博物館館長兼執行長 William Tyre 的合作與協助，這本書無法完成。Tyre 特別容許我借閱格雷斯納家的資料並且耐心回答無數的問題，少了那些資料這本書根本不可能寫完。我待在博物館的期間，Gwen Carrion 殷勤地款待我。我也很高興與 Kathy Cunningham 會面，她分享了她對格雷斯納家的熱情。Tyre 與博物館的實習生完成了值得讚揚的工作，他們紀錄下格雷斯納家族的生活，將這些資料開放給一般民眾。Joan Stinton 和 Cray Kennedy 整理了法蘭西絲．格雷斯納．李的文件並編成目錄。博物館的部落格《故居的故事》是無價的資源，是介紹草原大道全盛時期生活的迷人讀物。

哈佛大學康特威醫學圖書館醫學史中心的 Dominic Hall、Jack Eckert、Jessica Murphy 在我研究期間非常樂於幫忙，提供我很多協助。Eckert 策畫了一個網路展覽《犯罪事實：醫生當警探》，裡面的資訊非常豐富。

我很感激史密斯森美國藝術博物館的分館，倫威克美術館的工作人員，尤其是修復師 Ariel O'Çonnor，她揭露了許多微型研究以前不為人知的資訊，還有 O'Çonnor 的助手 Gregory Bailey、Constance Stromberg、Haddon Dean。我還想要謝謝 Nora Atkinson、Scott Rosenfeld、Dave DeAnn、Sean White，以及其他許多人為展示微型研究所付出的努力。

我很感謝以下幾位提供協助，包括新罕布夏州檔案管理員 Brian Nelson Burford、凱斯西儲大學檔案室的 Helen Conger、洛克斐勒檔案中心的 Lee Hiltzik、特梅丘拉谷博物館的 Dale Wilkins、伯利恆文化資產協會的 Clare Brown、岩石山莊的 Nigel Manley、海軍部圖書館的 Sandra L. Fox、美國法醫師協會的 Denise McNally、美國病理學委員會的 Jane Warren、芝加哥醫學研究所的 Cheryl Irmiter、哈佛警察科學協會、馬里蘭法醫學基金會、Kim Collins 博士。Stacy Dorsey 與 Sruti Basu 提供編輯方面的協助。還要謝謝我的兄弟 David Goldfarb 給我回饋與建議。

我很榮幸獲得許多格雷斯納家和李家的成員友好相待：John Maxim Lee、Percy Lee Langstaff、Lee M. Langstaff、Virginia Lee、Gail Batchelder、Paula Batchelder、Liz Carter，以及其他許多位。認識格雷斯納／李這美好的大家庭是意想不到的回報。

我非常感謝許多朋友同事的支持和鼓勵：Elizabeth Evitts Dickinson、Kathy 與 Ed Rusen、Sarah Archibald、Dave Mastric、Nick Kolakowski、Tim Friend、Katie Horton、Meg Fairfax Fielding、Maria Stainer、David Rivers、Risa Reyes、Ernie Gambone、Larry Goldfarb、Rafael Alvarez，以及老記者俱樂部與所屬婦女會的會員。

我很榮幸能夠和一群執行重要任務卻很少因此受到大眾認可的人一起工作。他們是敬業的專業人士、只對真相及死者的最大利益感興趣的好人。每個人都以各自的方式塑造、啟發我對鑑識科學的了解。

感謝 Mary Ripple、Pamela Southall、Zabiullah Ali、Carol Allan、Russell Alexander、Patricia Aronica、Melissa Brassell、Stephanie Dean、Pamela Ferreira, Theodore King、Ling Li、J. Laron Locke、John Stash、Jack Titus、Donna Vincenti 等多位博士。Nikki Mourtzinos 博士回答我許多法醫病理學的問題，值得特別感謝。

我在工作中從巴爾的摩市警察局的 Edward Wilson 偵查佐那裡學到很多。Wilson 是全國精通熟練指紋辨識的專家之一。個性真誠正直，總是善於講故事，Wilson 是將每一天都奉獻給法醫中心的典型。

特別感謝 Eleanor Thomas 提供的所有幫助，她負責協調法蘭西絲・格雷斯納・李命案調查研討會多年。我尤其感激 Jerry Dziecichowicz 的友誼與協助，他在命案研討會期間負責分配微型研究，並將機密解答妥善上鎖。

＊＊＊

我想感謝各位祕書和職員，在我缺席期間接替了我中斷的工作：Amber Conway、Sandra Dornon、Tiffinney Green、Marlene Groom、Angela Jones、Sharon Robinson、Coriann Self。尤其是Linda Thomas，她總是支持著我。

過去和現在的法醫調查員一直是我關係密切的同事。他們是認真、訓練有素、敬業的專業人士，教會我許多事，包括Kristine Carder、Randolph Dailey、Dawn Epperson、Bethany Miller、Melinda FitzGerald、David Foehner、Stacy Groft、Aaron Hearn、Saundra Hensley、Stephanie Kimmel、Christina Rzepecki Leonard、Gray Maggard、Courtney Manzo、Anthony McCaffity、Joseph Mullin、Brittany Munro、Keith Opher、Charlotte Rose Noranbrook、Stephanie Rollins、Bryant Smith、Kimberly Winston。還有在毒物學及組織學實驗室工作的Abraham Tsadik、Saffia Ahmed-Sakinedzad、Andra Poston、Xiang Zhang、Cindy Chapman、Angela Dean。

在法醫室工作最辛苦、報酬最低的是屍體解剖技術員。屍體解剖技術員所做的工作不常得到感謝，所以讓我來謝謝他們：Mario Alston、Darrolyn Butler、Ricardo Diggs、Larry Hardy、Leroy Jones、Curtis Jordan、Jessika Logan、Robert Mills、Mozelle Osborne、Raymond Zimmerman。

另外還有：Tom Brown、Mike Eagle、Rebecca Jufer Phipps、Dawn Zulauf、Donnell McCollough、Brian Tannenbaum、William Spencer-Strong、Juan Troncoso 博士、William Rodriguez、Warren Tewes 博士、Craig Robinson、Barbara Haughey、Samara Simmorins、Ricky Jacobson、David Koch、Stoney Burke、Dustin Saulsbury。值得特別提及的是 Tim Bittner，他在倫威克美術館的展覽後幫忙將微型研究帶回來，還有 Albert Kaniasty，他是微型研究的狂熱愛好者。

我非常感激我的上司 David R. Fowler 博士的支持。每天工作都像場研討會。我從 Fowler 博士那裡學到了很多，包括鑑識科學、管理及法律、廉正地尋找真相、管理一所忙碌的頂尖法醫學中心，和其他許多事情。我無比感謝他容許我靈活安排以完成這本書，並且花時間回答問題、提供資訊和資源。Fowler 博士是每個人希望擁有的最棒的上司。

我很幸運地有 Tamar Rydzinski 當我的代理人，她非常有耐心地與我一起工作直到我做對為止。她是位很棒的經紀人，我很感謝馬里蘭大學巴爾的摩分校的朋友 Bryan Denson 為我引介。我對 Sourcebooks 編輯 Anna Michaels 感激不盡，她的幫忙大大地影響、改善這個故事。

最重要的是，我深深感謝我家人的支持和愛。我的妻子 Bridgett 耐心地傾聽，並對這些資料提出關鍵的深刻見解。這本書代表了全家的犧牲——錯過聚餐和活動，夜晚不在家，在鍵盤前花上無數個小時。沒有他們的諒解與耐心，以及他們對講述李的故事的支持，我不可能辦得到。這本書是我們大家合力完成的。

美國法醫制度發展大事記

一六三五年

美國出現最早的驗屍官審訊正式紀錄。

死亡調查的驗屍官制度可追溯到中世紀的英國。這個官職是「王室訴訟管理人」，擔任王室的司法代表，原先稱為加冕者（crowner），後來才淪落為驗屍官（coroner）。驗屍官的主要職責之一是收取積欠王室的錢，大多是稅金和罰款。驗屍官也調查突發或顯然為非自然的死亡，主要是為了判定死者是他殺或自殺。殺人犯遭處決或監禁後會喪失全部的財產，包括房屋、土地、所有的財物。由於自殺是反王室的罪行，驗屍官也會沒收他的財產。

一六三七年

英國在美國馬里蘭州建立殖民地三年後，任命第一位驗屍官：菸農湯瑪斯・鮑德瑞奇。他接到的指示相當含糊，當局要他做「英國任何一郡的治安官或驗屍官所做的一切職務。」一月三十一日，鮑德瑞奇展開他的第一次死因審理。死因調查陪審團由十二名自由人組成，全是菸農，鮑德瑞奇傳喚他們來查看屍體。身為驗屍官，鮑德瑞奇的責任是埋葬屍體，並且賣掉死者的財產以清償他的債務。

一六四〇年

馬里蘭州發布驗屍官職責的書面描述：「在驗屍官活動的百里範圍內，當注意到或懷疑有任何人已經或即將死亡，就該親自或派人去查看屍體。並指示查看的人發誓會澈底查究，且根據證據如實裁決出所查看之人的死亡原因。」

一六四二年

馬里蘭州聖瑪麗斯郡於二月二十五日執行了美國已知最早的一場驗屍解剖。執行者是一位持有開業執照的醫師喬治．賓克斯，他擔任死因調查陪審團的團長，調查印第安青年遭到鐵匠槍殺的案件。驗屍報告說：「子彈進入上腹部靠近肚臍右側，再往斜下方鑽，刺穿內臟，擦過背部最後一塊脊椎骨，嵌進肛門旁邊。」至於鐵匠，他被罰了三千磅的菸草並判處死刑。驗屍官沒收了鐵匠所有的「商品與私人財產，同時將他的槍和彈藥搬到更安全的地方，以免遭印第安人突襲」。鐵匠的死刑後來減刑為擔任七年的劊子手。

一八三五年 一月三十一日，伊利諾州議會批准芝加哥鎮建立自己的警力。七個月後，奧賽馬斯・莫里森當選該鎮的首任保安官。他的職責包括收取罰款和稅金，並擔任庫克郡的驗屍官，在遇到可疑死亡的案件時領導死因調查陪審團。

一八七〇年 牧師約翰・湯瑪斯與莎拉・馬格拉斯的獨生子喬治・馬格拉斯出生，他日後成為全美第一位受過專業訓練的法醫師。

一八七八年 三月二十五日，法蘭西絲・格雷斯納・李出生。她日後成為美國法醫制度的推手，其製作「死亡之謎微型研究」立體透視模型，至今仍作為訓練警察鑑識犯罪現場的教材。

一八七七年 波士頓廢除驗屍官制度，成立法醫室。第一任法醫是法蘭西斯・哈里斯醫生，第二任是喬治・馬格拉斯。

一八九三年 哥倫布紀念博覽會於芝加哥舉行，法國館展示「貝迪永人體測量法」。貝迪永設計了一套系統來紀錄五項主要的人體尺寸——頭部的長寬、中指的長度、左腳的長度、從手肘到伸直的中指的前臂長度。他的紀錄還包括制式的照片——一張清晰的臉部特寫照片，和側面的第二影像。貝迪永主張側面照片尤其重要，因為側面較不會隨著年齡、體重增加、臉部毛髮而有明顯的變化。貝迪永將他的系統命名為「人體測量學」。這套系統後來被稱為「貝迪永人體測量法」。

一八九八年 喬治·馬格拉斯開始在哈佛醫學院擔任法醫學教職，每週向三年級學生講授一小時的法醫學。

一九〇六年 十二月三十日易洛魁劇院大火，超過六百人死亡。因為有些受害者被搬離現場去向不明，或被燒得面目全非，只得靠首飾、衣著，或其他個人物品來辨認身分。易洛魁劇院大火至今仍是美國歷史上罹難者人數最多的單棟建築火災。

一九〇七年 喬治·馬格拉斯受馬里蘭州長任命為薩弗克郡的法醫師，管轄範圍涵蓋波士頓。他同時是波士頓法醫室的第二任法醫，也是美國第一位受過病理學訓練的法醫師。

一九一一年

十月十四日發生唱詩班歌手艾維絲·林內爾命案，調查過程和結果成為鞏固法醫師制度的關鍵之一。本案的代理法醫師李瑞透過解剖遺體取出胃中殘留的藥物，查出真兇。喬治·馬格拉斯當時認知到，假如波士頓是根據驗屍官制度運作，少了解剖屍體等標準化做法的優勢，兇手很有可能逃過謀殺罪的懲罰。

一九一五年

紐約市的帳務檢查長雷納德·沃爾斯坦，針對市內驗屍官制度進行調查。自一八九八年紐約市合併以來，共有六十五人擔任過驗屍官，其中僅有十九位是醫生，八個是殯葬業者，七個是「政治人物和長期任官職的公務員」，六個不動產業者，兩個酒館老闆，兩個水管工人，其餘的先前從事過各式各樣的職業，包括印刷工、拍賣商、屠夫、音樂家、送奶工、木雕工。沃爾斯坦的報告中還說，生意興隆的優秀醫師不願意在深更半夜費心檢查死屍，或是捲入訴訟造成不便。願意擔任驗屍醫生的醫師都是受到有輕鬆賺錢的穩定來源驅使，他們經常粗略、草率地檢查屍體，或是根本沒有檢查。

紐約州通過法案，廢除驗屍官制度、成立法醫室，並賦予法醫師進行屍體解剖的權利。查爾斯・諾里斯醫師受命為第一位常任主任法醫師，他立刻著手改善紐約市的鑑識調查，並在任內成立一間化學實驗室來檢驗毒物與藥物。紐約市的主任法醫師辦公室成為現代法醫中心的典範，處理數起二十世紀最轟動社會的案件，並成為美國鑑識毒物學的發源地。

一九二八年

美國國家研究委員會發表《驗屍官與法醫師》報告。這項研究比較了當時擁有法醫師的兩座城市：波士頓和紐約，與採用驗屍官的三座城市：芝加哥、舊金山、紐奧良。這份報告認為應該廢除驗屍官制度，並建議將驗屍官的醫學相關職務交給法醫師，非醫學工作則由合適的檢察與司法官員來接手。報告中還單獨挑出醫學院，批評它們在法醫學領域沒有充分訓練學生。很少醫生做足準備能夠勝任法醫師的工作。

一九二八年

法蘭西絲・格雷斯納・李因為在菲利普斯之家休養時，與故友，法醫師喬治・馬格拉斯重逢。馬格拉斯對李講述許多情節精采的案件，每聽一個故事，李就更加欣賞馬格拉斯的專業精神。馬格拉斯告訴李，試圖描述死亡現場十分具有挑戰性，因為現場本身已經不存在了，陪審團成員在腦中形成的畫面可能有誤差。這些討論與分享影響日後李投入推動成立哈佛法醫學系、製作「死亡之謎微型研究」模型，與推動全美國廢除驗屍官、實施法醫師制度。

一九三二年

紐約大學宣布要在醫學院中成立法醫學系，將為醫科學生提供大學本科課程，還有法醫學、病理學、毒物學、血清學方面的研究所課程。

獨自飛越大西洋的飛行員查爾斯・林白的兒子在紐澤西的家中遭人綁架。美國國會通過聯邦綁架法案，賦予聯邦調查局調查該案的權力。聯邦調查局在犯罪現場發現的鑑識證據，在證明被指控的綁匪罪證時發揮關鍵作用。這次辦案所累積的科學專門知識，成為聯邦調查局技術實驗室的基礎，現在的正式名稱是聯邦調查局科學犯罪偵查實驗室。但美國首座犯罪實驗室是由洛杉磯警察局在一九二三年成立。

一九三三年

芝加哥醫學會參加芝加哥世界博覽會，其展覽品有四十英尺長，透過文字和圖像說明驗屍官制度的奇特歷史，並邀請觀眾思考描繪在圖像裡的這些場景可能是凶殺、自殺，還是意外。這個展覽品是這門日後被稱為法醫學的學科第一次展現在大眾面前。

一九三四年

李在自主學習法醫學的過程中，收集了大量的文獻資料，包含書籍和醫學期刊，從歷史到當代的作品與祕籍都有。到一九三四年，她已經獲得了一千冊左右的藏書。她打算將全部的藏書捐贈出來，在哈佛醫學院建立喬治・馬格拉斯法醫學圖書館。一九三四年五月二十四日圖書館揭幕，館藏包含所有李的珍稀書籍，以及現存三套完整的麻州法醫學會期刊，和所有歐洲犯罪學與法醫學期刊的全集合訂本。馬格拉斯法醫學圖書館是世界上同類型圖書館中規模最大的。

一九三五年

李與聯邦調查局局長胡佛會面。聯邦調查局是美國國家刑事鑑定局的相關單位。刑事鑑定局於一八九六年成立，集中收集照片及貝迪永人體測量法的資料，一直到一九二四年被美國司法部底下的調查局合併，其資料庫才包括指紋。李向胡佛描述她對哈佛法醫學系的計畫，並鼓勵胡佛讓聯邦調查局特別探員接受法醫學的訓練。

一九三六年

五月二十三日，李向哈佛醫學院遞交正式的成立法醫學系提案。李將捐贈大筆金額作為籌備基金，哈佛法醫學系或研究所將為麻州各地的社區提供公共服務，並影響全美國的法醫學領域。

一九三七年 病理學家艾倫・莫里茲博士獲聘為哈佛醫學院法醫學系首位系主任，展開為期兩年的海外進修。

一九三八年 喬治・馬格拉斯於十二月十一日去世，享年六十八歲。

一九三九年 李倡議在波士頓設立集中管理的法醫室，在那裡進行驗屍。另外總部也將成立集中控管的毒物和彈道實驗室，為麻薩諸塞州各地的調查提供服務，並讓法醫室與哈佛醫學院保持密切關係，也可以解決為法醫學系學生和研究員提供遺體來練習解剖的問題。但是李富有遠見的提案毫無結果。麻州一直到一九八三年才全州採納法醫師制度。

一九四〇年 哈佛醫學院法醫學系正式展開運作。

一九四一年　六十四歲的李於十二月獲任命為芝加哥庫克郡的諮詢副驗屍官，管轄範圍包括芝加哥市。

一九四二年　椰林夜總會大火，奪走四百九十二條人命，為僅次於易洛魁劇院大火的單棟建築火災。在椰林夜總會大火後，艾倫．莫里茲和李討論在大規模死亡事故後利用牙齒辨認死者身分的方法。大部分的死者曾經修補過牙齒，被他們的牙醫辨認出來，但是，藉由這種方法確認身分，不可能找到牙醫識別每個死者的身分。莫里茲說：「似乎應該有個簡單的方法讓牙醫可以在修補的牙齒上留下某種編號，以便輕易追蹤。」

一九四三年　李被任命為哈佛醫學院法醫學系顧問。

新罕布夏州警察局的卡斯威爾總警監任命六十六歲的李為警監，是美國第一位獲得此官階的女性。

一九四四年　李開始製作「死亡之謎微型研究」立體透視模型。李認為教導警察如何在犯罪現場觀察細節，視覺教學最有價值，但是幻燈片和影片無法提供立體感，因此她想到曾為母親所創作的芝加哥交響樂團的立體透視模型。她說：「何不讓我來製作一座模型，裡頭將包含現場的環境和擺在原位的屍體。」

一九四五年

第一屆警察命案調查研討會於哈佛舉行，為期一週。在研討會中，警察聆聽鈍傷和穿刺傷、窒息、中毒、火燒、溺死，及各種不同死亡原因的講座。他們還觀察法醫師解剖屍體，當然也透過「死亡之謎微型研究」立體透視模型學習。李說：「這些模型並非『偵探小說』，不可能光憑觀察就能解決。這些模型的目的是用來練習觀察、闡釋、評估、報告。」最重要的是，這些模型是為了教導觀察者不要過早下結論、倉促判斷，只注意符合有利假設的證據。李鼓勵學生把立體透視模型想成一連串未知的事件發生了，而模型描繪的是警察抵達現場的那一瞬間。

一九四六年

維吉尼亞州通過第六十四號參議院法案，廢除驗屍官制度，成立法醫中心。

這一年春天，《生活》雜誌聯繫李，表達想報導「死亡之謎微型研究」模型。

除了刊登模型的照片，雜誌還想要每個模型呈現的死亡現場的答案。考量到一旦公布解答，微縮模型的教學價值就會降為零，最後她允許《生活》使用目擊者的口供，但不能收錄命案研討會中使用的完整報告。她准許雜誌透露一些線索，不過拒絕提供解答。微縮模型在六月三日出版的《生活》中初次在全國讀者面前亮相。

一九四七年

哈佛醫學院法醫學系成立十週年；美國已有十個州以法醫師取代驗屍官制度。

一九四八年

犯罪小說作家厄爾・賈德納參與命案研討會，並開始在作品中加入法醫學／鑑識科學題材。

一九四九年

哈佛大學法醫學系第一位系主任艾倫・莫里茲離職，由理察・福特繼任。

警察命案調查研討會開始邀請女警參加。當時與會的康乃狄克州女警露西・波蘭說：「很多代表州參加研討會的人沒有接觸過女警，非常驚訝地發現康乃狄克州的警源如此健全。他們之中有很多人說，多年來一直在爭取讓女性加入他們部門卻徒勞無功，但是在跟我們談過之後，他們覺得彷彿帶著充足的彈藥，回去之後可以找局長、長官等人爭取。」

一九五〇年 由米高梅製作，首部以法醫學為背景的電影《謎街》（原名《哈佛謀殺案》）上映。

一九五四年 俄亥俄州海灣村發生瑪莉蓮・薛帕德謀殺案，其夫被指控為嫌疑犯但其後獲判無罪。此案成為電視影集《法網恢恢》及其後翻拍的電影《絕命追殺令》的靈感來源。

一九六二年 一月二十七日，法蘭西絲・格雷斯納・李在八十四歲生日的一個月前，於岩石山莊的家中逝世。

一九六五年 哈佛醫學院法醫學系第二位系主任理察・福特離職。

一九六七年 哈佛醫學院法醫學系在六月三十日停止運作。馬格拉斯法醫學圖書館的所有書籍和其他資料都納入醫學院圖書館的收藏中，現在稱為康特威醫學圖書館。李留給哈佛的遺產以設立「法蘭西絲．格雷斯納．李法醫學教授」一職來紀念。

一九六八年

警察命案調查研討會更名為「法蘭西絲．格雷斯納．李命案調查研討會」，首屆研討會於巴爾的摩舉行。哈佛大學校董委員會投票表決將「死亡之謎微型研究」立體透視模型借給馬里蘭法醫學基金會。如今，命案調查研討會持續在馬里蘭州巴爾的摩的法醫學中心舉行。

一九七二年

南卡羅萊納州查爾斯頓市實施法醫師與驗屍官分擔責任的雙軌制度。

一九七六年

伊利諾州的庫克郡（包含芝加哥城）採用法醫師制度，是該州唯一的法醫室，管轄範圍涵蓋了一半的人口；其他地區則由不同背景的一百零一位驗屍官管轄——有些是經由選舉，有些是經由任命。依據法律規定，他們在就職後必須接受一星期的基本驗屍官培訓課程。

一九八三年

麻薩諸塞州全州採用法醫師制度。

一九九六年　阿拉斯加州廢除驗屍官，引入法醫師制度。

二〇〇一年　南卡羅萊納州查爾斯頓市廢除雙軌制，恢復驗屍官制度。

二〇一七年　「死亡之謎微型研究」立體透視模型由史密斯森研究學會委託美國藝術博物館專家進行大規模修護，並於史密斯森倫威克美術館首次公開展示。

Tejada, Susan. *In Search of Sacco and Vanzetti: Double Lives, Troubled Times, and the Massachusetts Murder Case That Shook the World*. Boston: Northeastern University Press, 2012.

Tyre, William H. *Chicago's Historic Prairie Avenue*. Charleston, SC: Arcadia Publishing, 2008.

Watson, Bruce. *Sacco and Vanzetti: The Men, the Murders, and the Judgment of Mankind*. New York: Viking Adult 2007.

York: Berkley Books, 2007.

Cumberland, Gary. *My Life with Death: Memoirs of a Journeyman Medical Examiner*. Bloomington, IN: Xlibris, 2015.

DiMaio, Vincent J. M., and Ron Franscell. *Morgue: A Life in Death*. New York: St. Martin's Press, 2016.

Last Week Tonight with John Oliver. "Death Investigations." HBO, May 19, 2019. https://youtu.be/hnoMsftQPY8.

Maples, William R., and Michael Browning. *Dead Men Do Tell Tales: The Strange and Fascinating Cases of a Forensic Anthropologist*. New York: Broadway Books, 1995.

McCrery, Nigel. *Silent Witnesses: A History of Forensic Science*. London: Random House, 2013.

Melinek, Judith, and T. J. Mitchell. *Working Stiff: Two Years, 262 Bodies, and the Making of a Medical Examiner*. New York: Scribner, 2014.

Noguchi, Thomas T., and Joseph DiMona. *Coroner*. New York: Simon and Schuster, 1983.

Ribowsky, Shiya, and Tom Shachtman. *Dead Center: Behind the Scenes at the World's Largest Medical Examiner's Office*. New York: William Morrow, 2006.

Zugibe, Frederick, and David L. Carroll. *Dissecting Death: Secrets of a Medical Examiner*. New York: Broadway Books, 2005.

其他

Boos, William F. *The Poisoner's Trail*. New York: Hale, Cushman & Flint, 1939.

Frankfurter, Felix. *The Case of Sacco and Vanzetti: A Critical Analysis for Lawyers and Laymen*. Buffalo, NY: Little, Brown & Co., 1927.

Gardner, Erle Stanley. *The Court of Last Resort*. New York: William Sloane Associates, 1952.

Jentzen, Jeffrey. Death *Investigation in America*. Cambridge, MA: Harvard University Press, 2009.

Larson, Erik. *Devil in the White City: Murder, Magic, and Madness at the Fair That Changed America*. New York: Crown, 2003.

Puleo, Stephen. *Dark Tide: The Great Boston Molasses Flood of 1919*. Boston: Beacon Press, 2003.

Spears, Timothy B. *Chicago Dreaming: Midwesterners and the City, 1871– 1919*. University of Chicago Press, 2005.

Investigation System. *Medicolegal Death Investigation System: Workshop Summary*. Washington, D.C.: National Academies Press, 2003. https://www.ncbi.nlm.nih.gov/books/NBK221919/.

National Institute of Justice. Death Investigation: *A Guide for the Scene Investigator*. Washington, DC: National Institute of Justice, June 2011. https://www.ncjrs.gov/pdffiles1/nij/234457.pdf.

National Institute of Justice. *Status and Needs of Forensic Science Service Providers: A Report to Congress*. Washington, DC: National Institute of Justice, 2004. https://www.ncjrs.gov/pdffiles1/nij/213420.pdf. Schultz, Oscar T., and Edmund Morris Morgan. *The Coroner and the Medical Examiner*. Bulletin No. 64. Washington, DC: National Research Council of the National Academy of Sciences, 1928.

法醫學與微型研究

Eckert, Jack (curator). "Corpus Delicti: The Doctor as Detective." Center for the History of Medicine at Countway Library, 2016. https://collections .countway.harvard.edu/onview/exhibits/show/corpus-delicti.

"Inside the 'Nutshell Studies of Unexplained Death'—360 VR." Smithsonian American Art Museum. https://americanart.si.edu/exhibitions/nutshells /inside.

May Botz, Corinne. *The Nutshell Studies of Unexplained Death*. New York: Monacelli Press, 2004.

"The Nutshell Studies." 99 Percent Invisible podcast, episode 165, May 19, 2015. http://99percentinvisible.org/episode/the-nutshell-studies.

醫檢員與驗屍官的相關工作

Baden, Michael. *Unnatural Death: Confessions of a Medical Examiner*. New York: Random House, 1989.

Bass, William, and Jon Jefferson. *Death's Acre: Inside the Legendary Forensic Lab the Body Farm Where the Dead Do Tell Tales*. New York: G.P. Putnam's Sons, 2003.

Bateson, John. *The Education of a Coroner: Lessons in Investigating Death*. New York: Scribner, 2017.

Blum, Deborah. *The Poisoner's Handbook: Murder and the Birth of Forensic Medicine in Jazz Age New York*. New York: Penguin Press, 2010.

Cataldie, Louis. *Coroner's Journal: Forensics and the Art of Stalking Death*. New

board)
Scientific Working Group for Medicolegal Death Investigation (https://www.swgmdi.org/)
American Academy of Forensic Science (https://www.aafs.org)
Harvard Associates in Police Science (https://harvardpolicescience.org/)

研究報告與報導

Centers for Disease Control and Prevention. *Coroner/Medical Examiner Laws, by State.* Atlanta, GA: Centers for Disease Control and Prevention, 2016. https://www.cdc.gov/phlp/publications/topic /coroner.html.

Centers for Disease Control and Prevention. *Death Investigation Systems*. Atlanta, GA: Centers for Disease Control and Prevention, 2015. https ://www.cdc.gov/phlp/publications/coroner/death.html.

Centers for Disease Control and Prevention. *Investigations and Autopsies*.

Atlanta, GA: Centers for Disease Control and Prevention, 2015. https://www.cdc.gov/phlp/publications/coroner/investigations.html.

Collins, K. A. "The Future of the Forensic Pathology Workforce." *Academic Forensic Pathology* 5, no. 4 (2015): 526–33.

Committee on Identifying the Needs of the Forensic Sciences Community,National Research Council. *Strengthening Forensic Science in the United States: A Path Forward* Washington, DC: National Research Council, 2009. www.ncjrs.gov/pdffiles1/nij/grants/228091.pdf.

Hanzlick, Randy. "The Conversion of Coroner Systems to Medical Examiner Systems in the United States." *American Journal of Forensic Medicine and Pathology* 28, no. 4 (December 2007): 279–83.

Hanzlick, Randy, and D. Combs. "Medical Examiner and Coroner Systems." *Journal of the American Medical Association* 279, no. 11 (March 18, 1998): 870–74.

Hanzlick, Randy. *An Overview of Medical Examiner/Coroner Systems in the United States* Washington, DC: National Academies: Forensic Science Needs Committee. https://sites.nationalacademies.org/cs/ groups/pgasite/documents/webpage/pga_049924.pdf.

Hickman, Matthew J., Kristen A. Hughes, and Kevin J. Strom. *Bureau of Justice Statistics Special Report: Medical Examiners and Coroners' Offices, 2004.* Washington, D.C.: U.S. Department of Justice Bureau of Justice Statistics, 2007. https://www.bjs.gov/content/pub/pdf/meco04.pdf.

Institute of Medicine (US) Committee for the Workshop on the Medicolegal Death

參考資料

博物館

Glessner House museum
1800 S. Prairie Avenue
Chicago, IL 60616
312-326-1480 glessnerhouse.org
info@glessnerhouse.org

The Rocks
4 Christmas Lane
Bethlehem, NH 03574
603-444-6228
therocks.org info
@therocks.org

影視作品

Of Dolls and Murder (2012, Susan Marks director)
Murder in a Nutshell (in production, Susan Marks director)
Mystery Street (1950, John Sturges director)

專業機構

National Association of Medical Examiners (http://thename.org)
American Board of Medicolegal Death Investigators (https://www.abmdi.org/)
International Association of Coroners and Medical Examiners (https://www.theiacme.com)
National Institute of Standards and Technology Forensic Science Standards Board (https://www.nist.gov/topics/forensic-science/forensic-science-standards-

phlp/publications/coroner /illinois.html.
20 Charleston dual system: K. A. Collins, "Charleston, South Carolina: Reversion from a Medical Examiner/Coroner Dual System to a Coroner System," *Academic Forensic Pathology* 4, no. 1 (2014): 60–64.
21 Not enough forensic pathologists: K. A. Collins, "The Future of the Forensic Pathology Workforce," *Academic Forensic Pathology* 5, no. 4 (2015): 526–533.
22 Current numbers: Denise McNally, executive director, National Association of Medical Examiners, personal communication, 2018.
23 Only 62 percent of cases referred: "Medical Examiners and Coroners' Offices, 2004," U.S. Department of Justice, Bureau of Justice Statistics, June 2007.
24 Absence of essential tools: Hanzlick, "Overview."
25 Hotel room deaths from carbon monoxide poisoning: "Health Department Issues Statement about CO Deaths in Hotel," WVTV, June 9, 2013, http://www.wbtv.com /story/22541035/health-department-issues-statement-about-co-deaths-in-hotel/.
26 DNA used to exonerate: "DNA exonerations in the United States," Innocence Project, accessed December 28, 2018, https://www.innocenceproject.org /dna-exonerations-in-the-united-states/.
27 Problems with DNA evidence: Matthew Shaer, "The False Promise of DNA Testing," *Atlantic*, June 2016, https://www.theatlantic.com/magazine / archive/2016/06/a-reasonable-doubt/480747/; Pamela Colloff, "Texas Panel Faults Lab Chemist in Bryan Case for 'Overstating Findings' and Inadequate DNA Analysis," Propublica, October 8, 2018, https://www.propublica.org /article/texas-panel-faults-lab-chemist-in-bryan-case-for-overstated-findings -and-inadequate-dna-analysis; Greg Hampikian, "The Dangers of DNA Testing," *New York Times*, September 21, 2018, https://www.nytimes.com/2018/09/21/opinion/the-dangers-of-dna-testing.html.

http://www.famous-trials.com/sam-sheppard/2-sheppard; "Sheppard Murder Case," Encyclopedia of Cleveland, accessed November 24, 2018, https :// case.edu/ech/articles/s/sheppard-murder-case; Sam Sheppard, *Endure and Conquer: My 12-Year Fight for Vindication* (Cleveland: World Publishing Co., 1966); James Neff, *The Wrong Man: The Final Verdict on the Dr. Sam Sheppard Murder Case* (New York: Random House, 2001).

12 Death of Richard Ford: "Dr. Richard Ford, 55, a Suicide; Witness in Many Murder Trials," *New York Times,* August 4, 1970, https://www.nytimes.com/1970/08/04/archives/dr-richard-ford-55-a-suicide-witness-in-many-murder-trials.html.

13 Donation of The Rocks: "History of The Rocks," The Rocks (website), accessed December 16, 2018, http://therocks.org/history.php.

14 Highway historical marker: "New NH Historical Marker Honors 'Mother of Forensic Science,'" New Hampshire Department of Cultural Resources press release, October 22, 2018, https://www.nh.gov/nhculture/mediaroom/2018 / francesglessnerlee_marker.htm.

15 Prairie Avenue residence: "The House," Glessner House museum (website), accessed December 6, 2018, https://www.glessnerhouse.org/the-house/; William Tyre, personal communication, 2018.

16 "*There are two minor items*": Letter from Parker Glass to Dorothy Hartel, May 9, 1969, Maryland Office of the Chief Medical Examiner.

17 "*Troubled by the implication*": Letter from Steven A. Abreu to Scott Keller and Gary Childs, Harvard Associates in Police Science, October 17, 2017.

18 Death investigation systems today: Randy Hanzlick, "An Overview of Medical Examiner/Coroner Systems in the United States" (PowerPoint presenta- tion prepared for National Academies: Forensic Science Needs Committee, undated), accessed April 9, 2019, https://sites.nationalacademies.org/cs /groups/pgasite/documents/webpage/pga_049924.pdf; Randy Hanzlick, "The Conversion of Coroner Systems to Medical Examiner Systems in the United States," *American Journal of Forensic Medicine and Pathology* 28, no. 4 (December 2007): 279–283.

19 Medical examiner and coroners in Illinois: "Medical Examiner," Cook County Government website, accessed November 22, 2018, https://www.cookcountyil.gov/agency/medical-examiner; "Coroners Roster," Illinois Coroners and Medical Examiners Association, accessed November 22, 2018, https://www.coronersilli nois.org/coroners-roster; "Illinois Coroner/Medical Examiner Laws," Centers for Disease Control, January 1, 2014, https://www.cdc.gov/

and SAC, Boston, February 2, 1955, FBI.

34 "*This reception reportedly cost*": Office memorandum from SAC, Boston, to Director, FBI, September 19, 1955, FBI.

35 "*No derogatory info*": Teletype from Boston Field Office to Director, FBI, February 2, 1956.

36 "*I've been fighting*": *Lee News*, October 7, 1957, GHM.

37 "*The cocktail hour*": *Lee News*, August 17, 1958, GHM.

38 "*As I sit quietly*": Lee and Lee, *Family Reunion*, 411.

39 "*The most serious damage*": Letter from Parker Glass to FGL, February 17, 1961, CHM.

第十二章 死後

1 Lee's funeral: *Lee News*, February 5, 1962, GHM.

2 "*Mrs. Lee was unquestionably*": Banner, "She Invested a Fortune."

3 "*She was the only person*": Mary Murray O'Brien, "'Murder Unrecognized' Tops Harvard Seminar on Crime," *Boston Globe*, November 19, 1950, C36.

4 "*She was...my personal friend*": Gardner, "A Wonderful Woman."

5 Honorary degrees: "Quartet Receives Honorary Degrees from N.E. College," *Portsmouth Herald*, July 26, 1956; *Lee News*, May 13, 1958, GHM.

6 Honorary positions: William Tyre, personal communication, 2019.

7 Committee report on Department of Legal Medicine: "The Ad Hoc Committee Report," *Corpus Delicti: The Doctor as Detective*, Center for the History of Medicine at Countway Library, accessed December 5, 2018, http://collections.countway .harvard.edu/onview/exhibits/show/corpus-delicti/ad-hoc-committee-report.

8 Department of Legal Medicine ceased operations: "The End of Legal Medicine," *Corpus Delicti: The Doctor as Detective*, Center for the History of Medicine at Countway Library, accessed December 5, 2018, http://collections.countway .harvard.edu/onview/exhibits/show/corpus-delicti/ad-hoc-committee-report /end-of-legal-medicine.

9 Law and Medicine Center at Case Western Reserve University: Jentzen, *Death Investigation in America*, 76–77.

10 Five thousand undetected homicides every year: "How to Get Away with Murder," *True*, July 1958, 48–101.

11 Murder of Marilyn Reese Sheppard: Douglas O. Linder, "Dr. Sam Sheppard Trials: An Account," Famous Trials (website), accessed November 24, 2018,

14 "*Although no models*": Letter from FGL to Allan B. Hussander, February 27, 1951, GHM.

15 "*Captain Frances G. Lee*": Erle Stanley Gardner, *The Court of Last Resort* (New York: William Sloane Associates, 1952).

16 "*I have had to restrain*": Letter from FGL to Francis I. McGarraghy and others, June 5, 1951, GHM.

17 "*In desperation, I am writing*": Letter from Margaret Roth to FGL, November 9, 1948, GHM.

18 "*Dear Lady*": Unsigned letter to FGL, undated, GHM.

19 Automotive Safety Association: Letter from Frank D. Miller to FGL, January 27, 1946, GHM.

20 Entrepreneur from Long Beach: Letter from Arthur W. Stevens to FGL, January 29, 1948, GHM.

21 "*He has read of*": Letter from John Crocker Jr. to FGL, February 9, 1955, GHM.

22 "*While I am entirely sympathetic*": Letter from FGL to John Crocker Jr., February 18, 1955, GHM.

23 "*This appears to be*": Letter from FGL to Mrs. Edwin B. Wright, October 25, 1949, GHM.

24 "*Each member of the Advisory Board*": Letter from FGL to Francis I. McGarraghy and others, June 5, 1951, GHM.

25 "*It seems to me*": Letter from FGL to Francis I. McGarraghy and others, June 5, 1951, GHM.

26 "*We had not been visiting*": Lee News, September 10, 1957, GHM.

27 Lee's visit to the FBI: Telegram from J. Edgar Hoover to FGL, November 20, 1951, FBI.

28 "*When informed of Mr. Hoover's absence*": Office of Director memo, December 21, 1951, FBI.

29 "*No salary from Harvard*": Letter from George P. Berry to David W. Bailey, June 16, 1954, CHM.

30 "*I have talked again*": Letter from David W. Bailey to George P. Berry, June 25, 1954, CHM.

31 "*You will agree with me*": Letter from George P. Berry to Richard Ford, July 6, 1954, CHM.

32 "*So you may have*": Letter from George P. Berry to David W. Bailey, February 17, 1955, CHM.

33 Woodson's inquiry to the FBI: Teletype from FBI Richmond to Director, FBI,

41 "*I am reluctant*": Letter from Alan Moritz to Miss Mills, January 7, 1947, CHM.

42 "*Our belief is*": MGM, *Murder at Harvard.*

43 "*I am of the opinion*": Letter from CSB to Edward Reynolds, January 10, 1949, CHM.

44 "*Mrs. Lee has*": MGM, *Murder at Harvard.*

45 Lee asked to write article for *Scientific Monthly*: Letter from Gladys Keener to FGL, May 31, 1949, GHM.

46 "*I would like to*": Letter from FGL to Gladys Keener, July 14, 1949, GHM.

47 "*Members of the faculty*": Minutes of the Harvard Associates in Police Science Second Annual Meeting, February 10, 1949, GHM.

48 "*I am not unmindful*": Letter from ARM to FGL, January 31, 1949, CHM.

第十一章 衰退與沒落

1 "*We will be sunk*": Letter from FGL to Roger Lee, February 28, 1949, GHM.

2 Dr. Richard Ford: *Harvard Law Record*, undated, CHM.

3 "*The more I see*": Letter from FGL to Roger Lee, February 28, 1949, GHM.

4 "*During the past ten years*": Letter from ARM to CSB, May 11, 1949, CHM.

5 "*Lurid or otherwise offensive*": Letter from Edward Reynolds to Lowe's Inc., June 13, 1949, CHM.

6 *Mystery Street* filming locations: "Mystery Street," Internet Movie Database, accessed December 28, 2018, https://www.imdb.com/title/tt0042771.

7 MGM payment to Harvard: Letter from ARM to Richard Ford, September 2, 1949, CHM; letter from ARM to Richard Ford, December 12, 1949, CHM.

8 "*Mrs. Lee has asked me*": Letter from Richard Ford to George P. Berry, December 14, 1949, CHM.

9 "*There is more science*": Metro-Goldwyn-Mayer, "*Mystery Stree*t Reviews," undated, CHM.

10 "*I must confess that it is a mystery*": Letter from FGL to Richard Ford, January 31, 1951, CHM.

11 "*I must confess that I am greatly disappointed*": Letter from FGL to Alan Gregg, January 31, 1951, RAC.

12 Harvard limiting attendance at seminars: Memo from SAC, Richmond, to J. Edgar Hoover, December 21, 1950, FBI.

13 "*In my opinion*": Letter from FGL to Alan Gregg, January 31, 1951, RAC; letter from Alan Gregg to FGL, February 16, 1951, RAC.

23 Dr. LeMoyne Snyder: "Biographical Note," LeMoyne Snyder papers, Michigan State University Archives, accessed December 20, 2018, http://archives.msu .edu/findaid/ua10-3-97.html.

24 "*Your remarks made me feel*": Letter from LeMoyne Snyder to FGL, July 19, 1944, Michigan State University Archives.

25 "*I thought it over*": Minutes of Harvard Associates in Police Science meeting, undated, GHM.

26 "*He was the most interested*": Meeting minutes, HAPS board, 1949, GHM.

27 "*Your stories are formulaic*": Erle Stanley Gardner, "A Wonderful Woman," Boston Globe, February 4, 1962, 1.

28 "*I just can't believe*": Minutes of Harvard Associates in Police Science second annual meeting, February 10, 1949, GHM.

29 "*A perfectionist in every sense*": Gardner, "A Wonderful Woman."

30 "*This book was written*": Erle Stanley Gardner, *The Case of the Dubious Bridegroom* (New York: William Morrow & Co., 1949).

31 Gardner autographed the first copy: Letter from Erle Stanley Gardner to FGL, December 21, 1948, GHM.

32 "*I want to have it photographically reduced*": Letter from FGL to Thayer Hobson, May 19, 1949, GHM.

33 "*A book in which*": Letter from Erle Stanley Gardner to FGL, December 21, 1948, GHM.

34 "*A lively correspondence*": Letter from FGL to ARM, January 19, 1949, GHM.

35 "*Taking the wrong attitude*": Letter from FGL to Charles W. Woodwon, March 8, 1949, GHM.

36 Gardner attended a second homicide seminar: "'Perry Mason' Goes to Harvard with Police," *Boston Globe*, May 1, 1949, C1.

37 Meeting with Maryland Post Mortem Examiners Commission: B. Taylor, "The Case of the Outspoken Medical Examiner, or an Exclusive Journal Interview with Russell S. Fisher, MD, Chief Medical Examiner of the State of Maryland," *Maryland State Medical Journal* 26, no. 3 (March 1977): 59–69.

38 Lee recommended Fisher: Letter from FGL to Huntington Williams, July 5, 1949, GHM.

39 Fisher appointed: "Dr. R. S. Fisher Assumes Post as Examiner," *Baltimore Sun*, September 2, 1949.

40 Ultimate vision for the Maryland Office of the Chief Medical Examiner: Letter from Huntington Williams to FGL, September 2, 1949, GHM.

第十章 哈佛謀殺案

1 Lee felt that Fisher was capable: Letter from FGL to C. W. Woodson, August 5, 1946, GHM; letter from FGL to C. W. Woodson, September 20, 1946, GHM.

2 Department of Legal Medicine at Medical College of Virginia: Mary A Giunta, "A History of the Department of Legal Medicine at Medical College of Virginia" (master's thesis, University of Richmond, 1966).

3 "*As for my 'complete anonymity*'": Letter from FGL to ARM, July 12, 1946, CHM.

4 "*LIFE is still very*": Letter from Jeff Wylie to FGL, March 7, 1946, GHM.

5 The Nutshells national debut: Life magazine, June 3, 1946.

6 "*The Coroner, an undertaker*": Letter from R. F. Borkenstein to FGL, April 21, 1948, GHM.

7 Knowledge from the seminar: Martin, "How Murderers Beat the Law."

8 "*I thought you had*": Martin, "How Murderers Beat the Law."

9 Homicide seminar, April 1947: William Gilman, "Murder at Harvard," *Los Angeles Times*, January 25, 1948, F4.

10 Arnette and the Texas City disaster: Martin, "How Murderers Beat the Law."

11 Texas City disaster casualties: Hugh W. Stephens, *The Texas City Disaster*, 1947 (Austin: University of Texas Press, 1997), 100.

12 Eighteen fellows in 1947: Letter from Richard Ford to Alan Gregg, July 19, 1949, CHM.

13 Medical examiners replacing coroners: Martin, "How Murderers Beat the Law."

14 State laws influenced: "Annual Report, July 1, 1947, to June 30, 1948," Department of Legal Medicine, CHM.

15 University programs started: "Annual Report."

16 "*She thinks [Moritz's] heart*": Alan Gregg diary, April 16, 1947, RAC.

17 Attendance by 1949: Martin, "How Murderers Beat the Law."

18 "*Why should Harvard Medical School*": Letter from George Minot to CSB, September 24, 1945, CHM.

19 "*We were informed by*": Lucy Boland, "A Few Days at Harvard Seminar," *VOX Cop*, Connecticut State Police, June 1950.

20 "*Few of the States*": Boland, "A Few Days."

21 "*We feel that*": Letter from Samuel Marx to FGL, February 9, 1948, GHM.

22 "*I have listened*": Letter from FGL to James R. Nunn, December 7, 1944, GHM.

17 "*The package containing the wire*": Letter from FGL to A. J. Monroe, January 7, 1944, GHM.

18 Quarter-inch brass hinges: Letter from Union Twitchell to FGL, January 6, 1944, GHM.

19 "*Lucite is on priority*": Letter from Union Twitchell to FGL, July 13, 1943, GHM.

20 "*I shall be very glad*": Letter from FGL to Union Twitchell, July 14, 1943, GHM.

21 Whiskey bottles: Letter from Alynn Shilling, National Distillers Products Corporation, to FGL, October 19, 1944, GHM.

22 "*I have never seen*": Letter from FGL to W. B. Douglas, February 26, 1946, GHM.

23 "*The most difficult matter*": FGL, "Dolls as a Teaching Tool."

24 "*Most of the furniture*": FGL, "Nutshell Studies of Unexplained Death, Notes and Comments: Foreword," undated, CHM.

25 "*I found myself constantly*": Letter from FGL to ARM, August 21, 1945, CHM.

26 "*I have in prospect*": Letter from FGL to ARM, January 5, 1944, CHM.

27 "*Believing firmly that the*": FGL, "Legal Medicine at Harvard," *Journal of Criminal Justice and Police Science* 42, no. 5 (Winter 1952): 674–678.

28 Student reports on the Nutshells: FGL, undated manuscript about Department of Legal Medicine, CHM.

29 "*It must be understood*": FGL, undated manuscript about Department of Legal Medicine, CHM.

30 "*The students should be warned*": FGL, "Nutshell Studies of Unexplained Death."

31 The purposes of HAPS: Harvard Associates in Police Science Articles of Incorporation, January 8, 1963, GHM.

32 "*These were wonderful affairs*": Earl Banner, "She Invested a Fortune in Police, Entertained Them Royally at Ritz," *Boston Globe*, February 4, 1962, A46.

33 "*There is no place*": Handwritten note on back of photograph, undated, GHM.

34 "*I am making arrangements*": Letter from FGL to CSB, May 29, 1945, CHM.

35 "*I dislike to attach conditions*": Letter from FGL to CSB, July 30, 1945, CHM.

36 "*Expressed the opinion that*": CSB, "Memorandum of talk with Mrs. Lee on March 27, 1945," CHM.

November 25, 1961.

40 "general police power": Commission from Lee, 1943.

41 "*This was not an honorary post*": Earl Banner, "She Invested a Fortune in Police, Entertained Them Royally at the Ritz," Boston Globe, February 4, 1962, 46-A.

42 Lee on medicolegal investigators: FGL, "The Department of Legal Medicine: Its Functions and Purposes," July 13, 1947, CHM.

43 "*An alarming possibility occurs*": Letter from FGL to CSB, April 29, 1944, CHM.

第九章 微縮模型

1 "*Five years ago*": ARM, "The Status of the Department of Legal Medicine of Harvard Medical School After Five Years of Its Existence: Report to the Dean," May 15, 1944, CHM.

2 Increased gifts to the department: Letter from CSB to FGL, January 28, 1944, CHM; Letter from FGL to CSB, June 23, 1944, CHM.

3 Lee's thoughts on the School of Business: "Mrs. Frances G. Lee—lunch," Alan Gregg diary, April 16, 1947, RAC.

4 "In a word" and following quotes: FGL, "Suggestions for a Police Course," October 19, 1942, CHM.

5 "*The matter of providing*": FGL, handwritten note, undated, GHM.

6 "*It has been found*": FGL, "Dolls as a Teaching Tool," undated, GHM.

7 "*Why not let me make models*": FGL, Yankee Yarns manuscript, GHM.

8 "*I have some special work*": Letter from FGL to Ralph Mosher, June 9, 1943, GHM.

9 "*If you will send*": Letter from Ralph Mosher to FGL, June 11, 1943, GHM.

10 "*The work I want*": Letter from FGL to Ralph Mosher, July 8, 1943, GHM.

11 "*In the original*": Letter from FGL to ARM, August 21, 1945, CHM.

12 Trying to purchase tools during the war: Letter from Sears Roebuck and Co. to FGL, August 3, 1943, GHM.

13 Form PD-1A: Application for Preference Rating, September 3, 1943, GHM.

14 Trying to acquire a saw and motor: Letter from FGL to Union Twitchell, Irving & Casson-A. H. Davenport Co., April 21, 1943, GHM.

15 Replacement of a truck part: Letter from C. E. Dolham, parts department, International Harvester Company, to FGL, July 15, 1942, GHM.

16 "*We are in the midst*": Letter from FGL to C. E. Dolham, July 20, 1942, GHM.

Identification," February 16, 1942, CHM.

20 Dental study: FGL, "Plans for a Dental Project," February 16, 1942, CHM.

21 Medical examiners in 1944: Alan R. Moritz, Edward R. Cunniffe, J. W. Holloway, and Harrison S. Maitland, "Report of Committee to Study the Relationship of Medicine and Law," *Journal of the American Medical Association* 125, no. 8 (June 24, 1944): 577–583.

22 "*During his first two years*": Note on visit with Sidney Burwell, Alan Gregg diary, February 2, 1942, RAC.

23 Improved laws in some states: Letter from FGL to Joseph Shallot, July 28, 1948, GHM.

24 Restrictions on medical examiners: Moritz et al., "Report of Committee."

25 Coroners in Maryland: Goldfarb, "Death Investigation in Maryland."

26 Lee's speaking engagements: Based on correspondence at GHM.

27 Lee in Virginia: Letter from FGL to ARM, March 20, 1943, CHM.

28 Lee's suggestions in Virginia: "Comments and Recommendations Submitted by Mrs. Lee on Suggestions for a Medical Examiner System for the State of Virginia," undated, GHM.

29 Changes in Washington, DC: David Brinkley, *Washington Goes to Wa*r (New York: Knopf, 1988).

30 "*Believing yours to be*": Letter from FGL to Fulton Lewis Jr., September 29, 1943, GHM.

31 "*I cannot too strongly*": Letter from FGL to Sherman Adams, February 9, 1945, GHM.

32 Lee appointed consulting deputy coroner: Letter from Cook County coroner A. L. Brodie to FGL, December 18, 1941, GHM.

33 She singled out Oscar Schultz: Letter from FGL to ARM, May 6, 1942, CHM.

34 Oklahoma law: "Murder-Clue Team Set Here," *Daily Oklahoman*, November 16, 1945, 1.

35 "*I earnestly hope that*": Letter from FGL to W. F. Keller, November 9, 1944, GHM.

36 Oklahoma City agreement: "Murder-Clue Team Set Here."

37 "*I've fallen completely under*": Letter from FGL to Charles Woodson, April 20, 1946, GHM.

38 Colonel Ralph Caswell: "Much Progress in Fingerprint Library for NH," *Portsmouth Herald*, February 27, 1936, 3; Brian Nelson Burford, New Hampshire State archivist, personal communication, 2018.

39 Caswell on State Liquor Commission: "Around the Town," *Nashua Telegraph*,

第八章 李警監

1 Lee's dream of a centralized medical examiner's office: Based in part on untitled brief written by FGL at the suggestion of Roger Lee, March 7, 1939, CHM.

2 Dr. Roger Lee asked for plan: Letter from Roger Lee to CSB, March 10, 1939, GHM.

3 Lee's medical concerns: Letter from Roger Lee to FGL, June 21, 1939, GHM.

4 "*I emphatically believe that*": Letter from Roger Lee to FGL, June 27, 1939, GHM.

5 The Cocoanut Grove fire: Paul Benzaquin, *Holocaust! The Shocking Story of the Boston Cocoanut Grove Fire* (New York: Henry Holt and Co., 1959); "The Story of the Cocoanut Grove Fire," Boston Fire Historical Society, accessed October 17, 2017, https://bostonfirehistory.org/ the-story-of-the-cocoanut-grove-fire/.

6 "*Among the victims*": Letter from ARM to FGL, January 9, 1943, CHM.

7 Lee's generosity: Letter from FGL to CSB, July 12, 1940, GHM; letter from CSB to FGL, April 7, 1941, GHM.

8 The Glessners' piano: "Music in the Mansion, Part 1: The Glessners' Piano," *Story of a House* (blog), April 4, 2011, http://www.glessnerhouse.org/story-of-a-house/2011/04/music-in-mansion-part-1-glessners-piano.html.

9 "*I do not play*": Letter from FGL to Roger Lee, September 12, 1942, GHM.

10 "*You may be interested*": Letter from FGL to ARM, November 9, 1942, GHM.

11 Lee's questions for Moritz: Typed list of questions asked of Moritz on November 20, 1942, FGL, January 5, 1943, CHM.

12 "*I hope you can*": Letter from FGL to ARM, January 5, 1943, CHM.

13 "*One of the things*": Letter from CSB to Jerome D. Greene, March 10, 1943, CHM.

14 "*It will be recalled*": Letter from CSB to Jerome D. Greene, February 23, 1943, CHM.

15 "*This title would*": Letter from Alan Moritz to FGL, February 19, 1943, CHM.

16 "*I shall do my best*": Letter from FGL to CSB, March 21, 1943, CHM.

17 "*Not to be printed*": Joseph S. Lichty, "Memorandum for Dr. Burwell," March 10, 1943, CHM.

18 Lee not identified in medical school catalog: Letter from CSB to FGL, March 20, 1943, CHM.

19 Dental records: FGL, "Plan for Unification of Dental Records for Dental

22, 1942, CHM.

37 "*I know of no*": Letter from ARM to FGL, January 8, 1940, CHM.

38 Afternoon tea for department opening: Invitation to tea in honor of FGL, CHM.

39 "*I'm still thinking of*": Letter from FGL to CSB, February 15, 1940, CHM.

40 Department funding: Harvard Medical School, "First Annual Report of the Department of Legal Medicine, January 1, 1940–December 31, 1940," CHM.

41 The department's first fellows: Harvard Medical School, "First Annual Report."

42 "*I can see one*": Letter from ARM to CSB, July 30, 1938, CHM.

43 Conflicts with local police: Metro-Goldwyn-Mayer, Murder at Harvard treatment, September 17, 1948, CHM.

44 "*Dr. Rosen, medical examiner*": Teletype message, July 31, 1940, accompanying letter from Alan Moritz to Leonard Spigelgass, November 9, 1948, CHM.

45 Irene Perry case: "Girl, 22, Trussed and Slain," Boston Globe, August 1, 1940, 1; MGM, *Murder at Harvard*; "Examination of the Body of Irene Perry, Dartmouth, Massachusetts, 7/31/1940," Division of Laboratories, Department of Legal Medicine, Harvard Medical School, 40–139, CHM.

46 Conference outline: FGL, "Basic Scheme for a Series of Medico-Legal Conferences Biennial or Annual," May 17, 1940, CHM.

47 Conference suggestions: FGL, "Suggestions for a Medico-Legal Conference to Be Held in Boston in October 1940," May 17, 1940, CHM.

48 Medical Society recommendations: "Physicians Rap System of Coroners," *Philadelphia Inquirer*, October 3, 1940, 21.

49 "*I cannot impress upon*": Letter from P. J. Zisch to J. W. Battershall, May 20, 1940, CHM.

50 "*It seems to me*": Letter from FGL to CSB, August 9, 1940, CHM.

51 "*Of all men connected*": Letter from FGL to Timothy Leary, August 9, 1940, CHM.

52 "*In my opinion*": Letter from Timothy Leary to FGL, August 14, 1940, CHM.

53 "*I judge from your letter*": Letter from FGL to William Wadsworth, October 28, 1940, CHM.

54 First year faculty: Harvard Medical School, "First Annual Report."

17 Lee reached out to Dr. Gonzales: Letter from FGL to Thomas Gonzales, November 4, 1938, GHM.

18 Gonzales on planned exhibits: Letter from Thomas Gonzales to FGL, November 7, 1939, GHM.

19 "*I am anxious that*": Letter from ARM to FGL, December 6, 1938, CHM.

20 "*She suggests various methods*": CSB, "Note on a conversation with Mrs. Lee regarding the future of the Department of Legal Medicine," December 9, 1939, CHM.

21 "*That's the way to go*": "Like a Lion Resting."

22 "*Since you saw him*": Letter from FGL to ARM, December 20, 1938, CHM.

23 "*I read voraciously for weeks*": Letter from FGL to George Burgess Magrath, undated, GHM.

24 Lee's book: FGL, "An Anatomography in Picture, Verse and Music" (unpublished manuscript, ca. 1929–1938), GHM.

25 "*A coined word*": Letter from FGL to George Burgess Magrath, undated, GHM.

26 "*Although our work for*": Letter from Parker Glass to FGL, May 17, 1939, GHM.

27 "*This was the official number*": Letter from FGL to ARM, January 10, 1939, CHM.

28 "*It is a good time*": Letter from FGL to CSB, December 20, 1938, CHM.

29 Lee's suggestions of a statewide system: CSB, "Memorandum of conversation with Mrs. Lee," October 3, 1938, CHM.

30 Massachusetts didn't adopt a statewide system: Randy Hanzlick and Debra Combs, "Medical Examiner and Coroner Systems: History and trends," *Journal of the American Medical Association* 279, no. 11 (March 18, 1998): 870–874.

31 "*Poisoning is very common*": ARM, "Confidential Report on the Status of Forensic Medicine in Great Britain, Europe and Egypt (1938–1939)," 1940, CHM.

32 "*I had a very*": Letter from ARM to CSB, April 6, 1939, CHM.

33 "*My experience to date*": Letter from ARM to S. B. Wolbach, August 2, 1938, CHM.

34 "*I would like to*": Letter from FGL to ARM, September 18, 1939, CHM.

35 "*I am firmly convinced*": Letter from FGL to ARM, September 27, 1939, CHM.

36 Lee's suggestion that Moritz write an article: Letter from FGL to ARM, April

33 "*This lady is interested*": L. C. Schilder, "Memorandum for Mr. Edwards," May 16, 1936, FBI.

34 The Glessners deeded their home: Al Chase, "Architects Vote to Turn Back Glessner Home," *Chicago Tribune*, June 16, 1937, 27; William Tyre, personal communication, 2018.

35 "*Was considered one of*": Judith Cass, "Monday Class in Reading to Hold Reunion," *Chicago Tribune*, April 2, 1936.

36 Property returned: Chase, "Architects."

37 "If Dr. Magrath is to write": Letter from FGL to Sidney Burwell, December 13, 1935, GHM.

第七章 三腳凳

1 Lee's gifts to Harvard: Letter from FGL to CSB, May 23, 1936, GHM.

2 Lee's ultimatum: Alan Gregg diary, October 18, 1938, RAC.

3 Burwell convened a committee: Minutes of the first meeting of the Committee to Consider the Future of Legal Medicine in Harvard University, April 13, 1936, CHM.

4 "*It is my unfortunate luck*": Letter from S. Burt Wolbach to Alan Gregg, April 8, 1936, RAC.

5 Searching for Magrath's successor: Minutes of the second meeting of the Committee on Legal Medicine, December 11, 1936, RAC.

6 "*I was third man*": Alan Moritz, interview by Mary Daly, November 18, 1983, Case Western Reserve University Archive.

7 "*There were several schools*": Alan Moritz interview.

8 "*I knew little or nothing*": Alan Moritz interview.

9 "*The more I have*": Letter from ARM to CSB, May 24, 1937, CHM.

10 "*Last summer I had*": Letter from ARM to CSB, December 7, 1937, CHM.

11 "*I have forced myself*": Letter from ARM to Burt Wolbach, August 2, 1938, CHM.

12 "*My greatest problem to date*": Draft letter from ARM to FGL, undated, CHM.

13 "*I had a letter*": Letter from FGL to ARM, November 18, 1938, CHM.

14 "*Without wishing to be arbitrary*": Letter from FGL to CSB, December 16, 1937, CHM.

15 "*She approved of the idea*": CSB, "Memorandum of a conversation with Mrs. Lee concerning the situation in Legal Medicine," June 15, 1937, CHM.

16 World's Fair: Letter from FGL to ARM, November 15, 1938, CHM.

Opening of Library," *Harvard Crimson*, May 25, 1934.

14 Magrath introduced Lee to Gregg: Letter from George Burgess Magrath to Alan Gregg, January 25, 1935, RAC.

15 Lee sought Gregg's assistance: Alan Gregg diary, March 14, 1935, RAC.

16 Lee's proposal for the Department of Legal Medicine: Letter from FGL to Alan Gregg, March 30, 1935, RAC.

17 "*Told her we were interested*": Alan Gregg diary, March 14, 1935, RAC.

18 "*The next time she comes*": Memo from Alan Gregg to Robert A. Lambert, April 19, 1943, RAC.

19 New York University Department of Legal Medicine: Milton Helpern, "Development of Department of Legal Medicine at New York University," *New York State Journal of Medicine* 72, no. 7 (April 1, 1972): 831–833.

20 Gifts to her daughters: Letter from FGL to Frances Martin and Martha Batchelder, January 29, 1934, GHM.

21 "*George seemed very pleasant*": Letter from Roger Lee to FGL, November 1, 1935, GHM.

22 "*Our reports about George*": Letter from Roger Lee to FGL, June 5, 1937, GHM.

23 Magrath's pension: Memorandum, CSB, February 12, 1937, CHM.

24 "*Without bringing her into*": CSB, "Memorandum of a conference with Mrs. Lee on February 12, 1937," CHM.

25 "*I think some action*": Memorandum, CSB, February 12, 1937, CHM.

26 "*A Medico-legal Library*": Letter from Reid Hunt to David Edsall, April 30, 1934, CHM.

27 "*I am loath to ask*": Letter from FGL to James Bryant Conant, August 13, 1934, CHM.

28 "*Since receiving your letter*": Letter from FGL to James Bryant Conant, September 7, 1934, CHM.

29 Origins of the FBI: "Timeline," Federal Bureau of Investigation, accessed November 16, 2018, https://www.fbi.gov/history/timeline.

30 FBI authority over kidnapping: "Timeline."

31 Hoover fired all the female agents: "Timeline"; Winifred R. Poster, "Cybersecurity Needs Women," *Nature*, March 26, 2018, https://www.nature.com/articles /d41586-018-03327-w.

32 Lee described her plans to Hoover: H. H. Clegg, "Memorandum for the Director," May 16, 1935, FBI; Mary Elizabeth Power, "Policewoman Wins Honors in Field of Legal Medicine," *Wilmington Journal*, June 16, 1955, 45.

April 1, 2012, http://nymag .com/news/features/scandals/hall-mills-2012-4/.

14 Study on coroners and medical examiners: Oscar Schultz and E. M. Morgan, "The Coroner and the Medical Examiner," *Bulletin of the National Research Council* 64 (July 1928).

15 "*You know, I won't*": FGL, *Yankee Yarns* manuscript.

第六章 醫學院

1 Description of the autopsy conducted by Magrath: Letter from Frank Leon Smith to Erle Stanley Gardner, February 19, 1955, GHM; "The Routine Autopsy," Ed Uthman (website), June 2, 2001, http://web2.iadfw.net/uthman/Autop.html; "Autopsy Tools," Ed Uthman (website), February 24, 1999, http://web2.iadfw .net/uthman/autopsy_tools.html; Nicholas Gerbis, "What Exactly Do They Do During an Autopsy?" *Live Science*, August 26, 2010, https://www.livescience. com/32789-forensic-pathologist-perform-autopsy-csi-effect.html.

2 "*Legal Medicine may be*": FGL, *Yankee Yarns* manuscript.

3 Magrath at Harvard: Letter from George Burgess Magrath to Edward H. Bradford, August 19, 1918, CHM.

4 "*It is my desire*": Letter from FGL to A. Lawrence Lowell, April 30, 1931, CHM.

5 "*Your wishes will be*": Letter from A. Lawrence Lowell to FGL, May 4, 1931, CHM.

6 Lee asked for Lowell's complicity: Letter from FGL to A. Lawrence Lowell, September 29, 1931, CHM.

7 "*He really does not*": Letter from A. Lawrence Lowell to FGL, December 10, 1931, CHM.

8 "*I am not sure*": Letter from Oscar Schultz to FGL, June 23, 1933, GHM.

9 "*Our fight is going*": Letter from Oscar Schultz to FGL, February 7, 1934, GHM.

10 Annual meeting of the AMA: Letter from Oscar Schultz to FGL, May 26, 1933, GHM.

11 "*I have this morning*": Letter from FGL to James Bryant Conant, March 24, 1934, CHM.

12 "*The donor of money*": Letter from David Edsall to J. Howard Mueller, April 9, 1934, CHM.

13 Magrath Library opening: "Mrs. Lee and President Conant Are Speakers at

-details/sacco-vanzetti-the-evidence; Felix Frankfurter, *The Case of Sacco and Vanzetti* (New York: Little Brown, 1927); Dorothy G. Wayman, "Sacco-Vanzetti: The Unfinished Debate," *American Heritage* 11, no. 1 (December 1959).

第五章 志趣相投

1 Prairie Avenue in the early 1900s: This section drawn from public signage produced by the Prairie Avenue Historic District and Tyre, *Chicago's Historic Prairie Avenue*, 97–114.

2 The White Schoolhouse: "List of Dealers," undated notes, correspondence, GHM.

3 Phillips House: Frederic A. Washburn, *The Massachusetts General Hospital: Its Development, 1900–1935* (Boston: Houghton Mifflin, 1939).

4 "*He used to tell*": Letter from FGL to Erle Stanley Gardner, August 1952, GHM.

5 Magrath's stories: Ruth Henderson, "Remember G.B.M.?" *Kennebec Journal*, February 22, 1950.

6 Florence Small murder: Lowell Ames Norris, "Inanimate Objects Often Expose Cruel Murder Secrets," *Sunday Herald*, May 21, 1933; "Dr. Magrath Tells of Unusual Cases," *Boston Globe*, February 26, 1932, 16; "Florence Small Lost Her Head," *Criminal Conduct* (blog), accessed April 5, 2017, http://criminalconduct.blogspot.com/2011/11/small-rememberance.html.

7 "*I consider this one*": Norris, "Inanimate Objects."

8 "*Showed the stove had*": Norris, "Inanimate Objects."

9 "*An innocent man would*": Norris, "Inanimate Objects."

10 Consulting with Charles Norris: "Dr. Magrath Tells of Unusual Cases."

11 "*I'm still trying to*": FGL, *Yankee Yarns* manuscript.

12 "*He was a brilliant raconteur*": Letter from FGL to Erle Stanley Gardner, August 1954, GHM.

13 The Hall-Mills murders: Julie Johnson-McGrath, "Speaking for the Dead: Forensic Pathologists and Criminal Justice in the United States," *Science, Technology & Human Values* 20, no. 4 (Autumn 1995): 438–459; Mara Bovsun, "A 90-Year Mystery: Who Killed the Pastor and the Choir Singer?" *New York Daily News*, September 16, 2012, http://www.nydailynews.com/news/justice -story/90-year-mystery-killed-pastor-choir-singer-article-1.1160659; Sadie Stein, "She is a Liar! Liar!" *New York Magazine*,

Death Natural, Employer Released," *Philadelphia Inquirer*, November 16, 1912, 2.

17 Brimfield lawsuit: "Sues for $10,000," *Boston Globe*, February 6, 1913, 1; "Widow Sues Medical Examiner Magrath," *Boston Globe*, January 12, 1915, 1.

18 Magrath framed for larceny: "Three Accused of Conspiracy," *Boston Globe*, January 26, 1915, 1; "Men in Morgue Under Arrest," *Boston Globe*, August 9, 1914, 1.

19 The governor's decision: "Not to Reappoint Dr. Geo. B. Magrath," *Boston Globe*, July 16, 1914, 1.

20 Brimfield lawsuit resolution: "Medical Examiner Magrath Exonerated," *Boston Globe*, January 13, 1915, 1; "Reads Three Depositions," *Boston Globe*, January 15, 1915, 1.

21 Larceny plot falls apart: "Green Witness in Own Behalf," *Boston Globe*, January 28, 1915, 1; "Green Admits He Did Wrong," *Boston Globe*, January 28, 1915, 1; "Search Left to Subordinate," *Boston Globe*, January 27, 1915, 1; "Jury Returns Sealed Verdict," *Boston Glob*e, February 2, 1915, 1.

22 Green, Miller, and Kingston arrested: "Like a Lion Resting."

23 "*The coroner is not*": Editorial, *New York Daily Globe*, March 2, 1914.

24 Reform of New York's coroner system: Milton Helpern and Bernard Knight, *Autopsy: The Memoirs of Milton Helpern, the World's Greatest Medical Detective* (New York: St. Martin's Press, 1977), 11.

25 Death of Eugene Hochette: "Point to a Murder Hid by Coroner's Aid," *New York Times*, November 25, 1914, 1.

26 "*I should say that*": "Murder Hid by Coroner's Aid."

27 "*A practically perfect instrument*": *New York Tribune*, February 25, 1915, 7.

28 Early days of the New York City medical examiner's office and laboratory: S. K. Niyogi, "Historic Development of Forensic Toxicology in America up to 1978," *American Journal of Forensic Medicine and Pathology* 1, no. 3 (September 1980): 249–264; Deborah Blum, *The Poisoner's Handbook* (New York: Penguin Press, 2010); Helpern and Knight, *Autopsy: The Memoirs of Milton Helpern*.

29 "*The rear end*": *Boston Post*, November 8, 1916, 7.

30 Boston molasses disaster: Stephen Puleo, *Dark Tide: The Great Boston Molasses Flood of 1919* (Boston: Beacon Press, 2003).

31 "*As though covered in*": Puleo, Dark Tide. 109.

32 Sacco and Vanzetti case: "Sacco and Vanzetti: The Evidence," Massachusetts Supreme Judicial Court, accessed March 2, 2019, https://www.mass.gov/info

第四章 罪案調查師

1 "*Dead bodies of such persons*": George Burgess Magrath, "The Technique of a Medico-Legal Investigation," Meeting of the Massachusetts Medico-Legal Society, February 1, 1922.

2 "*We should do our*": Magrath, "The Technique of a Medico-Legal Investigation."

3 "*The duties of this office*": Myrtelle M. Canavan, "George Burgess Magrath," *Archives of Pathology* 27, no. 3 (March 1939): 620–623.

4 "*If the law has*": Erle Stanley Gardner, *The Case of the Glamorous Ghost* (New York: Morrow, 1955), dedication.

5 "*He was always cheerful*": Letter from FGL to Erle Stanley Gardner, August 1954, GHM.

6 "*You ought to set*": William Boos, *The Poison Trail* (Boston: Hale, Cushman, & Flint, 1939), 40.

7 "*More than most men*": Letter from Frank Leon Smith to Erle Stanley Gardner, February 19, 1955, GHM.

8 "*His statements were the*": Boos, *The Poison Trail*, 41.

9 Magrath in the courtroom: "Like a Lion Resting," *Boston Globe*, December 18, 1938, D5.

10 "*He went into something*": "Like a Lion Resting."

11 "*Get three drinks into*": "Like a Lion Resting."

12 "*As a Medical Examiner*": Letter from FGL to Erle Stanley Gardner, August 1954, GHM.

13 Avis Linnell case: "Quick March in Poison Tragedy of Dead Singer," *Boston Sunday Globe*, October 22, 1911, 1; "Murder Ends a Love Dream," *Boston Sunday Globe*, January 7, 1912, 8; Timothy Leary, "The Medical Examiner System," *Journal of the American Medical Association* 89, no. 8 (August 20, 1927): 579–583.

14 "*It is as quick*": "Murder Ends a Love Dream."

15 "*There was no primary suspicion*": *New York Post*, November 24, 1914, CHM.

16 Marjorie Powers case: "Authorities Probe Death of Girl in Bathtub," *Pittsburgh Press*, November 15, 1912, 1; "Another Boston Girl Thought Victim of Man," Daily Gate City, November 15, 1912, 1; "Cummings Arrested on Woman's Death," *Boston Globe*, November 15, 1912, 1; "Boston Girl Not Victim of Foul Play," *Lincoln Daily News*, November 15, 1912, 7; "Girl's

4 "*The Doctor said several*": Journal, December 11, 1898.

5 "*She has been quite*": Journal, December 11, 1898.

6 "*Extremely outspoken and partisan*": Lee and Lee, *Family Reunion*, 260.

7 Gifts of stock: Journal, December 27, 1903.

8 Iroquois Theater Fire: Bob Specter, "The Iroquois Theater Fire," *Chicago Tribune*, December 19, 2007, https://www.chicagotribune.com/news/nation-world/politics/chi-chicagodays-iroquoisfire-story-story.html.

9 "*It has all been*": Journal, January 4, 1904.

10 George Glessner went to the theater: Journal, January 4, 1904.

11 John's lymph glands: Lee and Lee, *Family Reunion*, 403–404.

12 "I can remember eating": Lee and Lee, *Family Reunion*, 404.

13 "Once she undertook to": Lee and Lee, *Family Reunion*, 404.

14 Miniature orchestra: Lee and Lee, *Family Reunion*, 398.

15 "*New Years was Frances' birthday*": Journal, January 5, 1913.

16 "*Every member of the organization*": Journal, January 19, 1913.

17 The Flonzaley Quartet: Lee and Lee, *Family Reunion*, 398–401.

18 "*An unhappy time for all*": Lee and Lee, *Family Reunion*, 404.

19 Candy making: Lee and Lee, *Family Reunion*, 403.

20 "*Particularly notable for being*": *Chicago Daily Tribune*, July 21, 1915, 15.

21 Detailed notes on visitors: Based on review of correspondence and records at GHM.

22 "*Dear Mother Lee*": Letter from George Wise to FGL, July 17, 1918, GHM.

23 Finger Tip Theater: William Tyre, "Chicago's Tiniest Theater," *Story of a House* (blog), June 22, 2015, GHM, http://glessnerhouse.blogspot.com/2015/06 /chicagos-tiniest-theater.html.

24 "*The auditorium will seat*": "Hop o' My Thumb Actors Delight at Finger Tip Theater," *Chicago Daily Tribune*, March 20, 1918, 15.

25 "*If one has an imagination*": Tyre, "Chicago's Tiniest Theater."

26 "*There seemed to be*": "Hop o' My Thumb."

27 "*I am glad to*": FGL, letter to the editor, *Chicago Tribune*, March 30, 1918.

28 "*I didn't do a lick*": Martin, "How Murderers Beat the Law."

29 "*All this time*": FGL, *Yankee Yarns* manuscript.

30 "*Said au revoirs to*": *Chicago Tribune*, November 15, 1918.

31 "Writing to the Monday Morning": Siobhan Heraty, "Frances Glessner Lee and World War I," *Story of a House* (blog), December 15, 2014, GHM, https://www.glessnerhouse.org/story-of-a-house/2014/12/frances-glessner -lee-and-world-war-i.html.

36 “*But cooking and surgery*”: FGL, *Yankee Yarns* manuscript.

37 “*I am unmarried and*”: Harvard College Class of 1894 Secretary’s Report, 1909, 172–173.

38 “*Yes, he’s a bachelor*”: C. A. G. Jackson, “Here He Is! The Busiest Man in the City,” *Sunday Herald*, March 4, 1917.

39 Fanny rode the Ferris wheel: Journal, June 25, 1893.

40 Material about the Glessners at the 1893 World’s Fair is based on various passages from the Journal during 1893.

41 Anthropometry: Oliver Cyriax, Colin Wilson, and Damon Wilson, *Encyclopedia of Crime* (New York: Overlook Press, 2006), 14–15.

42 For a thorough and compelling account of H. H. Holmes, see Erik Larson, *The Devil in the White City: Murder, Magic, and Madness at the Fair that Changed America* (New York: Vintage Books, 2003).

43 “*Before summer was out*”: Harvard College Class of 1894 Secretary’s Report, 1897.

44 “*On Wednesday, Frances was*”: Journal, March 29, 1896.

45 Stephen Dill Lee: “About Stephen D. Lee,” Stephen D. Lee Institute, http :// www.stephendleeinstitute.com/about-sd-lee.html.

46 Asa Candler: Lee and Lee, *Family Reunion*, 255.

47 Women in medicine in the late 1800s: “A Timeline of Women at Hopkins,” *Johns Hopkins Magazine*, accessed April 6, 2019, https://pages.jh.edu / jhumag/1107web/women2.html.

48 Sarah Hackett Stevenson: William Tyre, “Mrs. Ashton Dilke visits the Glessner house,” *Story of a House* (blog), February 18, 2013, https://www. glessnerhouse .org/story-of-a-house/2013/02/mrs-ashton-dilke-visits-glessner-house-html.

49 Wedding section is from Lee and Lee, *Family Reunion*, 391–394.

50 “Then they—the two”: *Family Reunion*, 394.

第三章 婚姻生活和餘波

1 The newlywed couple: Much of this section is drawn from Lee and Lee, *Family Reunion*, 258.

2 The Metropole Hotel: “The Metropole Hotel,” My Al Capone Museum, accessed September 27, 2018, http://www.myalcaponemuseum.com/id224. htm.

3 Friction in the marriage: Lee and Lee, *Family Reunion*, 259–263.

12 Glessner wanted an architect of note: Lee and Lee, *Family Reunion*, 327–330.

13 Henry Hobson Richardson: Finn MacLeod, "Spotlight: Henry Hobson Richardson," *ArchDaily*, September 29, 2017, https://www.archdaily.com/552221/spotlight-henry-hobson-richardson.

14 "*I'll plan anything a man wants*" and following quotes: Journal, 327.

15 Frances's description of Richardson: Journal, May 15, 1885.

16 Description of the Glessner home: Lee and Lee, *Family Reunion*, 322.

17 Reactions to the Glessners' new home: Lee and Lee, *Family Reunion*, "House Remarks," May 1887, 340.

18 "*Prairie Ave. is a*": Lee and Lee, *Family Reunion*, 338.

19 H. H. Richardson's death: Lee and Lee, *Family Reunion*, 329.

20 "*The house responds*": *Family Reunion*, 326.

21 The orchestra and special occasions: Lee and Lee, *Family Reunion*, 326.

22 "*Cannabis indicie (Indian hemp)*": Journal, May 11, 1884.

23 The Monday Morning Reading Class: Genevieve Leach, "The Monday Morning Reading Class," *Story of a House* (blog), August 4, 2016, https :// www.glessnerhouse.org/story-of-a-house/2016/8/4/the-monday-morning-reading-class; Genevieve Leach, "The Monday Morning Reading Class, Part 2," *Story of a House* (blog), August 14, 2016, https://www.glessnerhouse .org/story-of-a-house/2016/8/14/the-monday-morning-reading-class-part-2.

24 "*The ladies' fingers were*": John Jacob Glessner, *The Story of a House* (privately printed, 1923).

25 Invitation to the Monday Morning Reading Class: Judith Cass, "Monday Class in Reading to Hold Reunion," *Chicago Tribune*, April 2, 1936.

26 "*The nervous strain of school*": Lee and Lee, *Family Reunion*, 325.

27 "*Over the thresholds*": Lee and Lee, *Family Reunion*, 325.

28 "*Rendezvous for George's friends*": Lee and Lee, *Family Reunion*, 326.

29 "*Never shall I forget*": Lee and Lee, *Family Reunion*, 349, 351.

30 "*Does not make up easily with strangers*": Journal, July 26, 1885.

31 Evening entertainments: William Tyre, "Tableaux Vivants," *Story of a House* (blog), September 1, 2014, https://www.glesserhouse.org/story-of-a-house/2014/09/tableaux-vivants.html.

32 "*We have been most*": Journal, July 27, 1884.

33 "*He said there was*": Journal, May 15, 1887.

34 "*D is for Doctor Lincoln*": Journal, July 3, 1887.

35 Fanny began to accompany local doctors: FGL, manuscript written for *Yankee Yarns* radio show, 1946, GHM.

22 Chicago Police Department: "History," Chicago Police Department, accessed April 20, 2018, https://home.chicagopolice.org/inside-the-cpd/history/; on Orsemus Morrison, see *A History of the City of Chicago: Its Men and Institutions* (Chicago: Inter Ocean, 1900), 440–441.

23 The first death Morrison investigated: Richard L. Lindberg, *Gangland Chicago: Criminality and Lawlessness in the Windy City* (Lanham, MD: Rowman & Littlefield, 2015), 3–5.

24 John Jacob Glessner in Springfield: Timothy B. Spears, *Chicago Dreaming: Midwesterners and the City, 1871–1919* (Chicago: University of Chicago Press, 2005), 24–50.

25 Isaac Scott: Percy Maxim Lee and John Glessner Lee, *Family Reunion: An Incomplete Account of the Maxim-Lee Family History* (privately printed, 1971), 354; David A. Hanks, *Isaac Scott: Reform Furniture in Chicago* (Chicago: Chicago School of Architecture Foundation, 1974).

第二章 少數菁英的陽光街道

1 After a two-day train ride: Lee and Lee, *Family Reunion*, 348.

2 "*Aunt Helen made the move*": Frances Macbeth Glessner Journal, Glessner Family Papers, GHM (hereinafter cited as Journal), July 22, 1878.

3 Twin Mountain House: Lee and Lee, *Family Reunion*, 348.

4 Henry Ward Beecher: Robert Shaplen, "The Beecher-Tilton Affair," *New Yorker*, June 4, 1954, https://www.newyorker.com/magazine/1954/06/12/the-beecher-tilton-case-ii.

5 "*He took a fancy*": Lee and Lee, *Family Reunion*, 350.

6 "*My dear, a summer*": Lee and Lee, *Family Reunion*, 350.

7 "*One of the finest*": Journal, July 29, 1883.

8 Buildings at The Rocks: For information about The Rocks, see *A Historical Walk Through John and Frances Glessner's Rocks Estate* (undated booklet); "Heritage and History," The Rocks Estate, accessed September 14, 2018, http://www.therocks.mobi/about.html.

9 Frances Glessner invited local residents to visit: Lee and Lee, *Family Reunion*, 357–358.

10 "*One day, a mountain wagon*" and following quotes: Journal, 356–357.

11 Prairie Avenue, Chicago: William H. Tyre, *Chicago's Historic Prairie Avenue* (Chicago, IL: Arcadia Books, 2008).

Technology, and Human Values 20, no. 4 (October 1, 1995): 438–459; Michael Clark and Catherine Crawford, eds., *Legal Medicine in History* (Cambridge, UK: Cambridge University Press, 1994); Jentzen, *Death Investigation in America*; Fisher, "History of Forensic Pathology."

9 Thomas Baldridge's instructions: William G. Eckert, ed., *Introduction to Forensic Sciences*, 2nd ed. (New York: Elsevier, 1992), 12.

10 "*Upon notice or suspicion*": Aric W. Dutelle and Ronald F. Becker, *Criminal Investigation*, 5th ed. (Burlington, MA: Jones & Bartlett Learning, 2013), 8.

11 Baldridge inquest: J. Hall Pleasants, ed., *Proceedings of the County Court of Charles County, 1658–1666*, Archives of Maryland 1936, xl–xli; "An inquest taken before the Coroner, at mattapient in the county of St maries, on Wednesday the 31. Of January 1637," USGenWeb Archive, http://files.usgwarchives.net/md/stmarys/wills/briant-j.txt.

12 Earliest known forensic autopsy in America: "Early medicine in Maryland, 1636–1671," *Journal of the American Medical Association* 38, no. 25 (June 21, 1902): 1639; "Judicial and Testamentary Business of the Provincial Court, 1637–1650," Maryland State Archives, vol. 4: 254.

13 The deficiencies of the coroner system: Julie Johnson, "Coroners, Corruption and the Politics of Death: Forensic Pathology in the United States," in Clark and Crawford, *Legal Medicine in History*, 268–289.

14 Nonsensical causes of death: Raymond Moley, *An Outline of the Cleveland Crime Survey* (Cleveland: Cleveland Foundation, 1922).

15 Leonard Wallstein's report: *Leonard Michael Wallstein, Report on Special Examination of the Accounts and Methods of the Office of Coroner in New York City* (New York: Office of the Commissioner of Accounts, 1915).

16 "*Outrageous crooks who dispensed*": Jentzen, *Death Investigation in America*, 25.

17 Cleveland Police Department's eight-week course: Raymond Fosdick, "Part I: Police Administration," *Criminal Justice in Cleveland* (Cleveland: Cleveland Foundation, 1922), 34–35.

18 "*These detectives are supposed*": Moley, *Cleveland Crime Survey*, 8.

19 "*Suffolk County had more coroners*": James C. Mohr, *Doctors and the Law: Medical Jurisprudence in Ninteenth-Century America* (Baltimore: Johns Hopkins University Press, 1996), 214.

20 "*You have in the coroner*": Tyndale, "Law of Coroners," 246.

21 The scandal that precipitated the end of the coroner system: Martin, "How Murderers Beat the Law."

註釋

第一章 法醫學

1 Lee unable to attend seminar due to heart attack: Letter from FGL to ARM, August 10, 1944, CHM.

2 "*Men are dubious of*": Pete Martin, "How Murderers Beat the Law," *Saturday Evening Post*, December 10, 1949.

3 "*The models are none*": Letter from FGL to ARM, August 10, 1944, CHM.

4 "*Resolved that Mrs. Frances G. Lee*": Resolution enclosed in letter from ARM to FGL, October 6, 1944, CHM.

5 One in five deaths are sudden: About 10 percent of deaths are due to violence or unnatural causes, and about 10 percent of deaths are due to unknown or obscure causes that require inquiry. Committee on Medicolegal Problems, "Medical Science in Crime Detection," *Journal of the American Medical Association* 200, no. 2 (April 10, 1967): 155–160.

6 The earliest methodical inquiries: Sources for historical descriptions of coroners include Jeffrey Jentzen, *Death Investigation in America: Coroners, Medical Examiners and the Pursuit of Medical Certainty* (Cambridge, MA: Harvard University Press, 2009), and Russell S. Fisher, "History of Forensic Pathology and Related Laboratory Sciences," in *Medicolegal Investigation of Death*, 2nd ed., ed. Werner U. Spitz and Russell S. Fisher (Springfield, IL: Charles C. Thomas, 1980).

7 Coroners are responsible for answering two questions: Theodore Tyndale, "The Law of Coroners," *Boston Medical and Surgical Journal* 96 (1877): 243–258.

8 One of the earliest American inquests: Portions of this section are drawn from Bruce Goldfarb, "Death Investigation in Maryland," in *The History of the National Association of Medical Examiners*, 2016 ed., 235–264, https://www.thename.org/assets/docs/NAME%20e-book%202016%20 final%2006-14-16.pdf. Other sources include Julie Johnson-McGrath, "Speaking for the Dead: Forensic Pathologists and Criminal Justice in the United States," *Science,*

18種微型死亡
建立美國現代法醫制度的幕後推手與鮮為人知的故事

18 Tiny Deaths:
The Untold Story of Frances Glessner Lee and the Invention of Modern Forensics

---

作　　者：布魯斯・戈德法布（Bruce Goldfarb）
譯　　者：黃意然
社　　長：陳蕙慧
責任編輯：翁淑靜
特約編輯：沈如瑩
封面設計：江宜蔚
內頁排版：洪素貞
行銷企劃：陳雅雯、尹子麟、余一霞、汪佳穎

讀書共和國集團社長：郭重興
發行人兼出版總監：曾大福
出　　版：木馬文化事業股份有限公司
發　　行：遠足文化事業股份有限公司
地　　址：231新北市新店區民權路108-4號8樓
電　　話：(02) 2218-1417
傳　　真：（02）86671065
電子信箱： service@bookrep.com.tw
郵撥帳號：19588272木馬文化事業股份有限公司
客服專線：0800221029
法律顧問：華洋國際專利商標事務所　蘇文生律師
印　　刷：呈靖彩藝有限公司
初　　版：2021年9月
初版二刷：2021年12月
定　　價：450元
ISBN：978-626-314-023-3
木馬臉書粉絲團：http://www.facebook.com/ecusbook
木馬部落格：http://blog.roodo.com/ecus2005

國家圖書館出版品預行編目

18 種微型死亡：建立美國現代法醫制度的幕後推手與鮮為人知的故事 / 布魯斯．戈德法布 (Bruce Goldfarb) 著；黃意然譯．-- 初版．-- 新北市：木馬文化事業股份有限公司出版：遠足文化事業股份有限公司發行，2021.09
面；　公分
譯 自：18 tiny deaths : the untold story of Frances Glessner Lee and the invention of modern forensics
ISBN 978-626-314-023-3(平裝)

1. 李 (Lee, Frances Glessner, 1878-1962) 2. 傳記 3. 法醫學 4. 犯罪學

785.28　　110012454